문제는 무기력이다

문제는 무기력이다

번아웃을 끊고 삶의 주도권을 되찾는
생각 전환의 기술

Overcoming Learned Helplessness

박경숙 지음

와이즈베리
WISEBERRY

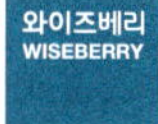

나 역시 오랫동안 무기력을 '의지 부족'이라 여겼다. 더 단단해지지 못한 내 탓이라고 생각해왔다. 그러나 몇 번의 바닥을 지나며 깨달았다. 어떤 순간에는 마음의 에너지가 완전히 고갈되어 움직일 수 없다는 사실을. 『문제는 무기력이다』는 그 상태를 게으름이 아니라 인지 구조의 결과로 설명한다. 이 책은 독자를 다그치지 않는다. 대신 묻는다. 당신은 지금 나약한 것인가, 아니면 무기력에 지쳐 있는 것인가. 그 질문이 회복의 출발점이 된다.

주언규
PD, 『슈퍼노멀』 저자

무기력은 인간의 본성이 아니다. 인간은 누구나 활력을 갖고 살아가게 되어 있다. 그럼 우리는 왜 무기력해지는가? 그것은 학습된 것이다. 반복적인 고통이나 실패로 인해 삶의 의욕을 잃어버린 것이다. 다행인 것은 무기력도 학습되지만 활력을 되찾는 것도 학습할 수 있다는 사실이다.

인생의 길에서 우리는 한번씩 무기력의 구덩이에 빠진다. 스스로 벗어날 때도 있지만 때로는 키보다 더 높은 구덩이에 빠질 수도 있다.

그럴 때 우리는 다급한 마음에 삽질과 같은 무의미한 행동을 하기 쉽다. 하지만 구덩이에서 빠져나오려면 사다리나 도움을 줄 사람을 찾아야 한다.

인지과학자이자 심리상담가가 심혈을 기울여 쓴 이 책은 사다리와 같다. 왜 당신이 무기력의 구덩이에 빠지게 되었는지부터 어떻게 하면 빠져나올 수 있는지 친절하게 안내해준다. 굿바이, 무기력!

문요한
정신과 전문의, 『감정을 마주하면 길이 보인다』 저자

시달려본 사람만이 검은 바람이 매질을 하듯 달려드는 고통을 느낄 수 있다. 맞선 사람만이 무기력을 떨칠 수 있다. 저자는 한때 무기력의 지배를 받았으나 맞서 이기는 법을 익힌 인지과학자다. 이 책은 고통에 진실한 작가가 쓴 책이다. 그러므로 믿을 수 있다.

구본형
변화경영사상가, 『그대, 스스로를 고용하라』 저자

무기력이라는 숲에서
길을 찾는 그대에게

"나는 지금 아무런 의욕이 없다. 내 힘으로 이 상황을 도저히 바꿀 수가 없다. 사는 게 재미없다. 웃음은 오래전에 사라졌고 어떤 것에도 흥미가 없다. 무슨 일이든 시작하기 힘들고, 겨우 시작해도 조금 하다가 그만둔다. 한곳에 집중하지 못하고 머리는 잘 돌아가지 않는다. 기억력이 떨어져 자꾸 잊어버린다. 두통으로 늘 머리가 무겁고 눈에 초점이 없다. 아침에 제대로 잔 것 같지 않은 천근만근 무거운 몸을 끌고 억지로 출근한다. 계속 졸리고 눕고만 싶지만 정작 누우면 잠이 오지 않는다. 눈을 감고 있어도 걱정이 떠나지 않고 계속 불안하고 초조하다.

며칠째 가슴이 답답하고 한숨이 나온다. 내 영혼은 사라지고 껍데기만 남은 것 같다. 미래에 대한 희망은 하나도 없어, 예전의 좋았던 시절로 돌아가고 싶다. 앞으로 전혀 나아질 것 같지 않고, 허망하게 보내버린 세월에 죄책감과 후회가 엄습한다. 그러면 또 우울해지고, 나를 무기력하게 만든 것들과 나를 둘러싼 환경에 분노를 느끼게 된다. 얼마 지나지 않아 그런 마음을 먹는 나 자신을 용서할 수 없어 다시 의욕을 내보려고 하지만 그때뿐이다.

　나는 몇 달째 이런 생활을 반복하고 있다. 아니, 몇 년 동안 이런 상태였던 것 같다. 인생에서 가장 활발하게 일할 나이인 40대에 이렇게 맥을 놓고 있다. 탈출구가 전혀 없어 보여서 또다시 우울해진다. 그냥 모든 것을 놓고 싶다. 언제 죽을지 모르는 포로수용소의 희망 없는 수용자처럼 불 꺼진 컴컴한 거실을 좀비처럼 왔다 갔다 걸어 다닌다. 내일이 무섭다.”

　13년 전 『문제는 무기력이다』에는 무기력을 겪던 나의 모습이 이렇게 묘사되어 있다. 모두 내가 쓴 글이라는 것을 믿을 수 없다. 그때는 아무것도 할 수 없는 상태였는데도, 나는 살아남기 위해 할 수 있는 모든 것을 다했다. 돌이켜 보면 그때의 내가 측은하고 대견하다. 나는 내가 배운 인지과학으로 스스로를 치유했고 무기력의 늪을 통과했다. 출간 이후 수많은 독자로부터 메일을 받았다. 책에 나온 증상과 똑같은 고통을 겪고 있다거나, 책을 읽고 호전되어 새로운 일을 기획하고 있다는 소식이 줄을 이었다. 강연장에서도 비슷한 경험을 한 독자들을 자주 만났다. 무기력은 결코 나만의 문제가 아니었다.

　처음에는 13년 만의 개정판에 새로운 원고를 대폭 추가하고 싶었다. 그러나 책을 다시금 읽으며 무의미한 일이라는 생각이 들었다. 나는 당시 느끼던 무기력에서 빠져나왔고 지금 사용하는 언어는 그때와 다르다. 그러므로 그때의 방식을 그대로 남겨두는 편이 낫겠다고 생각했다. 여전히 무기력에 힘겨워하는 사람이 있다면, 지독한 무기력을 겪은 직후 써 내려간 초고가 더 큰 도움이 되리라 판단했기 때문이다. 그래서 세월이 흘러 낡은 부분만 고치고 덜어내 새롭게 매만지는 것으로 작업을 마무리했다.

○

13년 전의 무기력이 은밀했다면 지금은 상당히 노골적이다. 당시에는 언급하지 않았던 무기력의 대표 원인으로 '가스라이팅'을 꼽을 수 있다. 가스라이팅은 이제 연극이나 〈가스등〉 같은 영화에만 존재하는 것이 아니다. 뉴스나 일상에서 흔히 접하는 이 현상은 가장 가까운 사람에게 자행되는 심리적 폭력을 가리키는 말로, 교묘한 지배를 통해 상대를 무기력하게 만든다. 올바른 판단을 방해하고 자존감을 무너뜨리며 의존성을 높이는 가스라이팅은 오늘날 우리를 무력하게 만드는 주원인으로 부상했다. 게다가 날마다 마주하는 사건 사고—배우자에 의한 폭행과 살해, 수개월 동안 소파에 앉아 구더기로 뒤덮인 채 죽어간 여성의 충격적인 죽음, 아내가 남편을 독살한 사건, 시신을 흔적조차 남기지 않고 훼손한 잔혹함 등등—는 인간이 점점 기묘하게 변해간다는 생각이 들게 한다.

어디 개인만이 문제겠는가. 초양극화로 치닫는 빈부 격차 또한 우리를 무기력으로 밀어 넣는다. 100억 원이 넘는 서울 강남의 아파트 가격, 코스피 6,000 랠리에 동참하지 못한 이의 절망, 그리고 일자리를 위협하는 AI의 등장은 '오래된 현실'이다. 이 모든 환경적 요인이 결국 우리를 무기력하게 만들 것이다.

○

사실 살다 보면 누구나 한 번쯤 무기력을 만날 수 있다. 중년의 위기나 갑작스러운 실직, 사랑하는 이의 죽음, 파산, 혹은 과도한 욕망이나 아직 배우지 못한 무언가로 인해 무기력의 숲에 발을 들인다. 그 숲은 캄캄하다. 인생에서 처음 마주하는 가장 어둡고 낯선 곳이다. 길이 없다. 만약 길이 있다면 그것은 다른 이의 길일 뿐이다. 익숙해 보일지라도 이미 나 있는 길을 따라가지 마라. 그것은 당신의 몫이 아니다. 당신만의 길을 찾아내야 한다. 길이 없다면 만들며 나아가야 한다. 처음에는 의기양양할 수 있지만 이내 방향을 잃고 헤매면서 기진맥진해질지도 모른다. 하지만 길이 보이지 않는 바로 그때가 당신만의 길로 들어선 순간임을 믿어야 한다. 무기력은 하나의 '바로미터'가 될 수 있다. 무기력에 빠졌다는 것은 자신만의 길을 찾는 과정에서 이전에 겪어보지 못한 '처음'의 순간을 마주했다는 신호일 수 있기 때문이다.

"거대한 풍파 속에서는 신과 같은 침착함으로 살아야 한다. 마치 디오니소스가 표범에 올라타고도 갈기갈기 찢기지 않은 것처럼."

신화학자 조셉 캠벨Joseph Campbell의 말처럼 인생의 풍파를 만나 혼돈과 무기력에 빠졌을 때, 당신은 '신과 같은 침착함'을 꼭 붙들어야 한다.

이 책을 선택한 당신은 어쩌면 '무기력'이라는 인생의 복병을 만났거나, 당신만의 길을 찾느라 에너지를 다 소진했을지 모른다. 그때 그대가 내면의 침착함을 유지하며 당신만의 길을 만들 수 있도록, 새롭게 다듬은 이 책이 여전히 도움이 되길 바란다.

2026년 3월
당신의 길을 응원하는
박경숙

인생 발목 잡는
은밀한 방해자, 무기력

어떻게 해야 원하는 삶을 살 수 있을까? 누구나 한 번쯤 스스로에게 던져보았을 질문이다. 정답은 명확하다. 무엇을 바라든 그것을 얻기 위해서는 행동에 나서야 한다는 점이다. 행동이 뒷받침될 때 비로소 삶은 우리가 희망하는 방향으로 나아간다.

우리는 누구나 의욕적으로 움직이길 원한다. 그런데 마음만큼 행동하지 못하는 사람들이 있다. 이들이 움직이지 못하는 이유는 단순히 게으르거나 성공에 무관심해서가 아니다. 아이러니하게도 이들은 누구보다 성공을 열망하는가 하면, 때로는 겉으로는 쉴 틈 없이 무언가에 매달리는 것처럼 보이기도 한다. 문제는 그 노력이 자신이 진정으로 원하는 바와 어긋나거나, 설령 목표가 분명하더라도 해야 하는 일을 끝없이 미루며 늘 제자리에 머무른다는 점이다. 나 역시 오랫동안 그런 사람 중 한 명이었다.

나는 중년의 길목에서 소중한 것들을 참 많이도 놓쳐버렸다. 무엇이 문제인지조차 알지 못한 채 왜 행동하지 못하는지, 왜 원하는 길을 가지 못하는지 자책하며 오랫동안 고민하고 아파했다. 그러다 마틴 셀리그만Martin Seligman 교수가 제창한 '학습된 무기력'이 그 모든 문제의 원인임을 깨달았다. 학습된 무기력이란 외부의 압박이나 환경 탓에 자신의 에너지가 차단당할 때 느끼는 좌절감이 무의식중에 각인된 상태를 말한다. 이 경험이 반복되면 다음번에는 시도조차 하지 않으려 하는 심리적 현상이 나타난다.

심리적 무기력은 단순히 신체적인 피로가 쌓여 기운이 없는 상태와는 본질적으로 다르다. 이는 '기력 없음'이 아니라 '의욕 없음' 상태다. 즉 마땅히 해야 할 일을 하도록 이끄는 마음의 동력이 완전히 꺼져버린 것이다. 무의식중에 학습된 무기력은 삶의 모든 영역에 독을 퍼뜨려 행동을 지배하고, 스스로 성공의 문을 닫아버리게 만든다. 그런 의미에서 무기력은 인생을 퇴보시키는 가장 치명적인 마음의 독소라 할 수 있다.

자신이 성공하지 못한 이유가 능력이 부족해서가 아니라, 능력을 발휘할 의욕조차 없었기 때문이라는 사실을 깨닫고 나면 지나온 인생을 되돌리고 싶어질지도 모른다. 물론 성공을 향한 걸음을 가로막는 것이 오직 무기력뿐만은 아니다. 나태와 게으름, 포기와 절망, 비관과 원망 같은 수많은 부정적 요소가 우리를 가로막고 있다. 특히 게으름이나 나태는 무기력의 증상인 '행동하지 않음'과 비슷해 보인다. 그러나 둘에는 큰 차이가 있다. 게으름이 개인의 습관에서 비롯된 문제라면, 무기력은 외부 환경의 억압적 자극이 의식과 무의식에 깊이 각인되어 나타나는 '행동하지 않으려는 관성'이다. 이처럼 무기력의 뿌리는

무의식에까지 닿아 있기에 극복하기 어려울 뿐 아니라 우리를
더욱 고통스럽게 한다.

또 게으름은 겉으로 쉽게 드러나지만, 무기력은 정체를
잘 드러내지 않는다. 무기력에 빠진 이들 중에는 겉으로는 꽤
부지런해 보이는 사람이 많다. 문제는 진정으로 해야 할 일을
하느라 부지런한 것이 아니라, 본질을 회피하기 위한 엉뚱한
활동에 에너지를 쏟는다는 데 있다. 스스로를 속이고 있는 셈
이다. 이런 이유로 무기력을 '은밀하게 우리를 속이며 인생의
발목을 잡는 끈질긴 방해자'라 부를 수 있다.

○

이 책에서는 무기력에 빠져 제 기능을 잃어버린 마음을
다시 일깨우는 방법을 다룰 것이다. 무기력에 빠진 상태는 마
치 주인이 지워준 짐을 진 채 억지로 사막을 건너던 늙은 낙타
가 기력이 다해 뜨거운 모래 한가운데 쓰러지는 순간과도 같
다. 그런 날을 마주하면 우리의 자아는 무너진다. 육체는 살아
있으나 마음이 멈춰버리는 심리적 사망 상태에 이르는 것이다.

하지만 절망할 필요는 없다. 낙타가 죽은 자리에서 사자
한 마리가 기지개를 켜며 일어나는 기적 같은 일이 우리 삶에
서도 일어날 수 있다. 이는 개인의 인생에서 맞이하는 거대한
변화이자 진화의 순간이다. 나는 이 책을 통해 무기력한 낙타
의 허물을 벗고 자발적 사자로 거듭나는 법을 이야기하려 한

다. 그 과정이 결코 쉽지 않겠지만, 일단 변화가 시작되기만 한다면 상상 이상의 비약적 도약이 뒤따를 것이라 확신한다. 낙타에서 사자로 나아가는 존재의 진화, 그 놀라운 여정이 당신을 기다리고 있다.

내가 이 책을 쓰기로 결심한 것은 나의 무기력 때문이었다. 나는 중년의 길목에서 무기력이라는 재앙을 만나 10여 년의 세월을 허비했다. 그 깊은 늪에서 빠져나오기 위해 처절한 수련을 시작했고, 힘겨운 시간을 지나며 조금씩 변해갈 수 있었다. 이 책은 치열했던 극복 과정을 정리한 인지과학적 보고서다.

이 책은 총 5부로 구성되어 있다. 먼저 1부에서는 무기력이란 무엇인지, 그리고 우리 삶에서 어떻게 모습을 드러내는지 살펴본다. 2부에서는 우리가 무기력에 빠지는 이유를 심리학의 관점과 사회현상학적 원인으로 나누어 분석한다. 3부는 무기력에서 빠져나오기 위한 훈련에 앞서 반드시 알아두어야 할 전제 조건을 다룬다. 인간이 변화하기 어려운 본질적 이유를 고찰하고, 무기력의 늪을 벗어나기 위해 무엇을 먼저 갖추어야 하는지 설명한다. 4부에서는 낙타가 사자로 거듭나기 위한 실질적인 수련법을 제시한다. 즉 타인의 의지가 아닌 스스로가 주인이 되어 살아가는 '자발성'을 회복하기 위한 마음 깨우기 방법이다. 특히 진정한 변화를 이끄는 '통합적 마음 전환' 기술을 구체적으로 소개한다. 인간의 마음은 동기, 인지, 정서, 행동의 여러 영역에서 톱니바퀴처럼 맞물려 돌아갈 때 변화의 동력을 얻는다. 존재 자체가 완전히 진화하려면 마음의 모든 요소가 함께 긍정적인 방향으로 변화해야 한다. 마지막 5부에서는 변화된 마음을 지속하기 위한 조언을 담았다. 낙타의 굴레를 벗고 사자가 되어야 비로소 자발적 삶을 꾸려갈 수 있다. 귀한 자발성을 발판 삼아 끊임없이 성장해 나가는 법을 세 가지 기본 원칙을 통해 제안할 것이다.

○

　자, 이제 신발 끈을 단단히 묶자. 세렝게티 초원을 거침없이 누비는 사자인 양 자신 있게 한 걸음씩 내디뎌보자. 분명 길고 고된 여정이 되겠지만 걱정할 필요는 없다. 내가 당신의 든든한 안내자로서 이 여정을 끝까지 함께할 것이기 때문이다. 여행길 곳곳에는 미리 설치해둔 경고판이 보일 것이다. 그 경고판을 마주한다면 반드시 길을 돌아가거나 피해 가길 바란다. 호기심이나 재미 삼아 위험한 곳에 발을 들이지 마라. 한번 빠지면 다시 올라오기가 무척 힘들 것이다. 그리고 구덩이에서 간신히 빠져나온 뒤에도 얼마든지 같은 자리에 다시 빠질 수 있다는 사실을 유념해야 한다. 인간의 마음은 본래 같은 실수를 반복하는 속성이 있다. 그러니 무기력이라는 늪에 또다시 발을 들이지 않으려면 늘 깨어 있어야 한다. 때로는 자신을 향해 지독하리만치 냉철해야 한다는 뜻이다. 현실을 바로 보되, 당신의 잠재력을 믿고 오직 스스로의 방식대로 당당히 걸어라. 그리고 지금 당장 시작하라. 오늘 행동하지 않는다면, 당신은 그 황폐한 곳에 예상보다 훨씬 오래 머물러야 할지도 모른다.

내가 무기력의 사막에 버려두었던 10년의 세월은 게오르규의 소설 『25시』의 내용처럼 누군가에게 도둑맞고 강탈당한 인생이자, 절대 존재해서는 안 될 시간이었다. 나는 당신이 나와 같은 길을 걷지 않길 바란다. 부디 그 늪에서 속히 빠져나와 각자가 열망하는 인생을 살아가길 간절히 소망한다. 이것이 내가 진심을 다해 이 책을 집필한 이유다.

끊임없는 자연재해와 인재가 이어지고, 가혹한 사회 환경과 외부의 강압적 힘, 때로는 가장 사랑하는 사람마저 우리를 절망케 한다. 예측할 수 없는 인생의 파도 속에서 우리는 대체 무엇에 의지해야 할까? 나를 지켜내는 것은 오직 내 마음 하나뿐이라는 사실을 기억하길 바란다. 삶의 모든 순간을 결정하고, 그에 따른 결과를 빚어내는 주체는 바로 당신의 마음이다.

나와 당신이 영혼의 자유를 되찾는 것이 바로 이 책을 쓴 궁극적인 목적이다. 무언가에 억압받던 낙타 같은 인생에서 벗어나, 잠든 마음을 깨우고 내면의 사자를 깨우길 바란다. 그리하여 마침내 어린아이처럼 자유로운 영혼으로 살아가게 되길 진심으로 기도한다.

2013년 2월

박경숙

차례

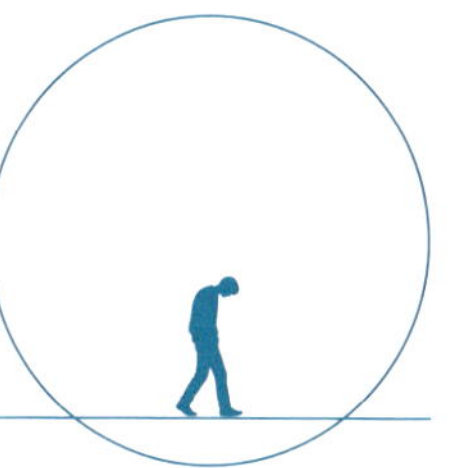

PART 1

무기력이란 무엇인가

PART 5

무기력에서 벗어날 수 있다

Overcoming Learned Helplessness

무기력이란 무엇인가

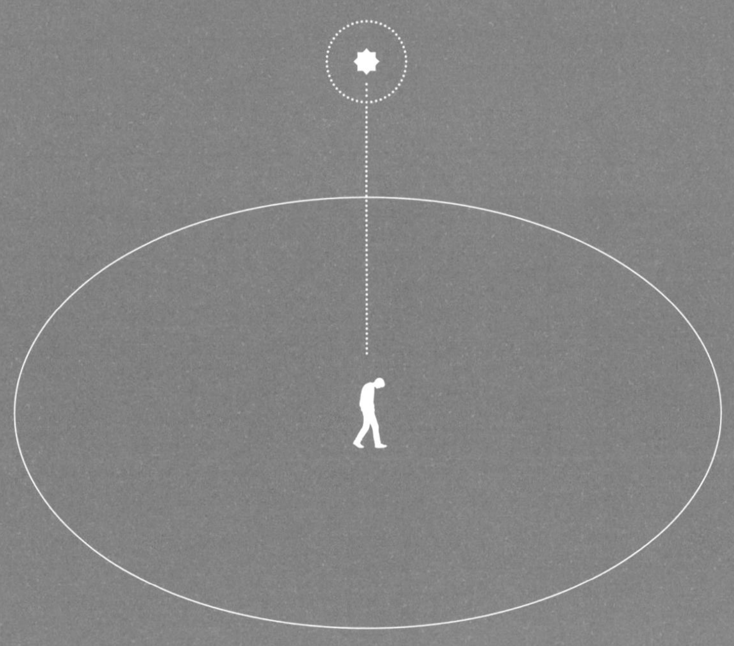

무엇이 달리던 그를
멈추게 했는가

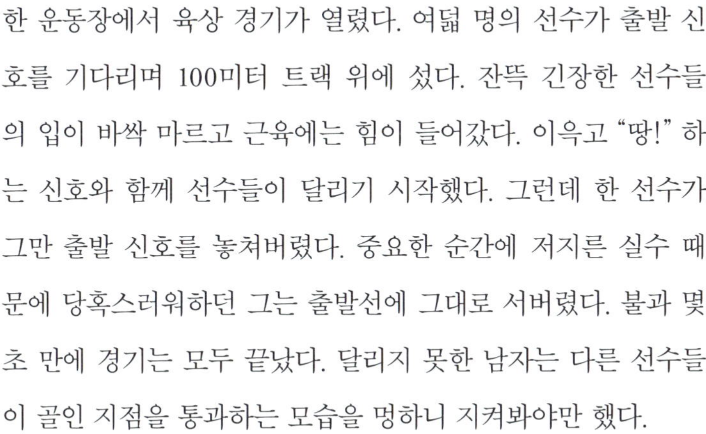

한 운동장에서 육상 경기가 열렸다. 여덟 명의 선수가 출발 신호를 기다리며 100미터 트랙 위에 섰다. 잔뜩 긴장한 선수들의 입이 바싹 마르고 근육에는 힘이 들어갔다. 이윽고 "땅!" 하는 신호와 함께 선수들이 달리기 시작했다. 그런데 한 선수가 그만 출발 신호를 놓쳐버렸다. 중요한 순간에 저지른 실수 때문에 당혹스러워하던 그는 출발선에 그대로 서버렸다. 불과 몇 초 만에 경기는 모두 끝났다. 달리지 못한 남자는 다른 선수들이 골인 지점을 통과하는 모습을 멍하니 지켜봐야만 했다.

다음 날, 또 다른 경기가 열렸다. 어제 출발도 하지 못한 선수가 모습을 드러냈다. 관객들은 그가 어제의 실수를 만회하리라고 생각했지만 이번에도 출발조차 하지 못했다. 남자는 3일

뒤에 또 다른 경기에 출전했다. 다행히 이번에는 제때 출발했다. 그런데 이게 웬일인가? 겨우 두세 걸음 내딛더니 속도를 늦추며 결국 멈춰 서버렸다.

경기가 없는 날, 비 내리는 운동장에서 남자를 만났다. 그는 우산도 쓰지 않은 채 출발선에 주저앉아 울고 있었다. 남자에게 다가가 왜 우냐고 묻자 그는 달릴 수 없는 게 억울해서 운다고 했다.

"저는 뛰지 않는 게 아닙니다. 아무리 뛰려고 해도 뛸 수가 없어요."

남자는 자신이 뛰지 못하는 이유를 아무리 생각해봐도 알 수가 없었다. 그는 오래전에 이 경기장에서 우승한 적도 있다고 말한 뒤, 목 놓아 통곡했다. 달리지 못하는 남자도 한때는 달릴 수 있는 사람이었던 것이다. 그것도 누구보다 빠르게 말이다.

이 세상에 뛰고 싶어도 뛰지 못하는 사람이 비단 이 남자 하나뿐일까? 혹시 당신도 밤새워 공부하거나 새로운 사업에 골몰하던 시절을 그리워하고만 있지 않은가? 무슨 일을 하기도 전에 무엇을 해야 하는지, 왜 해야 하는지 모르겠고, 해도 안 될 것이라는 생각부터 들지 않는가? 한시도 마음 편할 날이 없을 정도로 불안하고, 힘을 내봐도 곧 기력이 떨어지고 의욕을 잃지 않는가? 만약 당신이 앞에서 말한 '달리지 못하는 남자'처럼 어떤 일을 시작하지 못하거나 하다가 중도에 포기해버린다면 '무기력'을 의심해보기 바란다. 당신이 겪는 모든 문제가 무기력에서 비롯된 것인지도 모른다.

'하고 싶으나 에너지가 바닥나 아무것도 하지 못하는 상태', '자신에게 무슨 일이 일어나든 스스로의 힘으로 처지를 바꿀 수 없는 상황'. 이를 심리학적 용어로 무기력^{helplessness}이라 한다. 그렇다면 정말로 무기력한 사람은 누구일까? 가령 사업을 접은 사람이 자신의 부족함을 깨닫고 취직해 성실히 일한다면, 그는 무기력한 것이 아니다. 새로운 길을 선택해 움직이고 있기 때문이다. 진짜 문제는 하고 싶은 마음은 굴뚝같지만, 과거 실패했던 기억과 알 수 없는 심리적 저항에 가로막혀 아무것도 시작하지 못하는 상태다.

'이번에는 달리고 말 거야. 반드시 1등을 거머쥐어야지.'

마음을 굳게 먹고 맹세해보지만 매번 실패하고 만다. 이렇게 좌절할 때마다 패배의 경험이 쌓이고 상처가 깊어진다. 실패가 누적되면서 그는 점점 더 뛸 수 없는 선수가 된다. 아무것도 하지 못하고 자책만 하다가 알코올의존증 환자가 되거나 평생을 무기력하게 살아갈지 모른다. 이 모든 것이 무서운 마음의 병인 무기력 때문이다.

○

미국의 유명한 심리학자 에이브러햄 매슬로^{Abraham Maslow}는 "인간이 자신과 평화롭게 지내려면 음악가는 음악을 만들고, 미술가는 그림을 그리고, 시인은 시를 써야 한다"라고 했다. 단순해 보이는 이 말은 삶을 대하는 가장 중요한 태도와 인생을 성공으로 이끄는 원칙을 가르쳐준다. 자신의 역할을 다할 수 있는 사람은 축복받은 사람이다. 이런 사람은 꿈을 이루고, 행복과 자유를 누리는 성공도 이뤄낼 수 있다. 그러나 무기력한 사람은 자신의 일을 하지 못한다. 새로운 시작은커녕 아주 사소한 행동조차 실천할 엄두를 내지 못하기 때문이다.

"하루를 잘 보내면 그 잠은 달다.
인생을 잘 보내면 그 죽음이 달다."

역사 속 영웅들의 인생을 통찰한 철학자 윌 듀런트^{Will Durant}는 저서 『역사 속의 영웅들』에서 레오나르도 다빈치가 했던 말을 이렇게 인용하고 있다. 누구나 한 번쯤 최선을 다해 하루를 보내고 기분 좋은 피로 속에서 단잠을 잔 경험이 있으리라. 하루하루를 그렇게 사는 사람도 있을 것이다. 그런 이들은 누구보다도 행복한 사람이다. 발달심리학자들 또한 윌 듀런트의 견해에 동의한다. 그들은 모든 발달단계를 충실히 거친 사람이 노년기에 이르러 자아 통합과 평안을 누린다고 말한다. 즉 각 생애 주기마다 마땅히 행하고 배워야 할 과업을 제대로 수행한 사람이 편안한 노년을 맞이할 수 있다는 의미다.

자신의 나이와 위치에서 마땅히 해야 할 일을 제대로 수행하는 사람은 매우 건강하다. 10대 학생이든 40대 가장이든 각자의 역할에 충실할 때 비로소 삶의 길이 열린다. 하지만 마땅히 할 일을 미룬다면 미래는 재앙이 될 뿐이다. 그러므로 학생은 공부해야 하고, 세일즈맨은 매일 고객을 만나야 하며, 운동선수는 매일 몸을 단련하고 경기장에서 훈련해야 한다. 이렇게 건강한 삶을 사는 사람만이 결과물을 만들어내고 인생에 유의미한 흔적을 남길 수 있다.

그럼 어떻게 해야 자신의 위치에서 해야 할 일을 제대로 할 수 있을까? 답은 간단하다. 매일매일을 승리로 이끌면 된다. 내 뜻대로 주도하는 만족스러운 하루가 쌓여 인생이 된다. 의미 있는 인생은 결국 하루하루의 승리로 완성된다. 매일 승부를 걸어 내가 이긴 날이 많아야 인생에서 승리할 수 있다. 그런데 하고자 하는 일에 몰입하지 못하고 오늘 하루를 허비한다면, 미래는 불투명해지고 절망이 스스로를 잠식할 것이다. 그날 마땅히 해야 할 일을 하지 못한 사람의 마음은 하루치만큼 병들게 마련이다. 한 달간 하지 못하면 병은 조금 더 깊어진다. 1년을 허비한다면 그 병은 만성이 될지도 모른다. 놀랍게도 10년 넘게 아무것도 하지 못한 채 살아가는 이들이 적지 않다. 겉으로는 직장에 잘 다니고, 가게를 무난히 꾸려가는 듯 보이지만 이들은 진짜 인생을 살지 못한다. 매일 불안함과 죄책감에 떨면서 불면의 밤을 보낼 뿐이다. 무기력하게 내일을 기다리며 겨우 잠들지만 고통스러운 반복에서 좀처럼 벗어나지 못한다.

경기에서 뛸 수만 있다면 순위는 별로 중요하지 않다. 어떻게 인생에서 매번 1등만 할 수 있겠는가? 서른 번을 지다가도 서른한 번째부터는 연거푸 이길 수도 있는 게 인생이다. 설사 끝내 한 번도 1등을 하지 못한다 해도 괜찮다. 간절한 마음으로 준비하고 결연한 의지를 가지고 뛰었다면 꼴찌를 하더라도 후회는 없다. 문제는 뛰지 못한다는 데 있다. 특히 뛰고 싶은 마음은 간절한데도 전혀 움직일 수 없다면 반드시 그 문제를 해결해야 한다. 꿈을 이루지 못하는 것은 느리게 달려서가 아니라, 아예 달리지 않기 때문이다.

미리 해보는 간편한 무기력 테스트

무기력의 실체를 본격적으로 알아보기 전, 현재 당신의 상태를 점검해보자. 다음은 미국의 저명한 정신과 의사 프랭크 미너스^{Frank} ^{Minirth} 박사가 제시한 무기력증의 초기 증상들이다.

총 24개 항목 중 자신에게 해당되는 것이 몇 가지인지 체크해보자. 미너스 박사는 12개 이상의 항목에 해당한다면, 무기력증이 삶에 침투하기 시작한 상태라고 보았다.

- 최근 모든 일에 흥미를 잃었고 부정적인 생각만 든다. ☐
- 퇴근 시간만 기다려진다. ☐
- 내가 하고 있는 일이 적성에 맞지 않는다는 생각을 자주 한다. ☐
- 매사에 조바심이 자꾸 생긴다. ☐

- 직업을 바꾸고 싶다는 생각이 부쩍 늘었다. ☐

- 전보다 두통(요통, 혹은 기타 질환)이 심해졌다. ☐

- "누가 나에게 관심이나 있을까?" 하는 실의에 자주 빠진다. ☐

- 최근 술을 많이 먹고 주량도 늘었다. ☐

- 매일 쌓이는 스트레스 때문에 신경안정제를 먹고 있다. ☐

- 예전에 비해 기운이 떨어지고 하루 종일 피곤하기만 하다. ☐

- 근래 들어 일에 대한 부담이 커졌다. ☐

- 기억력이 떨어지고 전보다 집중이 잘 안 된다. ☐

- 밤에 잠을 못 이루거나, 새벽에 자주 깨고 한번 깨면

  다시 잠들기 힘든 적이 많다. ☐

- 식욕이 떨어졌거나 지나치게 왕성해졌다. ☐

- 제대로 한 것이 아무것도 없다고 느껴진다. ☐

- 일에 대한 의욕이 예전보다 훨씬 못하다. ☐

- 내가 하는 일의 가치를 느끼지 못한다. ☐

- 전에는 결정하는 데 망설임이 없었는데 지금은 그러지 못하다. ☐

- 내가 좋아하고 자신 있게 하던 일이 보잘것없게 느껴진다. ☐

- "신경 써서 뭐 해? 나와 상관없는 일인데"라는 말을 자주 한다. ☐

- 나는 정당한 대우와 관심을 받고 있다고 생각하지 않는다. ☐

- 나의 문제에서 벗어날 길이 보이지 않아 무능함을 느낀다. ☐

- 일에 대해 지나치게 이상주의적이라는 말을 자주 듣는다. ☐

- 내 직업은 장래성이 없다는 생각이 든다. ☐

실행하지 못하는
마음의 병

무기력은 어디에나 있다

한때 젊은 사람들 사이에서 유행처럼 쓰이다가 신조어로 등록된 단어 중 '귀차니즘'이라는 것이 있다. 이 단어는 만사가 귀찮아 게으름 피우는 현상이 고착된 상태를 말하는 용어다. 귀찮은 일을 몹시 싫어하는 태도나 사고방식을 뜻하는 이 말은 남녀노소 할 것 없이 사용할 정도로 널리 퍼졌다. 이상한 조합으로 만든 이 단어가 오랜 기간 살아남은 것은 그만큼 이 신조어에 공감하는 사람들이 많다는 사실을 의미한다.

많은 사람들, 심지어 초등학생마저 "귀차니즘에 빠졌다", "의욕 없다"라고 말하는 것을 보면 걱정이 앞선다. 한창 새로운 것을 경험하고 호기심을 가지며 다양한 활동에 빠져들 때이고, 큰 좌절을 겪을 나이가 아니기 때문이다. 어쩌면 쉽게 넘길 수만은 없는 일인지도 모른다. 의욕 없는 상태인 무기력이 마음에 그림자를 드리우고 있다는 신호일 수도 있기 때문이다.

○

심리학에서는 무기력을 '자발적으로, 적극적으로 행하지 않는 것' 또는 '현저하게 의욕이 결여되었거나 저하된 경향'이라고 정의한다. 즉 무기력이 자발성과 의욕을 상실한 상태라면, 거기서 벗어나는 것은 곧 자발성과 의욕을 회복하는 과정으로 볼 수 있다.

사회가 고도로 발달함에 따라 무기력을 일으키는 원인도 점차 다양해지고 있다. 이러한 추세에 맞춰 심리학과 정신의학 분야에서는 무기력을 진단하고 치료하는 수많은 연구가 진행되고 있다. 무기력 연구의 대가라 할 수 있는 미국 펜실베이니아대학교의 마틴 셀리그만Martin Seligman 교수는 1970년대 중반 '학습된 무기력learned helplessness'에 관한 연구를 시작했다. 이후 많은 심리학자들이 무기력, 무력감burn out 등의 개념을 발달시키며 연구에 헌신했다. 미국의 심리학자 허버트 프로이덴베르거Herbert Freudenberger는 무기력을 에너지가 고갈된 상태라고 정의하며 무기력증에 빠진 사람은 에너지가 없으므로 항상 타인에게 억압을 느낀다고 주장했다. 한편 세계적인 심리 치료사 프랭크 미너스는 심리적 문제를 안고 있는 수많은 이들을 관찰하며 무기력증 환자의 특징을 다음과 같이 설명했다.

"무기력한 사람들은 육체적, 정서적으로 탈진한 상태다. 그들은 미래가 불확실하다고 느끼고 지인과 사회로부터 자신을 고립시키려고 하며, 감정적 허탈감에서 수반되는 정신적인 고통을 느낀다. 이러한 증상이 타인을 무시하거나 부정적으로 대하게 만든다. 그들은 누군가 나서서 도와주려고 해도 자신을 그냥 내버려두라며 고집을 부리고, 마침내 혼자 고립되고 만다."

미너스는 무기력한 사람이 타인과의 관계를 스스로 차단하면서 정서적 피로를 느끼고 유능감을 잃는다고 보았다. 여기서 유능감이란 새롭고 다소 어렵게 느껴지는 과제를 성공적으로 완수했을 때 느끼는 긍정적 감정을 말한다. 유능감이 부족하면 성취도가 떨어지고, 결국 무기력의 늪에 더 깊이 빠지게 된다. 그는 무기력을 치료하지 않으면 우울증으로 발전할 수 있다고 경고했는데, 마틴 셀리그만도 비슷한 의견을 내놓았다. 무기력과 우울증은 서로 연관되어 있으며 상호작용한다는 것이다. 무기력하기 때문에 우울증이 나타나고, 우울하기 때문에 무기력해지는 악순환이 반복된다. 즉 무기력에서 우리를 보호해야 우울증에 빠질 위험에서도 벗어날 수 있는 셈이다.

심리학자 제리 에델위치Gerry Edelwich와 아치 브로드스키

Archie Brodsky는 열심히 일하던 직장인이 어느 날부터 '일은 그냥 일일 뿐'이라는 태도를 갖기 시작하면 무기력해진다는 이론을 발표했다. 그들은 직장에서 최선을 다하지 않고 적당히 시간을 때우는 사람 중 무기력을 호소하는 사람이 많다고 밝혔다. 이러한 예는 우리 주변에서 흔히 발견할 수 있다. 2024년 잡코리아가 직장인을 대상으로 실시한 설문 조사에 따르면, 응답자의 69퍼센트가 직장 생활 중 극심한 무기력과 피로를 느끼는 이른바 '번아웃 증후군'을 겪고 있다고 답했다. 이들은 과도한 업무량을 주요 원인으로 꼽으며 일에 대한 의욕을 잃어가는 모습을 보였다.

나 역시 모 기관에서 근무하며 이와 비슷한 사례를 목격했다. 그곳의 연구 교수와 박사 후 연구원(포닥)의 평균 근무 기간은 고작 6~8개월이었고, 1년 이상 버티는 이는 극히 드물었다. 무기력하게 시간을 때우던 박사들 대부분은 1년을 채우지 못한 채 사직하거나 해고당했다. 채용 인터뷰에 참여했던 나는 그들이 얼마나 큰 희망과 의욕을 가지고 연구소에 오기를 원했는지 기억하기에 더욱 안타까웠다. 그들은 시간이 흐를수록 의욕을 잃은 채 하루하루를 버텨내는 무기력한 지식 근로자의 전형으로 변해갔다.

외국에서 박사 학위를 받은 연구원 A씨가 생각난다. 그는 처음에 매우 의욕적으로 여러 명의 학생과 새로운 연구를 진행하려고 시도했다. 그런데 제안하는 연구 계획이 계속 좌절되자 눈에 띄게 달라졌다. 그는 근무시간에 인터넷으로 일본 드라마를 보거나 쇼핑몰을 뒤지며 잡동사니 같은 물건을 사들였다. 미팅 시간에는 멍하니 앉아 연구소장의 질문에 답하지 못하고 엉뚱한 말을 늘어놓았고, 주변 사람을 아랑곳하지 않으며 누군가와 한두 시간은 기본으로 통화해 원성을 샀다. 그뿐 아니라 자신이 맡은 프로젝트의 기한을 넘겨 급하게 다른 사람의 도움을 받아 보고서를 제출하는가 하면, 업무를 분담해 함께 제안서를 쓸 때 담당한 부분에서 치명적인 실수를 저질러 거의 성사된 대형 프로젝트에서 탈락하는 사태까지 벌어졌다. 그는 결국 해고되는 지경에 이르렀다. 그의 변화는 충격적이었다. 처음엔 모든 연구를 해낼 것같이 의욕적이던 사람이 너무나 무기력하게 변해버렸기 때문이다.

새로운 지식을 창출하고 가공하는 일을 하는 지식 근로자가 무기력을 느낄 때는 다른 직종의 근로자보다 능률이 더욱 저하되는 모습을 보인다. 지식 노동자는 자신의 두뇌를 최대한 활용해야 최고의 생산품을 만들 수 있기 때문이다. 무기력이 이들의 뇌를 침범하면 업무를 제대로 수행할 수 없게 된다. 무기력에 빠진 A씨의 상황은 심각해 보였다. 만약 직장이 자신과 맞지 않는다고 판단했다면 일찌감치 다른 길을 찾았어야 한다. 그러나 그는 그러지 않았고, 해고되는 순간까지도 무엇을 해야 할지 몰라 우왕좌왕했다. 스스로 환경을 바꿀 의지조차 상실한 채, 무기력에 완전히 잠식된 모습을 보이고 말았다. 그토록 의욕 넘치고 총명했던 사람이 이토록 무기력해지다니, 너무도 놀라웠다.

그가 변한 이유는 여러 가지일 것이다. 나는 '목표 상실'이 결정적인 이유였으리라 생각한다. 자신이 원하는 연구를 할 수 없게 되어 좌절감에 빠졌고, 상사가 지시한 일은 그의 연구관과 맞지 않아서 흥미를 잃었던 것으로 보인다. 만약 그가 자신의 뜻을 펼칠 수 있는 연구 환경에 놓였다면 사뭇 다른 결과가 나왔을 것이다. 많은 직장인이 열정을 잃는 이유도 이와 비슷하다. 꿈과 현실의 괴리에서 오는 심리적 공백이 무기력을 유발하는 것이다.

무기력의 다양한 증상

무기력은 천의 얼굴을 갖고 있다. 단순히 기력이 없다든지, 만사가 귀찮다든지, 의욕이 생기지 않는다든지 하는 상태만이 무기력의 전부가 아니다. 업무 능력 저하나 게으른 모습뿐 아니라 생각지도 못한 다양한 증상으로 나타나므로 그 신호를 신속하게 감지해야 한다. 우선 마틴 셀리그만이 정리한 무기력의 증상을 알아보자.

1. 행동하지 않는다

무기력의 가장 두드러진 증상은 직접 나서서 무언가를 하지 않는 '자발성의 상실'이다. 환경과 사건을 스스로 조절할 수 없다고 느끼는 상태로, 이를 심리학에서는 '통제 불가능성'이라 부른다. 통제 불가능성을 경험한 사람은 무슨 일을 하든 '귀찮아. 어차피 내가 어떻게 할 수 없어'라고 생각한다. 자연히 행동하고자 하는 의지가 사라지고, 시도 자체를 포기하게 된다.

마틴 셀리그만은 실험을 통해 속수무책으로 전기 충격을 받은 개는 도주할 수 있는 여건이 되어도 도망치려는 시도를 하지 않는다는 결과를 얻었다. 이러한 현상은 쥐, 고양이, 원숭이 등 다른 동물은 물론 인간에게도 동일하게 나타났다. 인간 또한 자신이 스스로 상황을 통제하지 못한다는 사실을 알고 나면 자발적으로 행동하려 하지 않는다. 이렇듯 행동하지 않는 증상은 '동기의 약화', '동기 장애'에서 기인한다.

2. 뭘 해도 안 된다고 생각한다

통제 불가능한 상황에서 무기력을 경험하면 자신이 문제를 해결할 수 있다는 긍정적인 생각에 이르지 못한다. 한번 피할 수 없는 전기 충격을 받은 개가 도망칠 수 있다는 생각을 잊어버리는 것처럼, 인간 역시 자신이 상황을 바꿀 수 있다는 생각을 하지 못한다. 심리학에서는 이런 현상을 '부정적 인지 형성'이라 한다. 세상과 자신을 바라보는 시각이 부정적으로 굳어버리는 이 증상의 또 다른 명칭은 '인지 장애'다.

3. 마음은 물론, 몸도 아프다

무기력해지면 슬픔, 우울, 불안, 죄책감, 분노 같은 다양한 '정서 장애'가 나타난다. 이러한 부정적 감정은 심리적 고통에만 머물지 않고 육체에도 영향을 준다. 정신적 충격이 마음뿐 아니라 신체에도 부정적 영향을 미친다는 것은 심리학과 의학을 통해 밝혀진 사실이다. 스트레스를 받아 우울해하는 원숭이가 위궤양 증상을 보이고 홍수, 화산 폭발, 교통사고, 납치 등 재난과 사고에서 살아남은 이들이 악몽, 소화불량, 불면증 등에 시달리는 사례가 이를 입증한다. 배우자의 죽음이나 자녀의 사고 같은 극심한 충격으로 병을 얻거나, 심지어 사망에 이르는 사례도 있다.

미국 로체스터 의과대학의 조지 엥겔George Engel 교수는 심리적 상실과 신체적 질병의 관계를 20년 이상 연구했다. 그의 연구에 따르면, 생리적 병원체를 잘 막아내던 유기체도 무기력을 느끼면 저항력이 떨어진다고 한다. 즉 무기력은 신체를 각종 질병에 취약한 상태로 만든다. 원래는 '건강 체질'이던 나도 무기력 때문에 우울증을 앓은 기간에는 여러 질병에 시달렸으나, 회복한 뒤에는 다시 운동을 하면서 건강을 되찾았다. 당시의 질병이 단순히 노화 때문은 아니었음을 증명하는 결과다.

4. 지나치게 수동적인 태도를 취한다

동물과 사람은 자신을 보호하기 위해 외부 공격에 반응하거나 도피하고, 때로는 반격한다. 이는 생존과 직결된 본능이다. 그러나 무기력에 점령당한 개체는 지극히 수동적으로 변해 공격에 대항하지 않고 무력하게 받아들인다. 이는 '온화함'과는 본질적으로 다르다. 온화함은 대항할 힘이 있음에도 수용하는 것이지만, 수동성은 막을 수 없다는 절망감에 어쩔 수 없이 굴복하는 것이다. 경쟁해봐야 소용없다는 부정적 인지가 '행동 장애'를 불러일으킨다.

5. 극단을 오가는 식욕을 보인다

무기력과 우울은 체중 변화를 동반한다. 무기력한 사람들은 대개 갑자기 살이 찌거나 빠지는 급격한 체중 변화를 경험한다. 과거 심리학에서는 무기력과 우울증이 식욕을 억제해 체중을 감소시킨다고 보고했으나, 최근에는 스트레스에 따른 폭식이 비만을 유발한다는 연구가 많다. 실제로 이런 사례는 주변에서 흔히 찾아볼 수 있다.

최근 SNS에서 완벽한 몸매와 식단을 자랑하며 자기 관리의 '끝판왕'으로 불리던 유명 인플루언서가 폭식증과 우울증을 고백해 화제가 되었다. 보디 프로필 촬영 이후 찾아온 심리적 허탈감이 우울증으로 번졌고, 거울조차 보기 싫을 정도로 체중이 급증하며 은둔 생활을 하게 되었다고 한다. 누구보다 자신을 가꾸는 데 능숙했던 사람조차 단숨에 나락으로 떨어뜨리는 우울증은 이토록 잔인한 흔적을 몸과 마음에 남긴다.

심리학자 허버트 프로이덴베르거는 일곱 가지 임상 증상을 통해 마틴 셀리그만이 정리한 다섯 가지 무기력 증상을 더욱 구체화했다.

1. 탈진, 피로

탈진은 무기력의 초기 증상이다. 에너지가 고갈되어 만사가 귀찮아지는 단계로, 무기력이 장기화되면 수면 부족과 식욕 부진이 겹쳐 극도의 피로감을 느끼게 된다. 이는 마치 탄성을 잃고 축 늘어진 고무줄과 같은 상태다.

2. 고립되었다는 생각

무기력을 느끼기 시작하면 타인과 교제할 심리적, 시간적 여유가 사라진다. 자연히 가까운 이들과도 거리를 두며, 혼자만의 고립된 상태를 유지하는 데 시간과 노력을 쏟게 된다. 이렇게 고립감을 느끼면 냉소적인 태도를 보인다. 문화생활이나 동호회 활동, 동창 모임, 소개팅에도 '그게 무슨 의미가 있지?'라고 냉소적으로 반응하며, 인생 자체에 회의를 느끼기도 한다. 나 역시 무기력에 빠져 있던 시기에는 친구나 직장 동료와 어울리려 하지 않았다. 회식도 가급적 빠지고 싶어 했으며 영화 감상이나 여행에도 좀처럼 흥미를 느끼지 못했다. 고립된 섬에 있는 듯한 기분이었다.

3. 조급증과 과민 반응

무기력은 의외로 무슨 일이든 빨리빨리 해치우는 습성이 있는 사람에게 많이 나타난다. 이런 사람들이 한번 무기력에 빠지면 성취 능력이 현저히 떨어진다. 목표를 이루지 못하면 환경이나 다른 사람 탓이라 생각하고 화를 내는데, 처음에는 자신에게 짜증을 내고 분노하다가 나중에는 실패의 원인을 가족이나 동료에게 전가하려 한다. 구덩이에 빠진 자동차를 빼내려고 조급하게 핸들을 돌리다 구덩이 안으로 더 깊숙이 빠져들어가는 꼴이 되고 마는 것과 같다.

4. 무슨 일이든 자신이 다 해내야 한다는 강박

아이러니하게도 무기력은 일중독자나 완벽주의자에게 많이 나타난다.

"이 일을 나보다 더 잘해낼 사람은 없어."

"일할 사람이 나밖에 없어. 아무도 못해!"

불행히도 이런 생각을 하면 할수록 무기력해질 가능성이 크다.

내가 심한 무기력에 빠진 이유도 이런 완벽주의 성향 때문이다. 당시 나는 직장 업무와 집안일을 모두 완벽히 해내야 한다는 강박에 시달렸다. 학교에서는 학과장으로서의 책임을, 집에서는 양육과 살림을 홀로 감당하려 애썼다. 그러는 와중에도 새로운 연구와 논문 집필에 매달렸으니, 몸과 마음이 지치는 것은 당연했다. 젊고 체력이 좋을 때는 무슨 일이든 다 해낼 수 있을 것 같지만 언젠가는 한계에 부딪히게 마련이다. 그러므로 포기를 곧 무능으로 치부하는 생각에서 해방되어야 한다. 할 수 없는 일을 내려놓는 태도는 무능이나 비겁함과 거리가 멀다. 오히려 멈춰야 할 때를 정확히 알고 실천하는 사람이야말로 진정 현명한 사람이다.

5. 과대망상

무기력이 깊어지면 무리수를 두려는 경향이 나타난다. 이들은 생산성이 눈에 띄게 떨어졌음에도 자신의 능력에는 문제가 없다고 믿으며, 단숨에 상황을 역전시킬 수 있다는 망상에 빠지곤 한다. 앞서 언급한 달리지 못하는 남자도 매번 경기에 열심히 출전하기는 했다. 정작 훈련은 하지 않으면서 과거의 영광을 잊지 못한 채로 최고의 선수들과 경쟁하려 한 것이다. 이들은 노력이 부족하다는 사실을 외면한 채, 자신이 부당한 대우를 받고 있다는 생각에만 매몰되기 쉽다. 허버트 프로이덴베르거는 중증 무기력 환자들이 '누군가 나를 해치려 한다'는 식의 피해망상에 빠지기도 한다고 보고했다.

6. 지남력 장애

지남력指南力 장애란 시간, 장소, 사람 등을 알아보는 감각에 혼란이 온 상태를 말한다. 무기력이 장기간 지속되면 사고체계가 무너지며 집중력이 떨어지고, 이름이나 날짜를 기억하지 못하거나 말을 더듬기도 한다. 내면의 동요와 스트레스로 기억력과 언어능력이 감퇴하기 때문이다. 나 역시 비슷한 경험을 했다. 그 이전의 일은 또렷한데, 무기력에 빠졌던 기간의 일은 도무지 생각나지 않는다. 거짓말 같지만 엄연한 사실이다.

7. 통증

무기력은 정신적 스트레스로 발병하는 질환인 심신증을

유발한다. 마음의 병이 신체의 면역력을 떨어뜨려 각종 질병을 야기하는 것이다. 두통이나 고질적인 감기, 요통, 어깨 통증은 무기력에 동반되는 대표 질병이다. 나 역시 무기력했던 시절 두통과 요통을 앓았고, 특히 심한 어깨 통증에 시달렸다.

무기력은
은밀하게 다가온다

누구보다 바쁘지만 무기력한 사람들

많은 사람이 성공을 욕망한다. 성공과 번영에 대한 열망은 진화의 사슬을 타고 우리 유전자에 각인된 본능과도 같다. 성공은 경제적, 시간적 제약에서 벗어나 폭넓은 행동의 자유를 약속한다. 자유를 추구하는 것 또한 인간의 본능이다. 이처럼 인간이 성공을 향한 욕망에 의해 움직이는 것은 어찌 보면 당연한 일이다. 그런데 욕망이 가득한데도 행동하지 못하는 사람이 있다. 욕망은 있으나 아무런 결과도 내지 못하는 사람, 당신도 혹시 그런 사람에 속하지 않는가?

무기력하면 욕망이 있더라도 움직일 수 없게 된다. 자신의 능력과 에너지를 집중해 꿈을 이루고 싶지만, 몸과 정신이 그에 따라주지 않는다. 원하는 '그것'에 집중하지 못하면서도 강박증 환자처럼 계속 그것을 해내야 한다고 생각한다. 안타깝게도 생각은 정리되지 않고, 무엇을 먼저 해야 할지 몰라 이것저것 손만 대고 끝나는 일이 많아진다. 문제는 겉보기에 이들이 무기력하기보다 바빠 보인다는 것이다.

대학생 A씨는 졸업을 앞두고 나름대로 빡빡한 일정을 소화하고 있다. 오전에는 토익 학원에 다니고 오후에는 스터디, 밤에는 편의점 아르바이트를 한다. 늘 취업에 대한 생각뿐이지만 정작 구체적인 진로를 고심하는 일은 미루기만 한다. 어떤 회사와 업무가 자신에게 맞을지 알아봐야 하지만 그러고 싶지 않다. 토익 공부를 하면 되겠다는 막연한 생각으로 학원에 등록하는 것이 전부다.

20대 후반 B씨는 디자인 회사에 입사했다. 처음에는 단순하지만 양이 많은 업무 때문에 밤늦게까지 야근하기 일쑤였다. 점차 일이 손에 익고 처리 속도가 빨라지면서 업무 시간에 여유가 생겼다. 자기 계발을 위해 새로운 디자인 프로그램을 익히겠다는 계획은 세웠지만, 시간이 나도 공부에 집중하지 못한다. 졸음을 참으며 책을 읽다가 결국 한참 동안 인터넷 쇼핑을 하며 시간을 보낼 뿐이다.

대학 강사 C씨는 학생들의 존경을 받으며 책까지 집필하는 인기 교수들을 부러워하며, 자신도 그들처럼 되기를 꿈꾼다.

나름대로 새로운 강의 주제와 교수법을 고민해보지만, 교수 임용이 바늘구멍인 현실을 마주하면 의욕이 꺾이고 만다. 그는 교수 친목회나 동창 모임, 가족여행을 준비하는 데 에너지를 쏟으며 방학을 보내고, 새 학기 강의안은 몇 년째 같은 내용으로 되풀이한다.

수영 선수 D씨는 오늘도 골프 연습을 한다. 수영장 락스 냄새에 머리가 아파서 다른 운동을 하며 몸을 풀고 싶다. 몇 달 뒤에 있을 중요한 시합을 앞두고 기록이 좀처럼 좋아지지 않아 걱정이지만, 일단은 기분 전환 삼아 골프 스윙 연습에 몰두한다. 그것도 운동이 되니까 시간을 헛되이 보낸다고 생각하지는 않는다. 매일 내일은 복귀해서 수영 연습을 해야겠다고 생각하나 그 다짐을 지키지 못한 지 2주가 넘었다.

위의 사례들은 우리 주변에서 흔히 볼 수 있는 모습이다. 이들은 아침부터 저녁까지 나름대로 바쁜 일상을 보내기에, 본인은 물론 주변 사람들조차 무기력이라 의심하지 않는다. 설령 무언가 잘못되었더라도 그다지 심각한 문제로 여기지 않는다. 그저 지금은 토익 점수를 올리는 게 급선무이고, 맡은 업무를 끝냈으니 잠시 인터넷 쇼핑을 즐기는 것쯤은 괜찮다고 스스로를 다독일 뿐이다. 동시에 마음 한편에 자리 잡은 불안감을 떨치지 못한다. 이들은 무의식적으로 '열심히 하지 않았으니 결과가 나쁜 건 당연해'라며 자신을 속이고 위로한다. 거짓 위안 뒤에 숨어, 직면해야 할 진짜 자기 자신으로부터 도망치려는 것이다. 이는 자각하기 어려운 '은밀한 무기력'의 전형적 사례다. 본인은 물론 주변 사람들도 체감할 수 있을 만큼 외부로 뚜렷이 드러나는 '명백한 무기력'이 있는 반면, 이처럼 스스로도 알아차리기 힘든 '은밀한 무기력'도 존재한다.

이와 비슷한 예를 하나 더 들어보자. 농구계의 전설적인 스타로 일컬어지는 마이클 조던이 돌연 야구 선수가 되어 팬들 앞에 나타난 적이 있다. 마이클 조던이 이끌던 시카고 불스가 세 번째 NBA 우승을 달성한 직후인 1993년 7월, 조던의 아버지 제임스 조던이 강도에게 피살됐다. 든든한 버팀목이자 조력자인 아버지를 잃은 조던은 충격에 빠졌고 1993년 10월에 은퇴를 공식 발표했다. 이 소식을 들은 그의 팬들은 더 이상 환상적인 플레이를 볼 수 없게 되었다며 아쉬워했다. 그런데 이듬해 봄인 1994년 3월, 조던은 농구가 아닌 야구 선수로 복귀했다. 농구 황제 마이클 조던이 시카고 화이트삭스에 입단해 마이너리그에서 뛰기 시작한 것이다. 그는 왜 하필이면 야구 선수가 되었을까? 조던의 설명에 따르면, 야구 선수는 아버지가 평생 이루지 못한 숙원인 동시에 본인 역시 어린 시절부터 품어온 오랜 꿈이었다고 한다. 하지만 가장 설득력 있는 이유는 은퇴 당시 그가 농구 선수로서 이룰 수 있는 모든 것을 성취했다는 점일 것이다. 반복되는 훈련과 경기, 그리고 정상을 지켜야 한다는 중압감 속에서 목표를 잃은 그는 농구에 환멸을 느꼈고, 결국 야구라는 '외도'를 감행한 것이다. 어쩌면 그는 꺼져가는 승부욕을 다시 지피고, 고갈된 열정을 쏟아부을 새로운 대상이 절실했는지도 모른다.

　이렇듯 중요한 일에 쏟아야 할 에너지를 부수적인 데 쓰는 이들도 사실은 무기력한 사람이다. 할 일을 하지 못하는 것도 무기력이지만, 집중해야 할 일 대신 다른 일에 몰두하는 것도 무기력의 결과다. 자기 일에서 점점 더 멀어지고, 그만큼 에너지를 허투루 낭비하는 악순환에 빠져든 상태다. 당장은 자신이 열심히 산다고 착각하지만 얼마 지나지 않아서 그게 '가짜 노력'이었다는 사실을 깨닫게 될 것이다.

　은밀한 무기력에 빠지면 헤어 나오기가 쉽지 않다. 혹시 바쁜 하루를 보낸 뒤에 공허함을 느끼지 않는가? 뭔가 열심히 하고는 있는데 자신의 삶이 빈껍데기 같다고 느끼는가? 그렇다면 은밀한 무기력증에 빠져 있지 않은지 의심해보라. 자신이 무기력해서 오히려 다른 일에 매달리고 있다는 사실을 깨닫지 못할 수도 있다.

무의식적인 무기력

겉으로 드러나는 행동 양상 외에도 스스로 의식할 수 있는지 '자각 여부'에 따라 무기력을 분류할 수 있다. 여기서는 자신이 무기력하다는 사실을 분명히 인지하고 원인까지 안다면 '의식하는 무기력'이라 하고, 이유도 모른 채 본인이 무기력하다는 사실조차 깨닫지 못하는 상태는 '무의식적인 무기력'이라 부르겠다.

　의식하는 무기력은 다양한 상황에서 나타난다. 본인 뜻대로 일이 풀리지 않아 낙담했을 때, 질병으로 기력이 떨어졌을 때, 열심히 한 일의 성과가 좋지 않을 때, 다른 걱정 때문에 중요한 일에 집중하지 못할 때, 방이나 책상이 어지러울 때, 중압감을 느끼거나 뭔가를 기다리다 지쳤을 때 발생할 수 있다. 이런 상황에서는 스스로도 이전보다 확실히 기력이 떨어지고 의욕이 없음을 체감하며, 무기력과 '번아웃(탈진)'을 겪는 본인의 상태를 알아차리게 된다. 다행히 이때는 원인만 제거하면 무기력에서 벗어날 수 있다.

　예를 들어 탈진 때문에 무기력을 느낄 때는 심호흡하며 신체를 이완하거나 커피 또는 초콜릿을 섭취하고, 가벼운 운동이나 반신욕을 함으로써 피로를 풀어주는 식이다. 그러면 신체적인 무기력에서 벗어날 수 있다. 주변이 어수선할 때는 책상이나 방을 정리하는 것만으로도 의욕이 다소 생긴다. 만약 잡념 때문에 무기력하다면 차분히 생각을 글로 적어보는 것만으로도 큰 도움이 된다. 그러는 사이 엉킨 실타래 같던 생각이 정리되기 마련이다. 복잡한 생각에 빠져 있다면 자신이 처한 상황과 배경, 일의 과정과 결과를 마인드맵으로 정리하고 구체적인 해결법을 찾아봐도 좋다. 또한 업무 스트레스로 무기력을 느낀다면 '지금 이 일을 통해 배울 점이 분명히 있다'고 인식하는 것만으로도 무기력에서 조금은 벗어날 수 있다. 이렇듯 의식할 수 있는 무기력은 비교적 간단한 실천만으로도 얼마든지 해결할 수 있다.

문제는 본인이 의식하지 못하는 '무의식적인 무기력'이다. 한 다큐멘터리에서 소위 '은둔 청년'이라 불리는 이들의 실태와 심각성을 다룬 적이 있다. 특히 사례자로 등장한 아들은 방문을 걸어 잠그고 아예 밖으로 나오지 않았다. 그는 취업과 사업에서 연거푸 실패를 겪으며 낙담한 상태였다. 그렇지 않아도 속상한데 부모님은 얼굴만 마주했다 하면 "나이도 많은데 어서 자리 잡아야 되지 않겠느냐"면서 일장 연설을 늘어놓는 통에 피해 다닐 수밖에 없다고 했다. 나름대로 노력한다고는 했지만 사실 그는 대부분의 시간을 멍하니 누워 있거나 게임에 빠져들기 일쑤였다. 환경적인 문제를 떠나, 그는 자신이 심각한 무기력에 빠져 있다는 사실을 자각하지 못하는 듯했다. 이런 경우 획기적인 계기가 없으면 무기력한 상태가 장기화될 가능성이 높다. 만성적인 의욕 상실과 '아무것도 할 수 없다'는 생각에 지배당하면 가족의 진심 어린 충고도 잔소리로 들릴 뿐이다. 설사 부모님과 관계를 회복한다 해도, 스스로 방문을 열고 나와 사회의 일원으로 복귀하기까지는 상당한 노력이 필요하다.

이렇듯 무의식적인 무기력은 오랜 훈련과 노력이 뒷받침되어야 벗어날 수 있는, 극복하기 까다로운 상태다. 여기에는 어린 시절 부모의 양육 방식과 환경적 요인, 본인의 기질과 성격은 물론, 성장 과정에서 체득한 모든 경험이 복합적으로 영향을 미친다. 참고로 성격은 선천적인 유전자와 후천적인 환경, 그리고 교육의 결과로 형성된다. 한 사람의 내면에는 다양한 성격적 특질이 복합적으로 혼재하기 마련이다. 그런데 수많은 성격적 특질 중에서도 특히 의존적이거나 강박적 성향을 지닌 이들이 무기력에 더욱 취약하다. 이런 성격의 소유자들은 자신이 무기력하다는 사실을 의식하지 못한 채 평생 동안 무기력의 지배 아래 놓일 위험이 크다. 이에 관한 구체적인 내용은 뒷장에서 자세히 다루도록 하겠다.

만성 무기력

무기력은 지속되는 기간에 따라 짧게 지나가는 '급성'과 오랫동안 이어지는 '만성'으로 나눌 수 있다. 급성 무기력은 에너지가 평소보다 현저히 저하되거나 예상치 못한 악재를 맞닥뜨렸을 때 나타난다. 갑작스럽게 찾아온 만큼 시간이 흐르면 자연스럽게 사라지기도 한다. 충분한 영양을 섭취하며 휴식을 취하거나, 당면한 문제가 해결되면 비교적 쉽게 회복할 수 있다. 반면 심리적 갈등이나 지병으로 인한 만성 무기력은 원인의 뿌리가 깊어 쉽게 사라지지 않는다. 앞서 언급했듯 무기력이란 신체적, 심리적 한계를 자각할 때 나타나는 증상이기에, 자신을 억누르는 상황이 해소되지 않고 지속되면 무기력 역시 장기화되기 마련이다. 이제 급성 무기력과 만성 무기력이 각각 어떤 증상으로 나타나는지 구체적인 사례를 통해 살펴보자.

인디언들끼리 치열한 전쟁을 벌이던 1659년 어느 겨울에 일어난 일이다. 미국 남부 조지아의 세인트 진이라는 마을에는 페툰Petun 인디언이 무리 지어 살고 있었는데 이들은 때마침 중대한 결정을 내렸다. 페툰 인디언들의 오랜 적 이로쿼이Iroquois 족의 침략을 원천 봉쇄하기로 한 것이다. 인디언들 사이에서 선발된 페툰 전사들은 이로쿼이족과 전쟁을 하기 위해 길을 나섰다. 그들은 며칠 동안 이로쿼이족을 찾아내려고 노력했지만 그 어디에서도 적군을 발견하지 못했다. 한참 헤매던 전사들은 허탕만 치고 돌아왔다.

그런데 이게 어떻게 된 일인가? 그들이 자리를 비운 사이에 마을이 완전히 불타서 형체를 알아볼 수 없게 되어버린 게 아닌가. 그뿐만 아니라 전사들이 목숨 걸고 지키려 한 부녀자와 아이, 노인 들이 갈기갈기 찢긴 채 죽어 있었다. 충격적인 광경을 본 전사들은 말을 잃었다. 그들은 그 자리에 주저앉아 신음만 내뱉을 뿐, 손가락 하나도 움직일 수 없었다. 어느 누구도 이로쿼이족을 쫓아가 복수하고, 포로들을 구해 오자고 말하는 사람이 없었다. 전사들은 한나절 동안 단 한마디도 하지 못했다.

이는 마틴 셀리그만의 저서 『학습된 무기력Helplessness』에 등장하는, 재앙 징후disaster syndrome가 유발하는 급성 무기력증에 관련된 일화다. 가장 호전적이라는 인디언 전사들도 비극적인 사건과 맞닥뜨리면 전의를 상실해버린다.

재앙 징후란 사람들이 가공할 만한 참변을 경험했을 때 심리적 충격으로 한동안 아무것도 할 수 없는 상태를 말하는 심리학 용어다. 이러한 반응은 거의 모든 문화권에서 나타나는 일반적이고 자연스러운 현상이다. 아주 강력한 폭풍이 마을을 휩쓸었을 때 자연재해에 잘 대처하던 사람들도 폭풍이 지나간 후 하루 정도는 혼수상태에 빠진다는 보고가 있다. 피해자들은 대개 혼수상태로 하루를 보내고 나서야 일상을 되찾기 위해 노력한다. 충격에 빠져 아무것도 할 수 없는 시간을 보내야만 재기할 수 있는 것이다. 페툰 전사들의 사례에서는 급성 무기력과 만성 무기력이 모두 관찰된다. 인디언들이 종족의 떼 죽음을 목격한 직후 한나절 동안 망연자실해 있던 것은 급성 무기력의 전형적 증세다. 이는 종족 전멸이라는 거대한 정신적 충격, 즉 '재앙 징후'로 급격히 발현된 무기력이다.

급성 무기력은 갑작스럽게 찾아오지만 그만큼 회복도 빠르다. 만약 전사들이 이로쿼이족에게 복수하고 포로들을 데려와 마을을 재건한다면, 그들의 무기력은 일시적 해프닝에 그칠 것이다. 그러나 적에 대한 공포로 복수를 포기한 채 뿔뿔이 흩어져 평생 마음의 상처를 안고 살아간다면, 만성 무기력에 시달리고 있는 상태로 볼 수 있다.

○

2023년 발생한 튀르키예·시리아 대지진은 수만 명의 희생자를 낸 현대사 최악의 참사 중 하나로 기록되었다. 국제 아동 구호 단체들이 지진을 경험한 아이들을 대상으로 조사한 결과, 아이들이 입은 정신적 피해는 상상을 초월할 만큼 심각했다. 무너진 건물에 갇혔던 공포나 가족을 잃은 상실감으로 자폐 증세를 보이거나 극심한 불안을 호소하는 아이들이 많았다. 참사에 노출된 아이들은 시간이 흐른 지금까지 작은 진동에도 "집이 흔들려요!"라고 비명을 지르며 매일 밤 악몽에 시달린다. 부모를 제외한 다른 사람과는 한마디도 나누지 않으려고 할 만큼 세상에 대한 문을 닫아버린 경우도 허다하다. 물론 성인도 자연 재난 앞에서는 무력하며 트라우마에서 오랫동안 벗어나지 못할 수 있다. 하지만 성인은 그간의 경험을 통해 거대한 재해가 매일 일어나지는 않으며, 다시 발생할 확률이 낮다는 사실을 이성적으로 인지하며 서서히 일상을 회복해나간다.

반면 아이는 지진이 드문 재해라는 사실을 이해하지 못한다. 환경에 대응하는 능력이 취약한 아이는 난생처음 경험한 대지진을 속수무책 당할 수밖에 없는 엄청난 천재지변으로 받아들인다. 자신에게 닥친, 도저히 대응할 수 없었던 그 엄청난 일이 앞으로도 계속 일어날 것이라 믿기에 성인보다 상처가 깊고 치유하기까지 더 오래 걸린다. 이 배경에는 '내 힘으로는 그 일을 도저히 어떻게 할 수 없었다'는 절망적인 자각이 깔려 있다. 심리학에서는 이를 '통제 불가능성에 의해 발생한 학습된 무기력'이라고 정의한다. 다시 말하지만, 이 책에서는 학습된 무기력에서 벗어날 수 있는 방법을 다룰 예정이다.

살 것인가,
살아낼 것인가

'사는 것'과 '살아내는 것'은 비슷한 단어처럼 보이지만 의미는 극과 극이다. 우리는 매일 오늘이라는 시간을 보낼 방법을 선택할 수 있다. 살 것인가, 살아낼 것인가. 어떤 방법을 택하느냐에 따라 완전히 다른 하루를 보내게 된다.

이 두 행위는 전혀 다른 차원의 정신적 에너지에서 비롯된 결과이기 때문이다. '살아내는 하루'는 아프고 슬프다. 두려움과 절망 속에서 하루만큼의 시간을 견뎌냈다는 의미다. 즉 다른 이가 시키는 일을 수동적으로 해내는 노예의 삶이다. 어쩔 수 없이 출근해 그날그날 지시받은 일을 마지못해 대충 처리하는 직장인, 이혼이 두렵고 경제적 능력이 없어 자신을 학대하는 남편에게서 벗어나지 못한 채 식구들을 위해 집안일을 하며 살아가는 주부…. 무기력에 빠져 있을 때 겪는 심리 상태가 여기에 해당한다. 무기력한 상태에서는 사는 것이 아니고 살아내며 그냥 하루하루를 버티는 것에 불과하다.

'사는 것'과 '살아내는 것'을 독일의 철학자 프리드리히 빌헬름 니체Friedrich Wilhelm Nietzsche의 말에 따라 분류해보자. 그는 인간의 정신을 낙타, 사자, 어린아이의 세 단계로 설명했다. 살아낸다는 것은 니체가 인간 정신의 세 단계 중 '낙타'로 표현한 단계, 다시 말해 주인의 명령에 복종해 등에 짐을 잔뜩 싣고 사막을 횡단하다가 죽어가는 낙타의 삶과 같다. 만약 당신이 무거운 짐을 싣고 사막을 건너는 늙은 낙타라면 어떤 기분이겠는가? 억울함이 밀려오지 않을까? 그러다 기력이 다해 쓰러지면 당신의 짐은 곧장 젊은 낙타에게 옮겨질 것이고, 행렬은 뒤도 돌아보지 않고 당신을 버려둔 채 사막을 횡단할 것이다. 수많은 직장인이 이와 같은 삶을 살고 있다. 하루 품삯을 위해 낙타처럼 견디며 간신히 '살아내고' 있는 것이다. 그러다 어느 날 더 이상 일할 수 없는 순간이 올지 모른다.

반면 '하루를 산다'는 것은 포효하는 사자처럼 당당하게 살아가는 방식을 뜻한다. 이런 삶을 선택한 이들은 사자처럼 주도적이며, 자기 인생의 진정한 고용주가 된다. 사자는 자신이 원할 때 사냥하고 원할 때 먹는다. 배를 채운 뒤에는 초원에서 며칠이고 평화롭게 휴식을 만끽한다. 광활한 초원에서 사자의 행보에 간섭할 존재는 아무도 없다. 사자는 오직 스스로의 주인이며, 그렇기에 그들은 온전히 자유롭다. 사자 같은 모습으로 살아가는 사람은 남의 인생이 아닌 자기 인생을 산다. 또한 모든 것을 스스로 결정하고 자신이 책임지며 자신이 기울인 노력의 대가를 모두 취한다. 이는 '자발성'에서 나온다. 자발성이란 타인의 강요에 의해서가 아니라, 스스로 결정하고 자신의 의지대로 움직이는 힘을 의미한다. 심리학에서는 무기력이 '자발성이 사라진 상태'라고 설명한다. 그러므로 무기력에서 빠져나오려면 먼저 자발성을 회복해야 한다. 사자처럼 자기 인생의 주인이 되는 삶을 되찾고, 주도적인 삶을 지속해야 한다.

우리는 모두 사자의 삶을 살고 싶어 하지만 불행히도 그것은 쉽지 않은 일이다. 무기력하게 낙타처럼 살던 사람이 하루아침에 사자가 될 수는 없다. 그러나 결코 불가능한 일은 아니다. 인간은 노력 여하에 따라 언제든지 변화할 수 있기 때문이다. 물론 그 과정은 절망의 연속이라 느껴질 만큼 혹독할 것이다. 하지만 더러운 진흙 속에서 연꽃이 피어나듯, 무기력이 주는 절망은 우리에게 새로운 배움을 남긴다. 개인차는 있을지언정 그 깊은 수렁에서 보장된 것은 별로 없고 삶은 결코 만만치 않으며, 내가 할 수 있는 일과 할 수 없는 일이 존재함을 반드시 배우게 된다. 이러한 자각이 찾아오는 순간, 낙타가 쓰러진 바로 그 자리에서 사자가 태어나 포효할지 모른다. 사자 본연의 자발성을 회복하는 것이 우리가 도달해야 할 정신 진화의 첫 번째 목표다.

낙타가 죽을 때 놀라운 변화가 시작된다. 자발성을 회복하려고 애쓰는 순간, 자신처럼 살아내려고 있는 힘을 다해 노력하는 이웃에게 관심을 갖게 된다. 그는 절망 속에서 허우적 댄 경험이 있기 때문에 이웃과 함께 아파할 수 있다. 다른 이의 아픔에 공명하는 사람은 남을 도우려는 마음을 품게 된다. 그리스 작가 니코스 카잔차키스Nikos Kazantzakis의 소설 『그리스인 조르바』에는 '자신을 구하는 유일한 길은 남을 구하고자 애쓰는 것이다'라는 문구가 나온다. 다른 사람의 아픔에 공감하고 남을 돌보다 보면 자신을 구할 길도 찾을 수 있을 것이다.

그렇게 누군가를 돕고자 하는 마음이 생기면 비로소 자신이 가진 고유한 가치에 눈을 뜨게 된다. 남에게 무언가를 주기 위해서는 내게 무엇이 있는지 살펴야 하기 때문이다. 이때부터 타인에게 기여하는 기쁨을 누리며 공헌을 즐기고 인생을 깊이 있게 관조한다. 이것이 바로 니체가 말한 정신의 세 번째 단계, '어린아이의 정신'이다.

어린아이는 천진함과 솔직함, 그리고 창조의 상징이다. 아이는 수천 번 넘어져도 결코 포기하지 않는다. 수없이 옹알이를 하며 말을 배우고 넘어지길 반복하며 끝내 걸음마를 익힌다. 아이는 천진하고 호기심이 강해 어떤 상황에서든 창조하고 변화를 추구한다. 계산 없이 사랑을 주고, 아플 땐 울고 기쁠 땐 마음껏 웃는 것, 그 거침없는 천진난만함이야말로 정신이 도달할 수 있는 매우 자유로운 경지다. 우리가 어린아이의 눈으로 세상을 바라볼 수 있다면, 어떤 한계나 억압에도 굴하지 않고 모든 일을 매 순간 새롭게 시작할 수 있을 것이다.

사자도 하지 못하는 일을 어린아이가 해낼 수 있다. 이런 놀라운 기적은 두 번째 정신 진화로 이어진다. 아픈 만큼 성장한다는 자연의 법칙에 따라 무기력의 고통이 그들을 새로운 사람으로 거듭나게 할 것이다.

의식 수준을
성장시켜라

데이비드 호킨스의 의식 지도

무기력에서 벗어날 방법을 본격적으로 알아보기 전에 한 가지 기억해야 할 점이 있다. 바쁘게 움직인다고 해서 무기력이 저절로 사라지지 않는다는 사실이다. 대개 무기력에 빠진 이들은 이를 극복하려고 부지런히 운동을 하거나 소일거리를 찾아 몸을 움직인다. 그러나 무기력은 무턱대고 바쁘게 지내며 몸을 고단하게 만든다고 해서 해결되는 문제가 아니다. 그들에게 정말 필요한 것은 정신을 단련하는 일이다. 즉 정신 수준을 무기력이라는 늪보다 더 높은 단계로 끌어올려야 비로소 해방될 수 있다.

‘정신 수준’에 대해 냉철하게 생각해보자. 노벨상 수상자와 알코올의존증 환자의 정신 상태가 같지 않으리라는 데는 모두 동의할 것이다. 대법원 판사와 소매치기로 하루하루 살아가는 남자의 사고방식도 분명히 다르다. 이렇듯 저마다 다른 인간의 의식 수준을 개념화해 수치화한 것이 바로 데이비드 호킨스David Hawkins 박사의 이론이다.

정신과 의사이자 의식 연구가 데이비드 호킨스는 인간의 의식 수준을 1에서 1,000까지의 수치로 설명하며, 각자의 정신 단계를 수치화할 수 있다고 주장했다. 정신을 레벨로 나누고 수치화했다는 점에서 비판도 받았으나, 동시에 많은 이들에게 깊은 통찰을 제공했다. 그 결과 수많은 추종자가 생겨나며 세계적인 관심을 받았다. 그는 예수와 부처의 의식 레벨을 1,000, 간디는 700, 아인슈타인과 뉴턴, 프로이트는 499라고 명시했다. 여기서 수치는 로그 값(대수)이므로 의식 수준 50과 55의 차이는 숫자 5만큼이 아니라 지수만큼의 격차를 의미한다. 수치의 절대적 진위 여부는 논외로 하더라도, 그가 정리한 의식 지도는 기존 철학자나 의학자, 심리학자가 발표해온 연구 결과와 막연한 지식을 체계적으로 집대성한 것으로 평가받는다. 우리는 그의 지도에 나타난 위치를 통해 무기력의 객관적 상태와 다른 정신 레벨의 상관관계를 살펴볼 수 있다.

호킨스 박사는 인간 정신의 가장 높은 레벨을 깨달음으로 설정했다. 깨달음 아래 평화, 기쁨, 사랑, 이성, 포용, 자발성, 중용, 용기, 자존심, 분노, 욕망, 두려움, 슬픔, 무기력, 죄의식, 수치심의 정신 단계를 차례로 분포시켰다. 아래 표에서 보듯 그는 무기력을 죄의식, 수치심과 함께 인간 의식의 아주 낮은 레벨에 두었다.

데이비드 호킨스의 의식 지도

의식의 밝기(Lux)	의식 수준	감정	행동
700~1,000	깨달음	언어 이전	순수 의식
600	평화	하나/축복	인류 공헌
540	기쁨	감사	축복
500	사랑	존경	공존
400	이성	이해	통찰력
350	포용	책임감	용서
310	자발성	낙관	친절
250	중용	신뢰	유연함
200	용기	긍정	힘을 주는
175	자존심	경멸	과장
150	분노	미움	공격
125	욕망	갈망	집착
100	두려움	근심	회피
75	슬픔	후회	낙담
50	무기력	절망	포기
30	죄의식	비난	학대
20	수치심	굴욕	잔인함

그는 수치상 200 이하 수준에 기본적으로 깔려 있는 삶의 태도가 '살아남기'라고 정의했다. 앞에서 언급한 '살아내기'와

유사한 개념이다. 특히 수치 50의 '무기력' 단계 이하에서는 가난과 결핍에서 비롯된 절망과 우울이 정신을 지배한다. 그 윗단계인 125의 '욕망'과 150의 '분노' 단계에 있는 사람은 생존을 위해 자기 위주의 충동적 행동을 보인다. 그러다 175인 '자존심' 수준에 이르면 타인에게도 생존 본능이 중요하다는 사실을 비로소 이해한다. 일례로 호킨스 박사는 미국 해병대를 이끌어가는 핵심적인 힘이 바로 이 '자존심' 단계라고 설명했다.

표에 따르면 의식 수준 200 이하에서는 겨우 생존을 유지하는 삶을 영위하지만, 긍정과 부정이 갈리는 1차 분기점인 '용기' 단계에 이르면 타인의 안녕을 중요하게 여긴다. 200대 초반은 미숙련 노동자가, 중간 수준은 숙련 노동자에 해당되며, 후반은 노동자나 상인, 소매업자에 해당된다. 300대는 기술자, 경영인, 소박한 사업가 등이며, 300대 중간 레벨은 전문 경영인과 교육자 등에 해당된다. 이 단계는 가족이나 이웃을 넘어 국가의 복지를 생각하는 세계관이 형성되는 시기다.

400대에 이르면 '지성'이 핵심이 된다. 사회현상에 대한 이해가 깊은 전문가, 과학자, 행정관리 등이 이 레벨에 해당하며, 이들은 사회의 지도자로서 기여한다. 400대 상위 수준에는 각 분야 지도자와 노벨상 수상자가 포진해 있다. 한편 아인슈타인과 뉴턴, 프로이트가 500대로 도약하지 못한 이유에 대해 호킨스는 그들의 이론이 사랑에 기반한 '통합'을 이루지 못하고 편협성에서 벗어나지 못했기 때문이라고 평가했다.

2차 분기점인 500의 '사랑' 단계에 이르면 타인의 행복을 고려하는 마음이 삶을 움직이는 필수 요소로 자리 잡는다. 이들은 스스로 지도자가 되고 싶어 하지 않아도 타인의 지지로 지도자로 추대되며, 음악·미술·건축 등에서 걸작을 남겨 주변 사람들의 의기를 고양한다. 500대 상위 단계는 수많은 이들에게 귀감이 되는 영적 지도자들의 레벨로, 자신의 분야에서 새로운 관점을 창조해 인류 전체에 기여한다. 600대에 가까워지면 자신뿐만 아니라 타인의 영적 각성에도 관심을 두며, 인간의 선과 깨달음을 추구하는 것을 삶의 기본 목표로 삼는다. 마지막으로 700에서 1,000에 이른 이들은 모든 인간의 구원을 추구하는데, 부처·예수·크리슈나 같은 성인들이 이 단계에 해당한다고 그는 설명한다.

그러면 호킨스 박사가 설명하는 무기력은 어떤 상태일까? 그의 첫 번째 저서 『의식 혁명』에서 밝힌 무기력의 증상은 다음과 같다.

무기력은 빈곤, 절망, 자포자기와 연관이 깊다. 현재와 미래가 황폐해 보이고, 비애가 인생의 주제로 보인다. 무기력은 아무 희망이 없는 상태로, 여기에 속해 있는 사람들은 모든 면에서 도움이 필요하다. 그러나 그 도움조차 그들에게는 쓸모없게 느껴진다. 삶에 대한 의욕 없이 허공을 응시하고 자극에 무감각하며, 시선이 더 이상 어떤 사물을 좇지 않고 주어진 음식조차 삼킬 에너지가 없는 상태에 이른다.

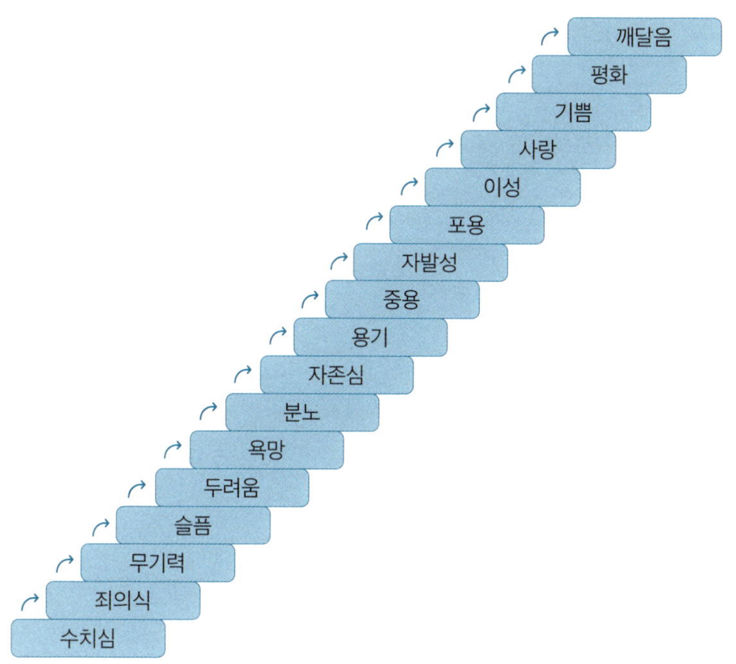

데이비드 호킨스의 의식 향상 과정

그렇다면 무기력한 사람은 어떻게 해야 하는가? 호킨스 박사는 의식 단계를 상승시키는 일은 비록 어렵지만 노력을 기울인다면 충분히 가능하다고 말한다. 이는 심리학자들이 끊임없이 탐구해온 인간 정신의 진화 과정과도 맥을 같이한다. 무기력은 자발성을 상실한 상태이므로, 자발성을 회복하는 단계까지 의식을 끌어올린다면 이를 극복한 것이나 다름없다. 물론 자발성 이상의 레벨로 나아갈 수 있다면 끊임없이 성장하고 정신의 자유를 누리며 인류와 역사에 선한 영향력을 미칠 수도 있을 것이다.

이 책에서는 무기력에서 벗어나 본래 자신이 지니고 있던 에너지인 자발성을 회복하고 유지하는 방법을 다룰 예정이다. 특히 4부와 5부에서 제시하는 원리를 삶에 잘 적용한다면 자발성 단계까지 충분히 도달할 수 있을 것이다.

마음의 고통과
내면의 성장

앞서 언급했듯 한 사람의 의식 수준은 그 사람이 물려받은 유전자와 살아온 환경, 교육, 사회, 생활수준, 지적 능력, 그리고 개인의 심리적 역량 등이 결합되어 나타나는 결과다. 호킨스 박사의 말에 따르면 현재 인류의 평균치가 200, 즉 '용기'를 넘어선 204 정도라고 한다. 이것이 대부분의 사람이 평균치에 도달했다는 의미는 아니며, 현재 전 세계 인구의 85퍼센트가량은 200 이하로 측정된다. 그럼에도 평균치가 200이 넘는 이유는 의식 수준이 매우 강력한 소수의 인류가 수많은 이들의 낮은 수치를 상쇄하며 전체 평균을 끌어올리기 때문이다.

언젠가 쪽방촌에서 열심히 봉사 활동을 하는 동생과 형에 대한 기사를 읽은 적이 있다. 그들은 친형제가 아니라 놀랍게도 형사와 범죄자로 만나 의형제를 맺은 사이였다. 생활고를 견디다 못해 폭행과 절도를 일삼던 A씨는 당시 담당 경찰이던 B씨에게 자신의 처지를 하소연했다. 차마 이를 외면할 수 없었던 B씨는 사비를 털어 포장마차를 차려주었고, 이는 두 사람의 특별한 인연으로 이어졌다. 아무 조건 없는 선의에 감동한 A씨는 그때부터 B씨를 형이라 부르며 B씨가 하던 쪽방촌 봉사 활동을 돕기 시작했다. 이후 B씨는 A씨의 든든한 조력자가 되었으며, A씨는 누구보다 성실히 일한 끝에 어엿한 자기 가게까지 갖게 되었다. 자신의 일을 열심히 할 뿐만 아니라 다른 이들까지 돕는 A씨의 인생은 과거와는 확연히 다르다. 뜻하지 않게 받은 사랑이 그를 성장시킨 덕분이다. B씨의 높은 의식 수준이 A씨의 의식 수준을 끌어올렸다고 할 수 있다.

또 다른 사례를 살펴보자. 한 천주교 신자가 고故 김수환 추기경을 회상하며, 그분과 마주한 잠깐의 시간 동안 고통을 잊고 깊은 평온함을 느꼈다고 고백하는 인터뷰를 했다. 우리는 여기에서도 중요한 메시지를 발견할 수 있다. 추기경을 만난 순간, 그 사람은 김수환 추기경의 높은 의식 에너지에 동화되어 좋은 영향을 받았을 것이다. 삼투압의 원리처럼 강한 의식은 약한 의식을 끌어올린다. 그 신자 역시 자신의 의식 수준을 넘어 추기경의 강한 에너지를 받아들임으로써 평화라는 감정을 깊이 느끼게 된 것인지 모른다.

데이비드 호킨스 박사의 이론이 완전하다고 할 수 없고 전부 동의할 수도 없지만 그가 체계를 세운 레벨 순서만큼은 참고할 만하다. 심리학이나 문학·과학·철학·의학에서 말하는 정신 단계와 흡사하기 때문이다. 그는 한 사람의 의식 수준이 어느 정도 고정되어 있어서, 이를 상승시키기는 다소 어렵다고 보았다. 사람이 좀처럼 변하지 않는 존재라는 점을 생각하면 맞는 이론인 듯하다.

그러나 한 사람의 생애가 전설이라 부를 정도로 상당히 높은 수준으로 상승하는 예도 있다. 어떻게 하면 그렇게 급격히 성장할 수 있을까? 나는 그 성장의 결정적 인자를 '마음의 고통'에서 찾을 수 있다고 믿는다. 마음의 고통이란 자신의 한계를 넘어선, 스스로 해결할 수 없는 문제에 봉착했을 때 발생하는 부정적 에너지다. 고통을 이겨낸다는 것은 역설적으로 한계를 깨고 성장한다는 뜻이기도 하다.

무기력 때문에, 혹은 자신의 인생을 주도하지 못하는 현실 때문에 고통스럽다 하더라도 희망을 잃어서는 안 된다. 고통을 통과한 뒤의 의식 수준은 반드시 이전보다 한 단계 높은 차원으로 도약해 있을 것이다.

PART 2

Overcoming
Learned
Helplessness

왜 무기력한가

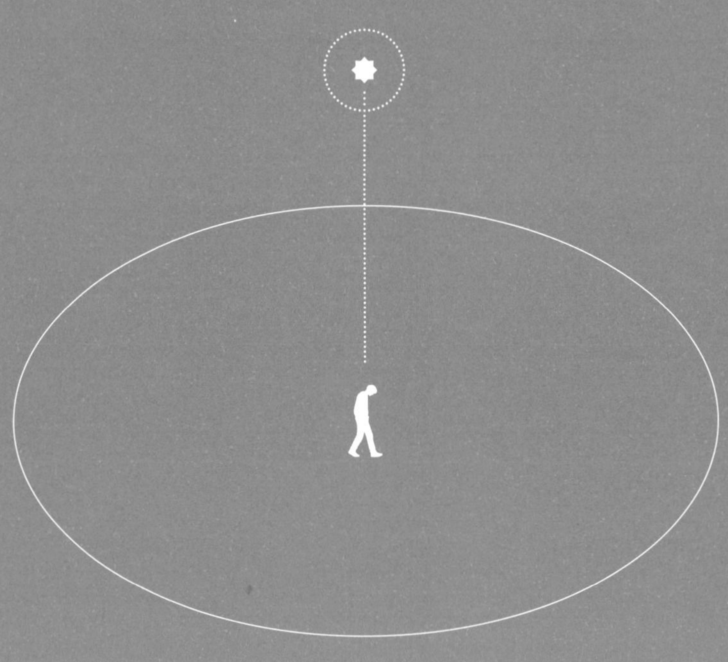

무기력은
학습된다

날지 못하는 야생 부엉이

예전에 한 방송사가 방영하는 동물 관련 TV 프로그램에서 아주 흥미로운 사례를 소개한 적이 있다.

어느 농가 창고에서 야생 수리부엉이 한 마리가 발견되었다. 상처를 입은 탓인지 날아가지 못한 채 창고 구석에 몸을 숨기고 있었다. 비록 비행은 불가능했으나 야생 본능은 남아 있어, 사람이 다가가면 격렬하게 저항하며 공격성을 드러냈다. 집주인은 부엉이를 가엽게 여겨 고기를 꼬챙이에 끼워 건넸다. 본래 맹금류인 야생 수리부엉이는 사람이 주는 먹이를 받아먹지 않는다. 하지만 극심한 허기 때문인지 그 부엉이는 꼬챙이에 꽂힌 고기를 덥석덥석 잘 받아먹었다. 얼마 후 연락을 받고 온 야생동물 보호소 직원이 부엉이를 병원으로 데려가 본격적인 치료를 시작했다. 시간이 흘러 부엉이가 완치되자 수의사는 다시 하늘로 날려 보내려고 했다. 하지만 부엉이는 날지 못하고 땅바닥에 떨어졌다. 여러 번 시도해도 결과는 마찬가지였다. 부엉이는 난폭하게 굴면서도 수의사의 품속에 남아 있으려고 했다. 그 모습을 본 수의사가 이렇게 말했다.

"골절도 없고, 덫에 걸려 입은 상처도 다 치료되었는데···. 날지 못하는 게 이상하네요."

나는 그 장면에서 '학습된 무기력'의 전형적인 모습을 보았다. 야생 부엉이에게 덫에 걸린 사건은 생애 가장 가혹한 재앙이었을 것이다. 비록 덫에서 힘겹게 빠져나오긴 했지만, 그 과정에서 신체적 부상을 얻음과 동시에 정신적 충격을 받았을 것이다. 그로 인해 부엉이에게 깊은 트라우마가 생겼고, 하늘을 날고자 하는 본연의 의지마저 상실한 것이다. 부엉이가 다시 날기 위해서는 오랜 기간의 훈련이 필요할 것이다. 어쩌면 결국 비행을 포기하고 동물원에 가야 할지도 모른다. 그러나 야생에서 날지 못하는 부엉이는 예전의 부엉이가 아니다.

학습된 무기력은 인간에게 심각한 문제를 안겨준다. 내가 만난 한 주부는 결혼 후 줄곧 남편의 폭력에 시달리고 있었다. 그녀의 남편은 결혼 초부터 술만 먹으면 집요하게 의심하고 폭력을 휘둘렀다고 했다. 남편이 술을 마시고 귀가하는 날이면 초인종이 울리자마자 문을 열고 즉시 술상을 차려내야 했다.

그러지 않으면 야단이 나기 때문에, 그녀는 잠 한숨 자지 못한 채 식사를 준비해두고 현관문 앞에 우두커니 앉아 남편을 기다려야만 했다고 고백했다. 술만 먹으면 반복되는 폭행을 어떻게 30년 이상 견뎌왔는지 물었더니 그녀는 "한 사람이 죽으면 끝나겠죠" 하고 답했다. 그러고는 남편을 설득할 수도, 이길 수도, 벗어날 수도 없다며 자포자기의 한숨을 쉬었다. 왜 가혹한 일을 당하면서 대항 한번 제대로 못하는지 이해할 수 없을 것이다. 이 역시 무기력이 학습된 모습을 보여주는 전형적인 사례다.

　폭력을 행사한 남편의 잘못은 두말할 것 없지만, 결혼 초에 첫 폭력이 발생했을 때 그녀가 강력히 저항했더라면 상습적인 폭력으로 번지는 일은 막을 수 있지 않았을까 하는 안타까움이 남는다. 물론 그녀로서는 압도적인 물리력 차이에 대항하기 버거웠을 것이고, 술 취한 사람과는 대화가 통하지 않는다는 판단 아래 일단 상황을 모면하거나 마음에도 없는 사과를 건넸을 것이다. 그저 그 순간을 피하는 것이 최선이라 믿었겠지만, 남편은 아내의 반응에 힘을 얻어 계속 폭력을 휘둘렀는지 모른다. 그녀는 단 한 번도 남편을 이겨본 적이 없었다. 오랜 시간 통제 불가능한 남편에게 계속 시달리는 악순환의 굴레 속에서 삶을 지탱해온 것이다. 이처럼 불합리한 상황과 폭력에 시달리는 아내들은 '남편에게서 벗어날 수 없다'는 절망감과 '상대를 변화시킬 수 없다'는 무력감에 직면한다. 그리하며 결국 스스로 어찌할 수 없는 통제 불능의 거대한 벽에 부딪히며 무기력을 학습하게 된다.

그러던 어느 날 나는 그 여성과 통화를 길게 나누게 되었다. 남편의 폭력에 대한 넋두리와 살아가는 이야기를 꽤 오랫동안 했던 것 같다. 그날 밤 새벽 1시가 넘은 시각, 집으로 전화가 걸려와서 받아보니 그녀의 남편이었다. 그는 술 취한 목소리로 소리를 지르며 자기 아내와 무슨 이야기를 했는지 추궁했다. 술 취한 사람을 상대하기 싫어 전화를 끊었더니 집요하게 다시 전화를 해댔다. 휴대전화가 아닌 집 전화를 쓰던 시절이라 식구들이 다 깨고 난리가 났다.

나는 지금도 그가 한 말을 기억한다. "전화 끊으면 죽여버릴 거야. 내가 보안과에 있어서 너희 집 알아내는 것쯤은 식은 죽 먹기다." 그는 일면식도 없는 내게 자기 아내와 통화했다는 이유만으로 죽이겠다는 협박을 퍼붓고 있었다. 나는 결국 "전화해서 미안하다"는 사과를 수차례 반복하며 그를 달래야 했다. 이런 남자와 산다면 어찌 온전히 살아갈 수 있겠는가. 나 역시 그에게 대항하지 못하고 속수무책으로 당했을 것이라는 생각이 들었다.

더 큰 불행은 아버지의 폭력을 보고 자란 자녀들이 비슷한 양상을 보인다는 점이다. 폭력이 일상화된 가정에서 생활하는 아이들은 학교에서 또래를 폭행하고, 성인이 된 뒤에는 자기 아버지와 같은 태도로 배우자를 대하는 경우를 흔히 볼 수 있다. 우리는 이 불행의 고리를 끊어내야 한다.

마틴 셀리그만의 전기 충격 실험

날지 못하는 수리부엉이나 가정 폭력에 시달리는 아내가 보여주는 반응이 무기력 중에서도 '학습된 무기력'이라고 말할 수 있는 근거는 마틴 셀리그만 교수의 연구에서 확인할 수 있다. 무기력에 대해 최초로 연구한 셀리그만은 무기력 이론을 정립하는 데 가장 큰 공헌을 했다. 『학습된 낙관주의』에는 그가 무기력을 연구하게 된 이유가 실려 있다.

셀리그만의 아버지는 예일대학교 법학대학원을 졸업한 유능한 청년이었다. 그러나 대학을 졸업한 시기인 1939년은 경제 대공황이 전 세계를 휩쓸고 있었다. 그는 마땅한 일자리가 없어 공무원이 될 수밖에 없었고, 꿈을 실현할 수 없는 현실에 갈등하고 좌절했다. 불행한 가장의 삶은 부부 관계를 악화시켰고, 집안에는 다툼이 끊이지 않았다. 셀리그만은 부모님이 심하게 다투는 날이면 친구 집에서 밤을 지새워야 했다고 회상했다. 그러던 어느 날, 아버지는 부부 싸움을 예감했는지 셀리그만을 친구 집에 데려다주기 위해 길을 나섰다. 그런데 운전대를 잡고 있던 아버지가 갑자기 거친 숨을 몰아쉬며 길가에 다급히 차를 세웠다.

"잠깐이었지만 몸 왼쪽의 감각이 완전히 사라졌어."

아버지의 말을 들은 어린 셀리그만은 불안에 떨었다. 그날 이후 아버지는 심장 발작을 세 번 일으켰고, 결국 신체 마비를 겪으며 오랫동안 병원 신세를 졌다. 그리고 죽음에 이를 때까지 신체적, 정서적 무기력 상태에 빠진 상태로 살았다. 셀리그만은 아버지를 통해 무기력이 얼마나 큰 재앙을 가져오는지 뼈저리게 절감했다. 그때부터 그는 인간의 무기력에 관심을 갖게 되었고, 훗날 놀라운 연구를 시작하게 된 것이다.

마틴 셀리그만은 학습심리학의 대가인 펜실베이니아대학교 리처드 솔로몬Richard Solomon 교수의 제자로 들어갔다. 당시 솔로몬은 파블로프의 고전적 조건 형성 실험을 응용한 연구를 진행 중이었다. 원래 파블로프의 실험은 개에게 종소리를 들려준 뒤 보상으로 고기를 주어 특정 반응을 학습하게 하는 방식이다. 그런데 솔로몬은 보상 대신 '처벌'을 주었다. 고기 대신 전기 충격을 가했을 때 개가 그 고통을 피하는 행동을 학습할 수 있는지 확인하기 위해서였다.

연구 도중 셀리그만은 이상한 점을 발견했다. 피할 수 없는 충격을 여러 번 경험한 개는 다른 학습 상황에서도 아주 무기력한 모습을 보였다. 충분히 피할 수 있었음에도 개들은 전기 충격을 피하려 하지 않았다. 셀리그만은 이 현상을 더욱 체계적으로 연구하기 위해 다른 실험을 시작했다. 먼저 개를 무기력하게 만들기 위해, 실험 첫날에는 개에게 피할 수 없는 전기 충격을 수십 회 가했다. 이 충격은 약간 고통스럽긴 해도 신체에 손상을 남길 정도는 아니었다. 특별한 점은 전기 충격이 아무 예고 없이 가해지고, 언제 또다시 가해질지 모른다는 점이었다.

다음 날에는 개를 실험 상자shuttle box, 즉 왕복 상자 안에 넣었다. 이번에는 충격을 주기에 앞서 불빛이 어두워지는 신호를 주고 개가 충격을 피할 수 있도록 풀어두었다. 신호를 보낸 뒤 10초 안에 칸막이를 건너 반대편으로 뛰어 넘어가면 개는 전기 충격을 받지 않았다. 또 개가 반대편으로 가버리면 충격을 멈추도록 했다. 만약 칸막이를 뛰어넘지 않으면 60초 동안 전기 충격이 가해졌다. 셀리그만은 이 실험에서 개 150여 마리의 행동을 관찰했다. 그런데 이 가운데 약 3분의 2에 해당하는 개들은 말할 수 없이 무기력해졌다. 충격을 가한 순간 잠시 움직이는가 싶더니 바로 포기하고 충격을 그대로 받아들였다. 정상 반응을 보인 나머지 3분의 1은 처음엔 전기 충격에 당황하면서도 고통에서 벗어나기 위해 끊임없이 주변을 탐색하며 탈출을 시도했다. 그러다가 우연히 칸막이를 뛰어넘고 전기 충격이 멈추는 경험을 하고 나서는 훨씬 빠른 속도로 도피를 시도했다. 실험을 50회 정도 반복하자 개들은 상황에 익숙해졌고, 나중에는 처음부터 칸막이 옆에서 대기하다가, 신호가 오면 즉시 반대편으로 넘어가 전기 충격을 피했다.

셀리그만은 3분의 2에 해당하는 개들이 전기 충격을 피하지 않는 이유를 연구했다. 왜 모든 것을 포기하고 그냥 누워 있었을까? 왜 그 개들은 칸막이를 뛰어넘지 않았을까? 그 이유는 최초 실험에서 '아무리 도망가도 전기 충격을 피할 수 없다'는 경험을 했기 때문이라는 결론을 내렸다. 이것이 무기력을 학습하는 과정이다. 자기 힘으로 어쩌지 못한다는 사실을 알고 나면, 완전히 다른 상황에서도 더는 노력하지 않는 심리적 부적응이 나타난다. 이들은 통제할 수 없는 상황을 겪으며 더는 노력하지 않게 된 것이다. 심리학 용어로 이것을 통제 불가능uncontrollability, 비수반성 인지noncontingency라고 하는데, 이것이 바로 학습된 무기력의 원인이다. 앞서 언급한 가정 폭력에 시달리는 여성의 경우도 마찬가지다. 자기 힘으로는 상황을 바꿀 수 없다는 생각이 굳으면서, 30년이 넘도록 속수무책으로 폭행을 당했다.

셀리그만은 개들의 3분의 2가 무기력해진 원인이 수십 차례의 전기 충격이라는 물리적 자극 때문일 수도 있다고 가정했다. 이를 검증하기 위해 그는 다음 실험 조건을 더 세밀하게 설계했다. 이번에는 개들을 세 집단으로 분류한 뒤 새로운 실험에 착수했다.

첫 번째 집단은 개들이 해먹 안에서 전기 충격을 받도록 설계되었으나, 코로 판자를 누르면 스스로 충격을 멈출 수 있는 장치를 달았다. 즉 고통이 가해지더라도 자신의 행동으로 상황을 '통제'할 수 있게 한 것이다. 두 번째 집단은 첫 번째 집단과 동일한 강도의 충격을 받지만, 스스로 충격을 멈출 방법이 전혀 없는 조건에 놓였다. 이들은 가해지는 고통을 회피하거나 제어하지 못한 채 고스란히 견뎌내야만 했다. 마지막 세 번째 집단은 실험 조건의 차이를 비교하기 위해 전기 충격을 일절 가하지 않은 그룹으로, 심리학에서는 이를 '통제 집단control group'이라 부른다.

실험 24시간 후, 개들을 다시 실험 상자에 넣고 칸막이를

넘어 전기 충격을 피할 수 있는지 확인하는 후속 실험을 진행
했다. 그 결과 개 스스로 충격을 멈추게 할 수 없는 둘째 집단
만 전기 충격을 피하지 못한다는 사실을 발견했다. 첫째 집단,
즉 코로 판자를 눌러 전기 충격을 피할 수 있는 집단은 전혀 충
격을 받지 않은 세 번째 집단과 비슷한 정상 반응을 보였다. 결
국 두 번째 집단, 즉 어떤 노력으로도 전기 충격을 피할 수 없
다고 판단한 개들만 무기력을 학습했다. 셀리그만은 이 실험으
로 전기 충격이라는 물리적 자극 자체가 무기력을 유발하는 직
접적인 원인이 아님을 입증했다. 그는 일련의 실험을 정리해
무기력 학습을 다음의 3단계로 설명했다.

1단계　전기 충격이나 재앙 앞에서 아무리 노력해도 결과가
　　　　달라지지 않음을 알게 되는 단계

2단계　재앙이 일어난 상황과 고통을 참아내며 앞으로도 계
　　　　속 자신의 노력이 결과에 영향을 줄 수 없다고 판단
　　　　하며 무기력을 학습하는 단계

3단계　다른 상황에 놓여도 학습한 무기력에 영향을 받아 어
　　　　떠한 시도도 하지 않는 단계

　여기서 주목할 점은 무기력이 처음 발생한 것과 전혀 다
른 상황에서도 이 현상이 일반적으로 나타난다는 사실이다. 앞
선 실험처럼 해먹 안에서 경험한 피할 수 없는 충격은 이후 실
험 상자라는 새로운 환경에서의 행동에도 영향을 미쳤다.

절망을 학습한 들쥐의 선택

다음 이야기는 무기력이 죽음을 불러올 수도 있다는 것을 밝혀 낸, '들쥐의 갑작스러운 죽음'에 관한 초기 연구다. 이 실험 이후 무기력에 관련한 많은 동물 연구가 시행되었고, 확고한 실험 증거가 축적되었다.

심리학자 C. P. 릭터^C. P. Richter가 한 것이 바로 이 들쥐 실험이다. 원래 들쥐는 사납고 경계심이 많아 사람이 잡으려고 하면 맹렬히 반항하고 끊임없이 주위를 살피며 도주하려고 한다. 릭터는 이런 들쥐를 잡아 따뜻한 물이 담긴 물통에 넣은 뒤, 60시간 정도 수영하게 했다. 그중 몇몇은 금방 익사했는데, 조기 익사하는 쥐들에게서 공통점을 발견했다고 한다. 릭터는 이 현상을 면밀히 관찰한 후, 들쥐들이 급사한 원인을 '무기력에 의한 절망감'이라고 보고했다. 그의 보고 이후 무기력에 관한 연구가 본격적으로 활기를 띠었다. 릭터가 관찰한 구체적인 내용은 다음과 같다.

도망갈 길이 전혀 없는 큰 통에 따뜻한 물을 넣고 들쥐를 넣으면 그들은 평균 60시간 정도 헤엄치다 기진맥진해하며 물에 빠져 죽었다. 그런데 어떤 쥐들은 단 몇 분만 헤엄치다가 갑자기 물통 바닥에 가라앉아 죽었다. 평균 60시간 동안 헤엄칠 수 있는 쥐들이 몇 분 안에 살기를 포기하고 익사한다는 것은 커다란 충격이었다. 게다가 일부 쥐는 물통에 넣기도 전에 손 바닥 위에서 죽어버리기도 했다.

릭터는 쥐의 갑작스러운 죽음에 의문을 품고 연구 절차를 재검토했다. 그 결과, 급사한 쥐들은 사육 상자에서 물통으로 옮겨지는 과정에서 연구자의 손에 강하게 압박당한 개체라는 점을 발견했다. 그는 인간에게 붙잡힌 쥐들이 도망칠 수 없는 혐오 상황, 즉 스스로 어찌할 수 없는 통제 불가능 상태를 경험하며 무기력을 학습했고, 이것이 생을 포기하는 행위로 이어졌다고 결론지었다. 또한 쥐의 중요한 감각기관인 수염을 제거했을 때도 쥐들이 금세 죽어버렸다는 사실을 함께 보고했다.

사람과 같은 약탈자의 손에 붙잡혀 도망치지 못하는 것, 수염이 강제로 잘리는 것, 도망갈 수 없도록 물통 속에 갇히는 것은 쥐에게는 극복하기 어려운 한계이고, 그것이 삶에 대한 무기력을 느끼게 했던 것이다. 이를 '한계 학습 현상'이라 한다.

무기력을 배우는
고등동물, 인간

한계 학습 현상을 설명해주는 벼룩의 실험 사례가 있다. 벼룩은 몸길이의 100배 이상 높이 뛸 수 있다고 한다. 그런데 벼룩을 병 속에 가두고 뚜껑을 덮어버리면 그 병 높이만큼만 뛰다가, 이후 잔디밭에 꺼내놓아도 병 속에서 뛰던 높이만큼만 뛴다. 또 다른 사례로는 수족관 물고기를 대상으로 한 실험이 있다. 물고기가 살고 있는 수족관 가운데에 투명 유리판을 세워

둔다. 일정 시간이 지나 물고기는 반대쪽으로 가려고 무심코 지나다가 그 유리판에 부딪친다. 몇 번 부딪친 물고기는 유리판을 제거한 뒤에도 반대쪽으로 가려고 하지 않는다. 반대쪽에 먹이를 두어도 유리판의 존재를 학습한 물고기는 더 이상 경계를 넘으려 하지 않는다. 물리적 제약이 이미 사라졌음에도 그 제약이 여전히 존재한다고 인지하기 때문이다.

이러한 원리를 서커스단의 코끼리 훈련에 이용하는 것은 익히 알려진 사실이다. 서커스단의 코끼리는 자기 몸무게의 10분의 1에도 미치지 못하는 인간에게 조종당한다. 인도나 태국에서는 야생 코끼리를 길들일 때 어린 코끼리를 우리에 가둔 뒤 발에 굵은 쇠사슬을 채워 나무 기둥에 묶어둔다. 코끼리는 쇠사슬에서 벗어나려 발버둥 치지만, 결국 자신의 힘으로는 쇠사슬을 끊거나 기둥을 뽑을 수 없다는 사실을 학습한다. 그런 상태로 자라난 코끼리는 말뚝을 뽑을 힘이 생겨도 여전히 그곳에 묶여 있다.

그럼 동물만 무기력을 학습하는 것일까? 인간을 대상으로 한 무기력 학습 실험은 윤리적 문제로 동물실험만큼 폭넓게 시행될 수 없었다. 그러나 일부 실험에서 인간도 무기력을 학습한다는 사실이 확연히 드러났다. 매년 발표되는 여러 기관의 통계 수치에서도 이를 짐작할 수 있다. 미국 역대 대통령들의 출생 배경을 조사한 통계에 따르면, 응답자의 대다수가 대도시가 아닌 시골이나 소도시 출신인 것으로 나타났다. 우리나라 대통령도 마찬가지다. 시골에서 자란 아이는 대자연을 가까이 접하면서 자연의 무한한 가능성과 생명의 끈질김을 배운다. 또 씨를 뿌리면 반드시 거둔다는 자연의 법칙과 변함없이 반복되는 사계절의 순환을 보면서 고난을 참아내는 인내심을 기른다. 이러한 경험적 습득은 개인의 의식 수준을 높이는 데 기여한다.

반면 도시 빈민층에서는 대통령이 나온 예가 없었다는 것도 주목해야 한다. 빈민층 아이들은 자라면서 도시의 화려함과 피폐함, 빈부 격차 같은 양면성을 보고 상대적 박탈감을 느낀다. 그리고 그 한계를 받아들여 더 이상 꿈을 꾸지 않는다. 정신적으로 도약할 기회를 잃어버린 이들은 사회적 성취를 이루기는커녕, 자신의 삶을 주도적으로 개척해나갈 의지마저 상실하게 된다. 물론 타고난 유전적 요인도 무시할 수 없으나, 성장 과정에서의 학습이 인간의 미래를 좌우한다는 사실을 부인할 수는 없다.

이처럼 고등동물과 하등동물 모두 무기력을 내면화할 수 있다. 벼룩은 병뚜껑이 자신의 한계라 여기고, 물고기는 눈에 보이지 않는 벽이 자기를 가로막는다고 생각하고, 코끼리는 어린 시절부터 묶여 있던 쇠사슬과 말뚝을 영원히 뽑을 수 없다고 생각하며 평생 작은 말뚝에 묶여 살아간다. 이는 우리가 무기력을 이해하는 데 도움을 주는 상징적인 사례다. 하지만 셀리그만이 밝혀낸 개의 무기력 학습은 재현 가능한 실험으로 얻은 결과다. 과학의 조건은 재현 가능성에 있다. 다른 사람이 다른 장소에서 그 실험을 해도 같은 결과를 얻을 수 있느냐 하는

‘재현성’은 과학의 중요한 조건이다. 셀리그만의 실험은 많은 동물과 사람에게 적용해 유사한 결과를 얻었다. 그리하여 ‘학습된 무기력’은 가설이 아닌 마음의 부적응 현상 중 하나로 인정받았다.

한계가 분명하고 모든 것이 통제된 상황에서 자유로울 유기체는 없다. 벼룩이나 물고기, 코끼리나 개도 자유롭지 못하다. 인간은 더욱 그러하다. 학습 능력이 동물보다 뛰어나기 때문에 무기력도 더 잘 학습한다. 그런 만큼 무기력은 한 사람의 인생을 황폐하게 만들어버린다. 무기력의 한계를 돌파하지 못하면 생의 마지막까지 아무런 희망 없이 하루하루를 마지못해 살아갈 수도 있다.

무기력을 부르는
결정적 요소

통제할 수 없다는 절망

동물을 대상으로 무기력 연구를 한창 진행하던 때, 최초로 인간의 무기력을 실험한 사람이 셀리그만의 제자이자 동료인 심리학자 도널드 히로토Donald Hiroto였다. 히로토는 셀리그만과 함께 인간의 무기력에 대해 연구해, 통제 불가능성이 무기력을 야기한다는 결과를 발표했다. 그들은 대학생으로 이루어진 실험 집단에 혐오스러운 소음을 들려준 후 반응을 조사해 무기력 학습 여부를 실험했다. 실험 대상자 중 '도피 가능 집단'은 소음이 발생했을 때 버튼을 누르면 소음을 끌 수 있게 했다. 반면 '결합 집단'은 어떤 행동을 하더라도 소음을 전혀 통제할 수 없도록 설계했다. 이 실험 결과는 앞선 개 실험과 마찬가지로 소음을 통제할 수 없는 결합 집단만이 무기력을 학습하게 된다는 사실을 밝혀주었다. 그들은 실험 결과를 이렇게 요약했다.

"학습된 무기력은 반응이 결과를 통제할 수 없다는 인지 양식에서 비롯된다. 이렇게 반응과 결과가 관련이 없다는 비수반성 인지가 형성되면 유기체의 행동은 느려지고 능력과 희망이 없다고 느낀다. 곧 그들은 미래가 불투명하다고 생각해 욕구의 충족이나 고통에서 벗어나려는 통제 능력을 상실한다."

즉 사람이 무기력을 배우게 되는 이유는 자극 자체가 아니라 그 자극을 스스로 통제할 수 없다는 생각 때문이다. 사회 심리학자 줄리언 로터Julian Rotter 역시 "상황이나 문제를 스스로 통제할 수 있다고 믿는 사람은 쉽게 무기력에 빠지지 않는다. 그러나 스스로 통제할 수 없다고 믿으면 무기력에 빠진다"고 말하며 셀리그만의 주장과 일치하는 실험 결과를 발표했다.

더 나아가 로터는 내적 통제 성향인 사람들, 즉 어떤 일의 결과가 자신의 노력 부족 탓이라고 믿는 사람은 쉽게 무기력에 빠지지 않지만, 어떤 일의 결과가 운명이나 주변 여건 탓이라고 생각하는 외적 통제 성향인 사람들은 무기력에 빠지기 쉽다고 보고했다. 결국 핵심은 자신의 삶을 얼마나 주도할 수 있느냐에 있다. 스스로 상황을 변화시키고 결과를 통제할 수 있다는 믿음과 개인의 노력에 상관없이 운이나 환경이 모든 것을 결정한다는 체념 사이의 간극이 무기력에 대한 취약성을 결정 짓는 것이다.

무기력의 여러 사례

사실 우리 주변에는 무기력의 원인이 되는 통제 불가능한 요소가 도처에 존재한다. 예를 들어 회사의 경영난이나 편집증적인 상사 때문에 해고 위기에 처한 직장인에게 회사의 경영 상태나 상사의 성향은 자신의 힘으로 바꿀 수 없는 요소다. 부모의 강압적 태도와 성적 부진에 막막해하는 수험생, 등록금과 생활비 때문에 아르바이트를 해도 빚이 늘어가는 대학생, 불황 속에서 거듭 낙방하는 취업 준비생도 마찬가지다. 이들은 자신의 노력과 행동이 결과에 영향을 미치지 못하는 상황이 반복될 때 깊은 좌절감을 경험한다.

가정 폭력 연구자 레노어 워커Lenore Walker는 앞에서 예로 든 주부와 같이 매 맞는 여성이 무기력을 학습한다는 이론을 발표했다. 폭력이 지속적으로 이루어지면 아내는 어느 순간 남편이 휘두르는 폭력을 피하지 않는다. 폭력에 길들고 체념한 사람의 자존감은 지속적으로 낮아지고, 어느 시점부터는 주위에 도움을 청하거나 폭력에서 벗어날 방법을 찾지 않는다. 그뿐 아니라 자신이 맞아도 될 만큼 커다란 잘못을 저질렀다고 생각하고 가해자를 두둔하기까지 한다. 결국 반복되는 폭력 앞에서 무기력해지고 속수무책으로 고통을 받아들이고 만다. 이런 상태를 레노어는 '매 맞는 여성 증후군Battered Woman Syndrome, BWS'이라고 명명했다.

　마찬가지로 대학원생에게 지도 교수는 자신의 졸업 여부를 결정하는 권력자다. 대다수 대학원생은 지도 교수의 눈 밖에 나면 졸업과 취업이 어려워진다는 생리를 잘 알고 있다. 이들에게는 지도 교수의 말 한마디가 거역할 수 없는 법과 같다. 교수의 지시는 무엇이든 거부할 수 없으며 대항조차 할 수 없다는 판단이 이들의 사고를 지배하는 것이다. 말하자면 이들에게 지도 교수라는 존재는 '통제 불가능한' 사람이다. 많은 대학원생이 이러한 구조적 이유로 무기력을 경험한다. 교수의 사적 업무에 밤낮없이 동원되어 시간과 에너지를 소진한 학생들은 정작 자신의 연구에 집중하지 못한다. 결국 연구 성과를 내지 못해 졸업이 늦어지고 취업도 어려워지는 악순환에 빠지게 된다.

　그런가 하면 대통령 선거를 치를 때마다 패배한 후보 진영의 참모들 역시 극심한 무기력을 호소하는데, 이러한 증상은 선거 결과가 박빙이었을 때 더욱 심화된다. 승리에 대한 기대가 클수록 패배의 고통이 더욱 쓰라리기 때문이다. 결과를 예측할 수 없는 민심이 자신들의 통제 범위를 벗어났다는 무력감이 이들을 무기력하게 만든다. 특히 대선에서 당한 패배는 자신들의 가치관에 부합하는 국가를 건설할 수 있을 것이라는 희망이 꺾이는 일이며, 그 영향이 5년이라는 짧지 않은 시간 동안 지속된다는 점에서 더욱 고통스럽게 한다.

노인이 우울증에 취약한 이유

심리학자 N. A. 페라리[N. A. Ferrari] 박사는 생존에 대한 노인들의 태도 변화와 관련해 중요한 사실을 발견했다. 65세 이상인 55명의 여성(평균연령 82세)이 미국 중서부 어느 양로원에 입원 신청서를 냈다. 페라리는 이들에게 양로원 입원 문제에 대해 그들 자신이 어느 정도 선택의 자유가 있었는지, 양로원에 들어가는 것 외의 다른 방도가 있었는지, 그들이 양로원에 입원하도록 가족이나 친지가 어느 정도 압력을 가했는지 등을 물어보았다. 양로원 입원 외에 다른 선택 여지가 없었다는 사람 17명 중 8명이 입원한 지 4주 후에 세상을 떠났다. 또 10주가 지날 때쯤에는 16명이 사망했다. 그런데 다른 선택 가능성이 있었던 38명 가운데에서는 첫 4주일 동안 사망자가 단 한 명뿐이었다.

다른 노인 집단에서는 양로원 입원 신청만 해놓고 기다리던 중 사망해 양로원에 들어가지 못하는 예가 발생했다. 40명의 노인 중 22명은 가족이 신청서를 냈고, 18명은 스스로 신청했다. 그런데 가족이 신청한 22명 중 19명이 신청한 후 한 달 내에 사망했다. 스스로 신청한 18명 중 한 달 이내에 사망한 사람은 한 명뿐이었다. 이 조사를 통해 페라리가 얻은 결론은 노인들이 겪은 통제 불가능한 상황이 사망에 이르는 데 직접적인 영향을 주었다는 것이다.

한편 D. R. 알렉산드로비츠^{D. R. Aleksandrowicz}라는 의사가 한 노인 병원에서 일어난 화재 사건을 연구해 화재 사건이 노인들의 심리에 미친 치명적인 영향을 보고한 바 있다. 이때의 화재로 죽거나 다치는 등의 인명 피해는 없었지만, 병동 건물이 심하게 파손되어 수리가 완료될 때까지 몇 주가 소요될 예정이었다. 이 때문에 해당 병동의 환자를 다른 병동으로 분산 수용해야 했다. 그런데 화재가 난 그 달에 이동한 환자 40명 가운데 5명이 사망했고, 다음 달에 또 3명이 사망했다. 사망률이 20퍼센트인 셈인데, 이는 이전 석 달 동안의 사망률 7.5퍼센트에 비하면 매우 높은 수치였다. 심리학자와 의사는 이러한 죽음을 '예기치 않은 죽음^{sudden death}'이라고 불렀다.

그런데 마틴 셀리그만은 이런 죽음이 예기치 못한 죽음이 아니라 '충분히 예상 가능한 죽음'이라고 주장했다. 그의 말을 들어보자.

사망자 중 한 명을 좀 더 세밀하게 조사해보았다. 그는 '척수성 진행 마비' 증세로 입원한 76세 노인으로, 젊은 시절에는 모험가 기질이 있는 상인이었다. 입원 후 치료를 받으면서 그의 신체적 상태는 호전되어갔지만 만성적인 비뇨기과 전염병만은 치료해도 별 효과가 없어 항상 의자나 휠체어에 앉아 있었다. 그는 까다로운 성격과 불평으로 병동에서 소문난 골칫거리였다. 끊임없이 무언가를 요구하며 다른 환자들과 마찰을 빚는 것은 물론, 교묘하게 병원 직원들을 골탕 먹이기 일쑤였다. 하지만 그와 한 팀이었던 몇몇 환자는 그 노인을 매우 좋아했다. 그는 강인했고, 약간 양면적인 구석이 있으나 간호사와 의사에게 큰 애착을 갖고 친근하게 대하려 했다고 한다. 병원 측은 그를 관리하기 위해 특권과 통제권을 적절히 부여하는 전략을 택했고, 그 일환으로 그에게 다른 환자들을 관리할 권한을 주었다. 화재가 나기 전까지 그는 매일 정해진 시간에 우유를 배급하며 일상의 주도권을 누렸다. 그런데 비극적인 화재 이후, 그는 이러한 통제력을 행사할 수 없는 낯선 병동으로 이송되었다. 그는 깊이 낙심한 듯 보였지만 고통을 표출하지 않았고, 누군가 말을 걸어야 겨우 대답할 뿐 먼저 이야기를 꺼내지 않았다. 결국 화재가 발생하고 2주 뒤에 숨을 거두었다. 사인은 심근경색으로 추정되었으며 별도의 검시는 이루어지지 않았다.

당시 의료진은 사인을 명확히 규명하지 못했다. 환자가 쇠약하긴 했으나 치명적 징후는 없었기에, 그의 갑작스러운 죽음에 당혹감을 감추지 못한 채 이를 '예기치 않은 죽음'으로 분류했다. 하지만 마틴 셀리그만의 견해는 달랐다. 그는 이 죽음을 결코 우연이나 예외적인 사건으로 치부해서는 안 된다고 보았다. 신체적으로 쇠약해진 이에게 환경을 통제할 권한마저 박탈해버리면 죽음에 이를 수 있다는 사실을 충분히 예측했어야 한다는 것이다. 이처럼 통제력 상실은 자신이 상황을 바꿀 수 없다는 무력감을 낳고, 이는 곧 깊은 무기력으로 이어진다. 그런 의미에서 노인을 죽음으로 몰아넣은 실질적 원인은 '통제 불가능'이라는 절망이라고 볼 수 있다.

인간이나 동물이 영양실조나 질병으로 신체가 극도로 약해지면 '환경에 대한 자신의 통제력'이 삶과 죽음을 가르는 요소로 작용한다는 보고가 있다. 인간의 신체적 조건을 허약하게 만드는 불변의 복병은 '노화'다. 그러므로 노인은 사회에서 통제력을 상실하기 가장 쉬운 집단이다. 그 어떤 집단도 노인만큼 무기력에 빠지기 쉬운 집단은 없다.

셀리그만은 다른 선진 국가들과 비교해 미국인의 평균수명이 짧은 것은 의료 혜택이 부족해서가 아니라 노인을 심리적으로 대하는 방법에 문제가 있기 때문이라고 지적했다. 1980년 이전 미국에서 시행한 정년퇴직 제도는 65세 이상 노인을 강제로 일선에서 물러나게 해 양로원으로 내몰았고, 조부모와 부모를 부양하는 일에 무관심한 젊은이들이 노인을 소외하는 현상이 만연했다. 그 때문에 우울증을 앓게 된 노인들이 늘어났다는 주장이다. 셀리그만은 국가가 노인의 삶에서 가장 중요한 통제력을 박탈하고 있다고 비판했다. 더 나아가, 노인을 향한 젊은 세대의 무관심과 소외가 결국 그들을 죽음으로 내몰고 있다는 날카로운 경고를 던졌다.

이러한 현상은 비단 미국에서뿐만 아니라 핵가족과 개인주의가 만연한 한국 사회에서도 나타나고 있다. 보험개발원이 발표한 '2025 KIDI 은퇴 시장 리포트'에 따르면, 4050 세대 대부분(90.5퍼센트)이 노후 준비의 필요성을 절감하고 있었다. 하지만 실제로 노후 준비가 되어 있다고 응답한 비율은 37.3퍼센트에 불과했다. 2024년 기준 국민연금 수급자의 소득대체율은 22퍼센트로 추정된다. 공단의 계획대로 2028년까지 소득대체율을 43퍼센트까지 끌어올린다 하더라도 노년의 생활비를 충당하기에는 턱없이 부족한 실정이다. 보건복지부를 비롯한 여러 기관의 통계를 살펴보면, 노후 대비의 가장 큰 리스크는 역시 재무적인 부분이다. 그뿐만 아니라 여가와 대인 관계, 건강 문제 또한 노년의 삶을 위협하는 주요인임을 알 수 있다.

이 상태로 가면 상당수 한국인은 돈이 부족한 데다 일과 취미도 없이 노년을 맞게 된다. 경제적 빈곤과 취미가 부재한 상황이 지속되면 스트레스를 해소할 방법이 없다. 그러므로 불행한 노년을 보낼 가능성이 커지는 것이다.

예측 불가능이 안겨주는
파괴적인 스트레스

무기력을 부르는 또 다른 요소는 예측 불가능한 상황이다. 예측 불가능이 무기력을 야기한다는 사실은 행동 신경 과학자 조지프 V. 브래디Joseph V. Brady의 유명한 '중역 원숭이Executive Monkey' 연구를 통해 밝혀진 바 있다. 이 실험에서 브래디는 원숭이 8마리에게 전기 충격을 가하고 레버를 눌러 충격을 피하는 방법을 학습시켰다. 그중 가장 빨리 학습한 4마리에게는 다른 원숭이를 다스릴 수 있는 '중역 원숭이' 역할을 부여했고, 나머지 4마리는 중역 원숭이가 도와주어야만 전기 충격에서 벗어날 수 있도록 실험을 설계했다. 중역 원숭이가 아닌 나머지 원숭이들은 스스로 충격을 피할 방법이 없었으며, 중역 원숭이의 조치 없이는 속수무책으로 전기 충격을 당할 운명이었다. 이 실험에서 브래디는 중역 원숭이 4마리에게는 '전기 충격을 예측하지 못한다'는 스트레스를 주고, 나머지 4마리에게는 '전기 충격을 통제할 수 없다'는 스트레스를 주었다. 즉 4마리는 통제 불가능을, 나머지 4마리는 예측 불가능을 경험하게 한 것이다.

실험 결과는 어땠을까? 전기 충격을 통제할 수 있었지만 예측은 할 수 없는 중역 원숭이 4마리가 위궤양으로 죽고 말았다. 예측 불가능의 불안 때문에 스트레스를 받아 위궤양에 걸린 것이다. 반면 스스로 충격을 통제할 수 없는 환경에 놓인 원숭이들은 위궤양에 걸리지 않았다. 브래디의 연구는 단순한 통제 불능보다 '언제 닥칠지 모르는 위협', 즉 예측 불가능성이 생명체에게 훨씬 더 파괴적인 스트레스를 안겨준다는 점을 증명한다.

○

언젠가 〈뉴욕 타임스〉 지면에서 다음과 같은 논쟁이 벌어진 일이 있었다. 로스앤젤레스에서 뉴욕으로 가던 보잉 747 비행기가 로키산맥을 넘을 때 갑자기 '운행상의 이유'로 시카고에 임시 착륙하겠다는 기내 방송을 했다. 그리고 잠시 후 기장이 다음과 같이 덧붙였다.

"승객 여러분 중 운행상의 이유라는 것이 실제 무엇을 의미하는지 아는 분이 있을 것 같아 사실대로 말씀드립니다. 사실 엔진 하나가 고장 났습니다. 그래서 여러분의 안전을 위해 중간에 기착해야 합니다. 물론 나머지 하나의 엔진으로도 목적지까지 갈 수 있습니다."

일부 승객은 기장이 엔진 하나가 고장 났다는 사실을 왜 굳이 말해 마음을 불편하게 하는지 모르겠다고 투덜댔고, 그것을 시작으로 논쟁이 벌어졌다. 그런데 대다수 토론자는 기장이 말하지 않는 것보다 사실을 말해줘서 알고 있는 것이 더 낫다고 답했다. 셀리그만은 사소한 문제처럼 보일지 모르는 이 논쟁에 매우 중요한 사실이 담겨 있다고 지적했다. 불운한 사태라 할지라도 예상할 수 있을 때 사람들은 불안을 덜 느낀다는 것이다.

이는 2010년 국립암센터에서 11개 대학 병원의 18세 이상 말기 암 환자 481명을 대상으로 '환자에게 말기 암이라는 사실을 알려야 하는가?'라고 질문했을 때 환자의 78.6퍼센트가 '그렇다'라고 대답했다는 사실만 봐도 알 수 있다. 더군다나 자신이 말기 암이라는 사실을 아는 환자는 그렇지 않은 환자에 비해 훨씬 삶에 긍정적인 태도를 보였다고 한다. 이 연구를 주도한 박사는 죽음을 미리 알고 맞이할 때 그 과정을 더 긍정적으로 받아들이는 데 도움이 된다는 사실을 확인했다. 위험 요소를 예측하지 못했을 때 느끼는 불안은 마음을 병들게 하고 삶의 장악력을 잃게 한다. 삶의 장악력을 잃은 사람은 무기력하게 인생을 그저 흘려보낼 수밖에 없다.

한편 통제 불가능과 예측 불가능이 결합되면 무기력을 부를 확률은 배가된다. 브래디의 실험 결과는 조직의 관리직이 얼마나 큰 스트레스를 받는지 이야기할 때 곧잘 인용되곤 한다. 사실 위험이 닥칠 것을 미리 알고 대비할 때보다 언제 위험이 닥칠지 모를 때가 더 두렵다. 이는 우리가 공포 영화를 볼 때나 어두운 곳에 들어갈 때 겪는 심리적 체험과 같다. 기업을 운영하는 CEO가 느끼는 불안감과 회사 직원의 불안감은 수준이 다르다. 직원 입장에서 보면 직원을 관리하는 위치에 있는 CEO는 별 어려움이 없을 것이라 생각하기 쉽다. 하지만 CEO는 회사의 생존과 전 직원의 생계를 책임져야 하므로 늘 경영 성과에 대한 압박을 느낀다. 특히 급격한 사회 변화나 경쟁사의 약진처럼 예측과 통제가 불가능한 변수가 많아 높은 긴장 상태를 유지할 수밖에 없다. 경영인 중 극심한 스트레스를 견디지 못하고 극단적 선택을 하는 사례가 발생하는 것도 이러한 통제와 예측 불능 상황과 관련이 깊다.

예측 불가능은 통제 불가능 이상으로 스트레스를 유발할 수 있으므로 더 주의가 필요하다. 결과적으로 무기력에서 완전히 자유로운 위치는 존재하지 않는 셈이다. 약자는 통제 불가능이 주는 고통을, 강자는 예측 불가능이 주는 불안을 느끼기 때문이다. 입장은 언제든 바뀔 수 있으며, 어느 쪽이든 아프고 고통스럽기는 마찬가지다. 예측 불가능이나 통제 불가능이나 양쪽 모두 불행을 안겨준다는 사실에는 변함이 없다.

무기력은
어떻게 설계되는가

어릴 때부터
무기력을 배운 사람들

아이들은 불가능을 모른다. 넘어질 것을 두려워하지 않고 걷기를 시도하며, 어디든 겁 없이 뛰어든다. 세상과 자기 능력에 한계가 없다고 믿는 아이의 천진함은 무기력과 거리가 멀다. 우리 모두 한때는 어린아이였다. 그러므로 어릴 때는 무기력을 겪지 않다가 어른이 되는 과정에서 무기력을 학습한다고 봐야 한다.

그런데 특별히 무기력을 빨리 배우면서 성장하는 사람이 존재한다는 연구 결과가 있다. 즉 양육 환경에 따라 무기력에 더욱 취약한 사람이 있다는 것이다. 무기력을 학습하기 쉬운 양육 환경은 '학대'와 '방치'다. 여기서 학대나 방치는 부모가 의도적으로 가하는 폭력만 의미하는 것이 아니라, 부모 스스로 인식하지 못하고 아이의 정서적 요구를 외면하는 상황을 포함한다.

어린 시절에 느낀 무기력이 성인이 된 후에도 무의식적인 무기력으로 남아 있을지 모른다. 갓난아기 때 애정 결핍으로 애착이 형성되지 않은 아이는 성장 발달에 상당한 문제를 겪는다는 사실은 많은 발달심리학자들의 연구로 밝혀진 바 있다. 어린 시절의 기억과 부모와의 관계는 삶에 긍정적 영향을 주기도 하지만, 부정적 감정의 침전물을 남기기도 한다는 점에 주목해야 한다.

○

미국정신의학회American Psychiatric Association 전문의 W. 휴 미실다인W. Hugh Missildine 박사는 『몸에 밴 어린 시절』이라는 저서에서 '내재 과거아inner child'라는 용어를 사용하며 이렇게 주장했다.

'어릴 때 형성된 심리적 아이가 성인의 마음속에 내재하면서 그 사람의 마음과 행동에 지대한 영향을 미친다.'

미실다인은 부모의 강압적 태도가 자녀에게 무기력을 심어준다고 분석한다. 아이는 이런 부모의 태도를 일종의 심리적 학대로 받아들이며, 이러한 상황은 마치 피할 수 없는 전기 충격과 같이 아이의 마음에 상처를 남긴다. 이러한 과정에서 자신의 힘으로 환경을 통제할 수 없다고 느끼며 무기력을 야기하는 심리적 기제에 빠지는 것이다. 강압적인 부모는 엄격하게 지시하고 독촉하며 자녀를 자기 방식대로 키우려는 경향이 강하다. 어린아이가 매번 부모의 요구에 맞춰 행동하기는 어려운 일이지만, 이러한 유형의 부모는 자녀가 힘들다고 호소해도 뜻을 굽히지 않는다. 이때 아이는 부모를 '자기 힘으로는 어쩔 수 없는 존재', 즉 '통제 불가능한 존재'라고 느낀다. 통제 불가능이 무기력을 가져오는 과정은 앞에서 설명했다.

하지만 아이에게도 본능적인 자율성이 있기에, 억눌린 자아는 독특한 방식으로 저항의 돌파구를 찾는다. 사실 아이들은 부모가 강압적으로 시키는 일은 거부하고 싶어 한다. 부모의 지시를 거부하면 처벌이 따르기 때문에 적극적으로 저항하지 못할 뿐이다. 그래서 겉으로는 부모님 말씀에 순응하는 체하면서, 실제로는 흥미를 끄는 다른 일에 매달린다. 그러면서 부모의 지시는 따르지 않고 시간을 질질 끌거나 못 들은 척하거나 핑계를 댄다.

"몸이 아파서 못하겠어요."

"다음에 할게요. 지금은 숙제를 하고 있어요."

이렇게 소극적이지만 자신의 심리적 욕구를 충족하려는 태도로 부모에게 대응한다. 소극적으로 반항하면서 성장한 아이는 성인이 되어도 소극적일 가능성이 크다. 심지어 자기 자신에게조차 소극적으로 반항한다. 자기 자신에게 하는 소극적 반항은 다음과 같다. 성인이 된 이들은 해야 할 일을 잔뜩 적은 리스트를 만든다. 그러고는 그 일을 하지 않고 미루거나 다른 일에 시간을 쓴다. 즉 스스로에게 하라고 지시한 일에 반항하는 식이다. 그러면서도 자신이 그 일을 하지 않는 이유를 모른다. 단지 게을러서 그렇다고 생각할지 모르지만, 사실 이들은 소극적 반항을 하는 중이다. 어린 시절 부모에게 소극적으로 반항했듯, 마땅히 해야 할 일을 미루고 피하면서 소극적으로 대항하는 심리 패턴을 성인이 된 후에도 지속하는 식이다. 이렇듯 소극적 반항은 무의식적인 무기력으로 얼굴을 바꾸어 일의 생산성을 떨어뜨린다.

부모나 직장 상사처럼 권력 우위에 있는 사람이 강압적으로 아이 혹은 조직원을 대하면 당사자들은 이처럼 소극적으로 반항하며 무기력에 빠질 수 있다. 이에 대해 미실다인은 이렇게 말했다.

"만약 당신이 어떤 일을 곧장 착수하지 못하고 우물쭈물하는 태도를 버릴 수 없다면 강압적인 부모에게 소극적으로 반항하던 어린 시절의 영향을 받는다고 볼 수 있습니다. 또 해야 할 일을 빠짐없이 적으면서도 그 일들을 할 수 없다면, 마찬가지 이유 때문입니다."

분명히 좋아하는 일인데도 지겹게 느껴지고 성공을 원하지만 실천하지 못한 채 백일몽만 꾸고 있지는 않은가? 또 만성 피로를 느끼면서 목표를 달성하지 못해 자신을 무능력하다고 느끼고 불만을 품지는 않는가? 그렇다면 당신의 내재 과거아가 지금까지도 부모의 강압적 지시를 거스르던 어린 시절의 소극적 반항을 하고 있을 가능성이 있다.

내재 과거아는 공상에 빠져 시간을 허비하고, 뚜렷한 이유 없이 목표 달성에 실패하곤 한다. 이럴 때면 자기 자신에게 화를 내고 꾸짖으며, 내일은 반드시 완수하겠다는 다짐과 함께 해야 할 일을 가득 적어보기도 한다. 하지만 다음 날이 되어도 여전히 그 일들을 해내지 못한다. 이렇게 주저하다가 궁지에 내몰리면 처음의 목적과 거리가 먼 일에 손을 댄다. 결국 이들은 한 가지 일을 끝까지 밀고 나가지 못한 채 '해야 할 일' 리스트만 반복적으로 작성한다. 그리고 그 리스트는 달성할 수 없는 일만 적어놓은 '실현 불가능한 일' 리스트가 되어버린다. 이들은 리스트를 보면서 스스로를 다시금 무능력하고 무기력하다고 생각한다.

미실다인은 자기 판단에 의존해 일하는 사람들에게서 이러한 반항이 빈번하게 나타난다고 분석했다. 주로 스스로 성과를 평가해야 하는 직업군, 즉 세일즈맨, 작곡가, 경영자, 과학자, 사업가, 행정가, 예술가, 작가 등의 직종에서 소극적 반항을 보이는 경우가 많다는 것이다. 자기 사고 체계에 의존하는 사람에게는 일의 성취가 매우 중요하다. 이들은 자신이 맡은 과업을 세상에서 제일 중요한 일로 여기지만, 역설적으로 그 중요성 때문에 극심한 스트레스를 받는다. 이렇듯 스트레스에서 도피하고자 하는 반발심이 부수적인 일에 몰두하게 하거나 일을 계속 미루게 만든다. 시작할 엄두가 나지 않을 정도로 일이 부담스럽기 때문이다. 하지만 자신의 커리어나 사회적 영향력을 생각하면 과감하게 일을 중단하거나 거부할 수도 없다. 그리하여 이러지도 저러지도 못한 채 계속 미루는 소극적 반항으로 시간을 보내는 것이다.

더 이상 미루지 못할 때가 되어서야 시작해 빨리 해치우는 패턴을 보이는 사람들, 즉 벼락치기식 패턴에 익숙한 사람들도 이런 심리적 함정에 빠져 있을 가능성이 크다. 이들은 곧장 일에 착수하지 못하고 우물쭈물하는 자신이 무기력하다고 느낀다. 스스로 할 수 없으므로 누군가가 명령하고 조종해주기를 기대하고, 더 이상 미룰 시간이 없을 때가 되어서야 일을 한다. 즉 '일을 하라는 압력이 극도로 위험한 수준'에 이르기 전까지는 좀처럼 움직이려고 하지 않는다. 작업에 쏟아야 하는 자신의 시간이 최소로 줄어들기 직전까지 스스로에게 반항하는 셈이다. 이런 자세로 만들어내는 결과물이 어떨지 상상해보라. 그런 습관이 굳으면 주어진 일을 뛰어난 수준으로 완성해내지 못하고 늘 적절한 수준에서 그럭저럭 끝내며 현상 유지에 급급한 인생을 살아갈 수밖에 없다.

○

당신은 어떠한가? 당신도 혹시 이런 소극적 반항에 의한 벼락치기를 반복하고 있지 않은가? 이렇게 일을 미루고 다른 일에 몰두하다 보면 실패와 포기의 경험이 쌓여 무기력한 사람이 될 수도 있다. 혹시 할 일을 하지 못한 채 하루를 멍하니 보낸 후 상당히 피로하다고 느낀 적은 없는가? 중요한 일이 있는데도 주말 내내 그 일은 하지 않고 텔레비전 앞에서 시간을 보내다가 일요일 밤이 되어 다음 날 출근하는 것이 죽기보다 싫다고 느낀 적은 없는가? 그렇다면 당신은 자신에게 소극적으로 반항하고 있는 것이다.

해야 할 일을 신속히 끝내면 성취감과 심리적 안정을 누릴 수 있다. 반면 일을 미루면 '해야 한다'는 의무감과 '피하고 싶다'는 거부감이 내면에서 격렬한 전쟁을 벌이게 된다. 이 싸움에 지쳐 주말 저녁쯤이면 마음은 초주검이 되어버릴지도 모른다. 이런 경험이 있는 사람은 스스로에게 소극적으로 대항하는 패턴에서 벗어나야 한다.

의미 없는 반항을 멈추려면 어떻게 해야 할까? 먼저 마음가짐을 바꿔야 한다. 일을 단순히 '해치우는' 것보다 '잘하는' 것이 중요하다고 생각해야 한다. 대개 일을 빨리 끝내는 데만 급급한 사람은 시간의 가치를 간과하기 쉽다. 시간 내에 결과물을 내놓으면 그만이기 때문이다. 하지만 일을 잘해야겠다고 마음먹은 사람은 시간에 비례해 결과물의 질이 높아진다는 사실을 안다. 이들은 일분일초를 허투루 쓰지 않고 온전히 과업에 투자한다. 이렇듯 노력을 하면 마음속에서 조금씩 유능감이 싹트기 시작할 것이다.

여기서 유능감이란 무기력의 반대 개념이다. 심리학자들

은 '무기력에서 벗어나려면 유능감을 획득하라'고 강조하는데, 단기간에 유능감을 얻을 수는 없다. 오랜 시간 노력해 어떤 일에서 전문가가 되었을 때 비로소 얻을 수 있다. 이를 위해서는 오랜 헌신과 자발적 노력이 필요하다. 스스로에게 반항하면서 일을 미루고, 기껏 한다고 해도 후딱 해치우려는 사람이 과연 유능감을 느낄 수 있을까? 일시적으로는 성공할 수 있을지도 모르지만 세월을 두고 자신의 세계를 구축해나가는 전문가가 되기는 어렵다.

일을 탁월하게 완수해야겠다는 의지가 있을 때 비로소 한계를 넘어 집중할 에너지가 생기며, 내재 과거아의 소극적인 반항도 이겨낼 수 있다. 일을 잘해내고 싶은 마음은 4부에서 말하는 '동기를 찾는 일'과 같다. 물론 동기만으로 무기력에서 완전히 벗어날 수 없지만, 우선 동기가 있어야 무슨 일이든 시작할 수 있다. 부모가 아무리 잔소리를 해도 공부에 집중하지 못하던 아들이 우등생 여자 친구가 같은 대학에 가자는 말에 자극받아 좋은 성적을 받는 사례를 떠올려보라. 이것도 동기의 자극이 주는 결과다.

소외와 방치가 부르는
심리적 문제

앞에서 잠깐 언급했듯 어린 시절 무기력을 학습하게 되는 또 다른 이유는 '소외와 방치'다. 유전적인 영향과 같은 생물학적 이유만으로 소극적인 사람이 되는 것은 아니라는 사실은 강압적인 부모가 소극적으로 반항하는 아이를 만든다는 미실다인의 주장에서도 알 수 있다. 그렇다면 소외와 방치가 어떻게 무기력을 유발하는지 알아보자.

일반적으로 아동 양육 시설에서 성장한 아이가 일반 가정에서 자란 아이에 비해 성취 동기나 의욕이 낮다는 연구 결과가 다수 존재한다. 이런 현상을 호스피탈리즘hospitalism, 마라스무스marasmus, 또는 의존성anaclitic 우울이라고 부르는데, 이는 모성애 결핍에서 기인한다. 일손이 부족한 고아원에서는 보모가 모든 아이의 요구를 들어줄 수 없다. 시설에서 자란 아이는 아무리 울어도 적절한 돌봄이 주어지지 않는 경험을 하면서 자신의 노력이 환경을 바꾸는 데 아무런 영향도 미치지 못한다는 통제 불능 상태를 학습하기 쉽다. 자연히 아이다운 호기심이나 관심을 표현하는 일이 줄어든다. 어떤 아이는 방 한쪽에서 단조로운 행동을 되풀이하며 양육자에게 느리게 반응하기도 한다. 이런 현상은 시설의 아동뿐만 아니라 병원의 장기 요양자나 노인 요양원에 입원한 노인들에게서도 나타난다.

이러한 호스피탈리즘 현상에 대해 심리학자 R. 스피츠R. Spitz가 보고한 다음 사례를 살펴보자.

생후 7~12개월에 엄마와 떨어져 지낸 아이 중 몇 명이 이전의 밝은 모습과 대조적으로 떼쓰는 행동을 보였다. 그 후 이 행동은 대인 관계에서 움츠러드는 모습으로 변해갔다. 그 아이들은 주변 활동에 참여하지 않으려 하고 얼굴을 돌린 채 침대에 누워 있으려고만 했다. 우리가 다가가도 본 척도 하지 않았다. 대부분 체중이 감소했고 불면증으로 고생했으며, 감기와 습진에도 자주 걸렸다.

이런 행동이 석 달 정도 지속되더니 이후에는 징징대는 행동은 줄어들었다. 대신 울음을 터뜨리게 하려면 매우 강한 자극이 필요했다. 또 주변에서 무슨 일이 일어나는지 지각하지 못한 채 멍하고 무표정하게 눈만 뜨고 있거나 굳은 얼굴로 앉아 있곤 했다. 이 단계에 이른 아이들은 갈수록 통제가 어려워졌고, 외부와 감정적으로 단절되어 기껏해야 비명을 지르는 것으로 반응할 뿐이었다.

스피츠는 이 증상이 애착 관계에 있던 어머니가 사라졌을 때 보이는 전형적인 반응, 호스피탈리즘이라고 설명했다. 이 같은 의존성 우울 증세를 보인 91명의 유아원 아이 중 34명이 생후 3년 내에 사망했고, 살아남은 아이 중 많은 수가 무감각한 우울증과 백치 상태를 보였다고 스피츠는 보고했다.

또 다른 연구에 의하면 시설에서 성장한 아동과 가정에서 엄마가 양육한 아동, 두 집단의 어린이들은 신체 성숙 속도에는 차이가 거의 없었지만 자기 능력을 발휘하고자 하는 의욕에서는 많은 차이를 보였다. 이 아이들은 비슷한 시기에 침대 위에 선다. 그러나 시설에서 자란 아이는 '서고 싶다' 혹은 '걷고 싶다'는 의욕을 전혀 보이지 않는다. 가정에서 자란 아이는 넘어져 울면 바로 엄마가 달려오지만 일부 열악한 시설에서 자란 아이는 울고 있어도 불쾌감을 없애줄 대상이 없다. 울어도 자신을 달래주는 사람이 없음을 안 아이들은 의욕을 상실하는 것이다. 방치나 소외에 따른 무기력은 아동기에만 국한되지 않는다. 청소년기 학교 현장의 따돌림은 물론, 성인이 된 후 직장이나 소속 집단에서 겪는 소외 또한 심한 무기력을 유발한다. 물론 가정에서의 무관심과 방치, 나아가 정신적 폭력 또한 이와 유사한 결과를 초래한다.

○

혹시 현재 의욕 상실에 시달리고 있지는 않은가? 그렇다면 사람들과의 관계에 문제가 있는 것은 아닌지 살펴봐야 한다. 소외로 인한 무기력을 극복하려면 무엇보다 주체적으로 타인에게 다가가는 노력이 필요하다. 그렇다면 당신이 그들에게 먼저 다가가보면 어떨까? 장수하는 사람들의 특징을 조사한 통계에 따르면, 수명에 가장 결정적인 영향을 미치는 요인은 의외로 술, 담배, 운동 여부나 직업에 따른 스트레스가 아니었다. 그보다 훨씬 중요한 요인은 바로 '풍성한 대인 관계'였다. 술과 담배를 하지 않고 운동을 꾸준히 해서 스트레스가 적은 사람보다 친구가 많은 사람이 오래 산다는 것이다. 즉 대인 관계가 좋은 사람이 다른 부정적 요소가 주는 영향을 극복하고 건강한 삶을 유지할 수 있다.

타인을 위해서가 아니라 당신을 위해 타인에게 다가가라. 당신을 위해 용서하고 당신을 사랑하기 위해 타인을 사랑하라. 처음에는 어려울지 모르지만 그들과의 관계가 호전되는 과정은 그 자체로 '작은 성공' 경험이 된다. 이를 단초로 성취감과 유능감을 회복할 수 있을 것이다. 또 유능감이 마음을 관대하게 만들어 당신은 점차 좋은 동료, 좋은 이웃이 될 수 있다.

무기력한 사람이 타인에게 관대하지 못한 이유는 자신의 문제를 해결하는 데 모든 에너지를 쏟기 때문이다. 반면 무기력에서 벗어나 자기 일에 몰입하는 사람은 긍정적인 사고방식의 소유자일 가능성이 크다. 이런 사람들은 타인과의 관계도 개선해나간다. 아동기에는 사랑을 받기만 해도 됐지만 성인이라면 관계의 주체가 되어야 한다. 또한 아동기에는 주어진 환경에 적응할 수밖에 없었지만, 성인이 된 지금은 당신에게 자신의 삶을 충분히 개선할 힘이 있다는 사실을 기억하라.

억만장자가 노숙하는 이유

한때 세간을 떠들썩하게 했던 흥미로운 실화가 있다. 50대 노숙자 A씨는 술을 마시고 공원에서 잠을 자다 가방을 도둑맞았다며 경찰에 신고했다. 얼마 후 잡힌 절도범 B씨는 경찰 조사에서 '운동을 하러 나갔다가 잠든 A씨 곁에 뒹구는 가방을 보고 무심코 가져갔다'라고 진술했다. 그런데 경찰은 이 절도 사건을 조사하던 중 놀라운 사실을 알게 됐다. 노숙자 A씨가 잃어버린 가방에서 1,000만 원짜리 현금 뭉치와 금시계가 나온 것이다. 경찰은 노숙자인 A씨가 그 돈과 시계를 훔쳤으리라 추측하고 A씨를 집중 추궁했다. A씨는 어쩔 수 없이 경찰에 사실을 털어놨다.

"사실 저는 부모님에게 수십억 원의 재산을 물려받았습니다."

경찰은 노숙자 행색을 하고 있는 그의 말을 믿지 못했으나 곧 반전이 일어났다. 계좌를 조회해보니 실제로 A씨 명의로 거액이 예치되어 있었다. A씨의 은행 잔고는 자그마치 50억 원에 달했다. 매월 들어오는 이자 수익만 1,500만 원에 달했지만, 그는 분명 노숙을 하고 있었다. 알고 보니 그는 젊은 시절 부모의 재산을 물려받아 시작한 사업이 실패한 후 삶의 방향을 잃었다고 했다. 직업도, 가족도 없던 A씨는 세상사에 아무런 흥미를 느끼지 못했다고 한다. 결국 모든 재산을 정리해 은행에 넣어둔 채 스스로를 방치하며 노숙 생활을 택한 것이다. A씨는 자신의 사연이 공개된 후 노숙 생활이 힘들어졌다며 경찰에 항의했지만, 이후에도 노숙 생활을 그만두지 않았다. 경찰의 권유에 따라 현금 대신 현금 카드를 들고 다니면서 이변이 없는 한 노숙 생활을 계속할 것이라고 밝혔다.

우리가 생각하기에 A씨는 이해하기 어려운 사람이다. 그렇게 큰돈을 가진 사람이 왜 굳이 노숙을 할까? 실제로 A씨의 사연이 알려진 뒤에 '그 돈으로 차라리 어려운 사람이나 도우라'며 비난하는 목소리도 있었다. 그러나 누가 그를 탓할 수 있을까? 아무도 그의 심리 상태를 알지 못하므로 함부로 말할 권리는 없다. 다만 그는 심각한 무기력증을 느끼고 있는 듯했다. 그를 무기력으로 몰아넣은 결정적 계기가 무엇인지는 알 수 없지만 그의 사례를 통해 막대한 자산을 가지고도 무기력에 빠질 수 있다는 사실을 확인할 수 있다. 또 한 가지 분명한 사실은 그가 처한 상황, 즉 사회적으로 고립되었다는 점이 무기력의 원인일 수 있다는 것이다.

복잡하고 부조리한 현대사회는 개개인을 무기력한 상태로 만들 수 있다. 세상이 막대한 자산가를 노숙자로 만들고, 번듯한 직장인이 '정신적 노숙자'로 살아가게 할 수도 있다는 뜻이다. 현대사회와 개인의 무기력 사이에는 어떠한 관계가 있는지 자세히 살펴보자.

소외와 고립을 조장하는 현대사회

사회가 고도로 발달하고 전문화되면서 개인의 사회적 고립이 가속화되고 있다. 사회적 고립social isolation이란 동료의 관심을 얻지 못하거나 집단 활동에 참여하지 못하는 상태를 의미한다. 1972년에 실증주의 사회학자 멜빈 시먼Melvin Seeman이 처음 사용한 이후 주로 '사회의 공통된 신념이나 목표에서 의미를 찾지 못하는 상황'을 일컫는 데 쓰인다. 사회적 고립은 주로 소수의 약자에게서 나타나지만, 조직의 방향성에 동의하지 않는 냉소적인 구성원에게서도 발견된다. 이들은 점점 자신을 고립시키는 위험에 빠지기 쉽다. 이는 곧 소외로 이어지고 무기력을 불러일으킨다.

사회적 고립과 더불어 문제가 되는 것은 '자기소외self estrangement 현상'이다. 자기소외 현상이란 주체적이고 자율적으로 행동하지 못하며, 자신의 주장이나 의사를 명확히 표현하지 못하는 상태를 뜻한다. 의사 표현을 하지 못하면 자신의 개성을 발휘할 기회를 잃고, 정의, 윤리, 자비, 감동이 사라진 무개성의 수동적인 상태에 머문다. 주로 다른 사람의 기분을 맞추려고 하는 의존적인 이들에게서 이러한 현상이 나타난다. 직장인 중에는 '회사가 만족스럽지 않지만 대안이 없어 떠날 수도 없다'는 태도를 보이는 이들이 많다. 이러한 상태가 지속되면 능동적인 판단 기능까지 약화된다. 상사에게 자신의 견해를 밝히기보다 지시받은 업무만 기계적으로 수행하는 식이다.

자기소외 현상이 심화되면 사회적으로는 아노미anomie와 규범 상실normlessness 상태가 초래된다. 아노미는 프랑스의 사회학자 에밀 뒤르켐Émile Durkheim이 주장한 사회병리 현상 중 하나로, 공통의 가치관이 붕괴하고 목적의식과 이상이 사라질 때 나타나는 혼돈 상태를 의미한다. 이러한 사회에서는 신경증을 앓거나 극단적 선택을 하는 사람이 많아지고 범죄가 늘어나는 등 사회 부적응 현상이 빈번해진다. 아노미를 겪는 개인과 사회는 행동의 기준을 잃고 규칙이 무너진 규범 상실 상태에 빠지게 된다.

한국 사회는 현재 다양한 사회문제를 마주하고 있다. 급격한 산업화로 생활양식이 급변하면서, 과거 정신적 토대였던 가치관을 유지하기 어려운 상황이다. 그 결과 고독사, 높은 자살률, 집단 따돌림 및 학교 폭력 등 과거에는 드물던 심각한 문제가 대두되었다. 그러나 우리는 아직 이러한 변화에 대응할 명확한 대안을 마련하지 못하고 있다.

학교 폭력은 지금도 논쟁이 뜨겁다. 가해자의 가정교육 문제를 지적하는 시각부터 학교의 방치, 가해자를 처벌할 기준을 마련하지 못한 국가의 제도적 미비 등에 책임을 묻는 견해까지 다양하다. 미성년자인 가해 학생의 처벌 수위에 대한 사회적 논의와 함께, 처벌 이후의 교육 및 근본적인 예방책 마련을 병행해야 한다는 목소리가 높다. 현재 KAIST를 비롯한 일부 명문 대학들이 학교 폭력 이력이 있는 수험생의 입학을 제한하는 제도를 도입하고 있다. 이는 학교 폭력을 저지른 자는 언젠가 반드시 그보다 더 큰 대가를 치르게 된다는 사회적 합의를 끌어내기 위한 움직임으로 보인다.

그러나 아직도 여러 사회문제 앞에서 많은 사람들이 우왕좌왕하며 혼란을 겪고 있다. 이러한 현상이 장기화되면 사람들은 일관된 태도를 유지하거나 확고한 신념을 형성하는 데 어려움을 겪는다. 그렇게 되면 기준 없이 순간의 기분과 상황에만 반응하게 되며, 치밀한 계획이나 준비 없이 충동적이고 즉흥적인 행동을 하거나 모든 것을 운에 맡겨버리는 태도로 이어지기도 한다.

무한 경쟁과 무기력

현대사회는 '무한 경쟁 체제'라고 할 수 있다. 오늘날 조직은 경쟁에서 살아남아야 한다는 미명 아래 오직 결과만 중요시한다. 알파도 결과물, 오메가도 결과물이다. 결과만 좋으면 비도덕적인 행위조차 용납되고 묵인되는 부조리가 발생한다. 승자가 모든 것을 갖는 승자의 법칙Winner Takes It All이 만연한 집단에서는 무조건 '최고'가 되어야 한다고 조직원을 벼랑 끝으로 내몰기도 한다. 기업뿐만 아니라 대학이나 연구소에서도 이러한 분위기는 만연하다.

내가 KAIST에 있을 때의 일이다. 실력을 인정받은 MIT 교수 출신 한국인 총장이 부임했는데, 그는 부임 직후 교수와 학생들에게 무한 경쟁을 요구했다. 그가 발표하는 연설문이나 학칙 등으로 미루어 보면 모든 것을 능력으로 평가하겠다는 기조가 명확했다. 구성원들도 처음에는 총장의 독려에 동의했으나, 그의 평가 기준은 갈수록 높아졌다. 급기야 구성원들의 불만이 폭발해 교수들 사이에서 총장 퇴진 운동이 일어났다. 적지 않은 학생들이 학교를 그만두고 심지어 몇몇 이들이 극단적 선택을 하는 경우도 일어났기 때문이다.

내가 몸담았던 또 다른 기관의 연구소 소장 역시 미국에서 오랫동안 교수직을 수행한 세계적인 석학으로, 결과주의자였다. 그는 정년 퇴임이 몇 년 남지 않았는데도 열심히 연구했다. 나는 그를 통해 최고가 되는 방법을 배울 수 있었다. 연구소는 처음 얼마간 발전하는 듯 보였다. 그러나 조직원들은 불행해졌다. 모든 것이 결과로 평가되고 연구원의 시간과 능력이 시스템 아래 철저하게 관리·통제되었기 때문이다.

치열한 경쟁 속에서 살아남아야 했기에, 좋은 결과만 낼 수 있다면 사소한 부도덕쯤은 눈감아주는 분위기가 형성되었다. 이에 일부 연구원은 성과를 내기 위해 다른 연구자나 연구소의 유사한 결과물을 복제하기에 이르렀다. 이러한 부정행위를 얼마나 더 빠르고 은밀하게 수행하느냐가 곧 능력으로 평가받는 웃지 못할 촌극이 벌어지기도 했다. 하지만 이러한 부정행위를 징계하기는커녕 오히려 성과로 인정하며 인센티브까지 지급하자, 정직하게 연구에 임하던 이들은 점차 냉소적으로 변해갔다. 조직의 전체 생산성은 하락했고, 실망한 연구원들이 하나둘 연구소를 떠나는 사태에 이르렀다. 나 역시 근무한 지 1년 남짓 되었을 때 떠나고 싶었지만 이직 대신 견디는 쪽을 택했다. 다른 기관에서도 유사한 현상을 목격했기에, 어디로 옮기든 상황은 비슷하리라 판단했기 때문이다. 그때부터 나는 지독한 무기력과 싸우며 두 번째 인생을 설계했다. 그렇게 2년간 준비한 끝에, 다시는 내가 주인이 아닌 삶은 살지 않겠노라 결단하고 사직서를 냈다.

두 사례의 공통점은 이들이 모두 미국 명문 대학에서 오랫동안 교수로 재직한 미국 국적의 성과주의자라는 점이다. 한국인이지만 사고의 기저에는 미국식 합리주의와 성취 지향적 태도가 깊게 뿌리박혀 있었다. 미국을 세계 최강국으로 이끈

'하면 된다'는 정신은 우리에게 긍정적인 희망을 주기도 한다. 그러나 한편으로는 '하면 된다'는 구호가 상황에 따라 '나는 아무리 해도 안 되더라'라는 무기력을 양산하는 양날의 검이 될 수 있음을 간과해서는 안 된다.

그런 이유로 한동안 사람들이 '아메리칸 드림American dream'이 아니라 '유러피언 드림European dream'에 이끌렸는지도 모른다. 유러피언 드림은 성과보다 사람을 우선하고, 결과보다 관계를 중요시한다. 사회사상가이자 미래학자 제러미 리프킨Jeremy Rifkin은 저서 『유러피언 드림』을 통해 미국식 모델의 한계를 날카롭게 지적한다. 그는 미국인들이 무제한적 경제성장을 최우선 가치로 삼으며, 그 과정에서 강자에게는 과도한 혜택을 주고 약자에게는 가혹한 불평등을 야기한다고 비판한다. 또한 이제는 삶의 질, 환경과 조화로운 개발, 그리고 평화와 공존에 가치를 두어야 할 때라고 강조한다. 물질적 성공에 매몰된 아메리칸 드림이 아닌, 지속 가능한 공동체의 가치를 지향하는 유러피언 드림으로 사회적 패러다임을 전환해야 한다는 것이다.

제러미 리프킨이 말하는 유러피언 드림은 개인의 자유보다 공동체 내의 관계를, 동화보다 문화적 다양성을, 부의 축적보다 삶의 질을 중시한다. 또한 무제한적 발전이 아니라 환경 보존을 염두에 둔 지속 가능한 개발, 무자비한 노력이 아니라 온전함을 느낄 수 있는 심오한 놀이, 완전한 몰입을 통해 삶의 의미를 깨닫고 희열을 통해 삶의 의미를 깨닫는 활동을 지향한다. 나아가 재산권보다 보편적 인권과 자연의 권리를, 일방적 무력행사보다 다원적 협력을 강조한다.

하지만 여전히 경쟁 체제 아래 놓인 우리 사회에는 비정규직이 넘쳐나고 이직률 또한 높아지고 있다. 일하고 싶어도 일할 곳을 찾지 못하는 젊은이들을 어찌할 것인가? 치솟는 등록금과 하락하는 비정규직의 임금은 청년들을 무기력으로 내몰고 있다. 사직과 해고가 일상이 된 시대에 직원을 채용해 지칠 때까지 부리고, 그 자리를 새로운 피로 수혈해 연명하는 시스템에서 어떻게 창의적인 결과물이 나올 수 있겠는가? 우리는 품삯을 받기 위해 일하는 노예가 아니라 꿈과 욕망을 따라 움직이는 유기체다.

최근에는 낙타의 삶을 벗어던지고 사자가 되려는 직장인이 점차 늘어나고 있다. 하지만 사자가 되는 방법을 구체적으로 아는 사람은 그리 많지 않을 것이다. 일반적으로 신입 사원이 숙련되기까지 2년 정도의 시간이 걸린다고 한다. 따라서 생산성을 높이기 위해서는 과도한 경쟁을 부추기는 일을 지양해야 한다. 당장 성과를 내지 못한다고 해고할 것이 아니라, 그들이 인성과 능력을 발휘할 만한 업무에 배치해 충분한 기회를 줄 필요가 있다. 이러한 면에서 보면 미국보다 일본의 조직에서 배울 점이 많다. 일본의 발달심리학자 하타노 기요오波多野誼余夫 교수는 "미국보다 생산성이 높은 일본 기업은 정해진 시간 외에는 직원이 일을 하지 않게 하고 근무시간과 휴식 시간을 엄격하게 지키도록 권고한다"라고 말했다. 미국의 심리학자 프랭크 미너스 역시 근무 환경의 차이 때문에 무력감에 빠진 미국보다 일본의 생산성이 훨씬 우수하다고 주장했다.

한편 우리나라의 교육 시스템 역시 무기력을 낳는 데 일조하고 있다. 결과만 지상 과제로 삼는 입시 제도가 특히 그러하다. 학생들은 입시 중심의 교육 환경에서 성공보다 실패를 더 빈번하게 경험한다. 반복된 실패는 학생들로 하여금 자신의 노력과 성취 결과가 무관하다는 인식을 갖게 하며, 무기력에 빠지는 계기로 작용한다.

최근 전국 단위 정신건강 실태조사에 따르면, 우리나라 아동·청소년 가운데 상당수가 전문가의 도움이 시급할 정도의 정신질환을 겪고 있는 것으로 나타났다. 또한 통계청 사망원인 통계를 보면, 10대와 20대에서 자살은 여전히 주요한 사망 원인으로 집계되고 있으며, 10대 자살률은 최근 몇 년 사이 꾸준히 증가해 역대 최고 수준을 기록하고 있다. 이러한 수치는 청소년이 학업 성취와 진로, 사회적 기대에 대한 압박 속에서 심각한 스트레스와 좌절을 경험하고 있음을 보여 준다. 학교가 배움의 터전이 아니라 '실패와 좌절의 공장'으로 느껴지는 현실이라는 지적도 과장이 아니다.

또 다른 조사는 현 입시 제도에 적응하지 못하는 학생들의 행태를 다섯 가지 유형으로 분류한다. 첫째는 학교교육에 전적으로 의존하며 입시에 매달리는 '동조형', 둘째는 학교교육은 거부하되 사교육을 수단 삼아 성과를 내는 '혁신형'이다. 셋째는 학습 자체를 기피하는 '의례형', 넷째는 현실에서 도피해 사이버 커뮤니티 등에 몰입하는 '도피형(도피 반항적 학습 거부형)'이다. 마지막으로 다섯째는 대안 학교나 홈스쿨링처럼 새로운 학습 체제를 스스로 구축하는 '대항형' 학생이다. 이들 모두 자율성을 기반으로 한 건강한 학생의 모습은 아니다. 특히 기피형 학생의 경우, 이러한 회피 성향이 고착화되어 성인이 된 후에도 사회적 기피 반응을 보일 수 있다는 점에서 각별한 주의가 필요하다. 청소년이 반복적 실패를 학습하도록 방치한다면 스스로를 낙오자라고 단정 지을 것이다. 나아가 어떠한 노력으로도 실패를 극복할 수 없다는 비관적 미래관에 잠식될 위험이 크다.

과도한 경쟁이
불러오는 정서적 탈진

직장인들은 과도한 경쟁과 조직의 부조리를 겪으며 업무를 쌓아두거나 대충 처리하고, 때로는 동료에게 미루기도 한다. 내가 대학의 전임 교수로 재직할 당시에는 이직이나 사직을 희망하는 이를 찾아보기 어려웠다. 65세 정년이 보장된 환경 덕분에 이직을 고민하는 교수가 거의 없었으며, 그들은 대개 무기력과 거리가 먼 삶을 살고 있었다. 그런데 내가 비정규직 연구 교수로 근무한 곳에서는 이직뿐만 아니라 전직까지 고려하는 사람이 많았다. 계약 기간에 대한 불안과 초조, 해고 위험이 그들을 다른 직업으로 전향하게 했다. 개인 사업을 하려는 KAIST 박사, 카메라 제조업을 하겠다는 박사, 신학 공부를 하겠다고 결심한 일본 학위 보유자 등 많은 연구 교수들이 비정규직의 폐해와 조직의 부조리에 지쳐 새로운 길을 모색했다.

지금 하고 있는 일에 기쁨을 느끼는가? 그렇다면 당신은 축복받은 사람이다. 그러나 우리 사회에 이렇게 축복받은 사람이 얼마나 될까? 2024년 잡코리아가 직장인 342명을 대상으로 실시한 설문 조사에 따르면, 응답자의 69퍼센트가 직장 생활 중 극심한 육체적, 정신적 피로를 느끼는 '번아웃 증후군'을 경험한 것으로 나타났다. 특히 이들 중 상당수가 업무 의욕 상실을 넘어 정서적 탈진을 호소하고 있다는 점에 주목해야 한다. 연령대별로 살펴보면 30대 직장인의 번아웃 경험률이 75.3퍼센트로 가장 높았으며, 20대(61.1퍼센트)와 40대(60.5퍼센트) 역시 절반 이상이 무기력증에 시달리고 있었다. 이들이 번아웃을 겪는 결정적인 원인으로는 '과도한 업무량(42.4퍼센트)'이 1위로 꼽혔다. 실제로 많은 직장인이 퇴근 후나 주말에도 업무의 굴레에서 벗어나지 못한 채 고질적인 업무 과부하에 노출되어 있었다. 이러한 무기력의 늪에서 벗어나기 위해 직장인들은 휴가나 휴직을 통한 휴식(47.9퍼센트), 혹은 취미 활동(41.5퍼센트)을 시도하며 돌파구를 찾는다. 하지만 이조차 여의치 않을 경우 이직(26.7퍼센트)을 선택하기도 한다. 이는 개인의 휴식만으로는 정서적 탈진 상태에서 벗어날 수 없으며, 조직 차원의 근본적인 업무 구조 개선이 절실함을 시사한다.

왜 이토록 많은 이들이 직장에서 무기력을 느끼며, 조직

은 기대만큼의 성과를 거두지 못하는가? 경영의 구루 게리 해
멀Gary Hamel의 저서 『경영의 미래』에서 해결의 실마리를 찾을
수 있다. 그는 인간이 다른 동물에 비해 탁월한 회복력과 창의
성을 지녔음에도 정작 조직 내에서는 인간답게 일하지 못한다
는 점을 지적한다. 즉 인간의 역량을 고갈시키는 조직 구조 자
체가 문제라는 것이다. 정확성과 원칙, 합리성, 서열, 결과물만
강조하는 기존의 경영 프로세스는 예술성이나 독창성, 대담함
같은 인간 고유의 가치를 외면한다. 대다수 회사는 직원의 잠
재력 중 극히 일부분만 활용할 뿐이다. 해멀은 매일 아침 수많
은 이가 직장으로 향하지만, 그들 대부분은 자신의 잠재력을
체계적으로 무시당한 채 '몽유병 환자'처럼 일하고 있다고 일
갈한다.

한편 심리학자 로버트 블라우너Robert Blauner 역시 직장인의
무기력을 조직 구조적 관점에서 분석했다. 그는 피고용인이 개
인의 존재를 무시하는 제도 속에서 생산수단이나 완제품에 담
긴 본질적인 의미를 찾지 못할 때 무기력이 발생한다고 보았
다. 즉 노동자가 경영 방침에 어떠한 영향력도 행사할 수 없고,
고용조건이나 작업 공정을 스스로 통제할 수 없을 때 필연적으
로 무기력에 빠진다는 것이다. 자신이 직장과 업무에 영향력을
직접 행사할 수 없을 때 무기력에 빠지는 셈이다. 통제 불가능
은 곧 극심한 스트레스로 이어지고, 이는 다시 무기력으로 이
어진다. 심리학자 프랭크 미너스는 점심시간에 외출한 뒤 직장
에 돌아가지 않고 퇴사를 선택한 근로자의 사례를 보고한 바

있다. 놀랍게도 나 역시 이와 유사한 사례를 현장에서 직접 목격했다. 이처럼 직장인들을 끝내 견딜 수 없게 만드는 지독한 무기력, 우리는 과연 어떻게 이 무기력의 늪을 건너갈 수 있을까?

당신은 일요일 밤에 어떤 기분이 드는가? 프랭크 미너스는 월요일이 다가올 때마다 우울함을 느낀다면, 그것이 바로 무기력으로 가는 길목에 들어섰다는 증거라고 했다. 나 역시 일요일 밤이면 어김없이 우울했고, 월요일 아침 출근길이 괴로워 몸부림친 적이 많았다. 흥미로운 점은 정년이 보장된 교수 시절보다 비정규직 연구 교수 시절에 그런 감정을 훨씬 더 자주 느꼈다는 사실이다.

지금 돌아보면 이유는 명확하다. 내 뜻대로 할 수 있는 일이 많지 않아 창의력을 발휘할 기회가 적었고, 그저 조직의 부품처럼 움직여야 한다는 사실이 나를 짓눌렀던 것이다. 낙타로 살아가던 시절의 나는 무거운 짐을 진 채 의미 없는 하루하루에 끌려다녔다. 하지만 사자가 되겠노라 결단한 후로는 같은 직장에 다니면서도 무기력 증상이 씻은 듯 사라졌다. 비로소 사자가 된 나는 하루에 끌려가는 대신 내가 하루를 주도적으로 끌고 나갔다. 연구소를 사직하고 내 삶의 주인으로서 새로운 일을 시작한 뒤부터, 이러한 변화는 더욱 확연해졌다.

일중독과
탈진 증후군

이처럼 많은 직장인이 능력을 발휘하지 못하며 무기력해지지만, 반대로 일을 너무 열심히 한 나머지 무기력해지는 경우도 있다. 일이 자신의 사명인 듯 일에 매몰된 사람, 일중독자들 이야기다. '워커홀릭workaholics'은 일work과 알코올의존증alcoholics의 합성어로, 단순히 일을 열심히 하는 수준을 넘어 병적으로 업무에 매몰된 일중독자를 일컫는 말이다. 주 60~70시간 이상 일하는 관리자에게 이런 증상이 나타난다. 당연하게도 이들은 조직에서 높은 위치에 올랐거나 사회적 성공을 거머쥔 경우가 많다. 이들은 일사불란하게 움직이며 강한 승부욕을 보인다. 누구보다 늦게까지 자리를 지키고 헌신적으로 일에 매달려, 타인보다 한발 앞서 성공의 정점에 도달하고자 한다. 시간 낭비에 극도로 냉혹하며 제대로 된 휴식도 즐기지 못하는 이들은, 오로지 일에 집착함으로써 자신의 존재 가치를 증명하려 든다. 그러나 이러한 일중독의 대가로 건강에 적신호가 켜지고, 대인 관계나 가정생활은 점차 뒷전으로 밀려나며 소홀해지기 마련이다.

일중독자와는 달리, 자신이 하는 일을 진심으로 사랑해 직업과 삶에 일체감을 느끼며 열정적으로 살아가는 이들도 적지 않다. 이런 사람들은 일하는 과정 자체에서 즐거움을 찾으며, 늘 자신감 넘치는 생활을 영위한다. 하지만 이들 역시 예외는 아니다. 자신이 쏟은 노력이 정당하게 평가받지 못하거나, 간절히 바라던 승진이 좌절되는 순간에는 일시적으로 무기력에 빠질 수 있다.

탈진은 바로 이러한 상황에서 빈번히 발생한다. 탈진이란 피할 수 없는 압박을 받는 동시에 그 어디에서도 만족감을 찾을 수 없을 때 개인이 경험하는 심리적 상태를 의미한다. 본래 탈진 증후군은 타인의 높은 기대에 부응해야 하는 전문가 그룹에서 주로 나타나는 현상으로 알려져왔다. 하지만 전문가가 아니더라도 누구든 열성을 다해 일한 결과에 대해 정당한 인정을 받지 못하면 탈진 상태에 빠질 수 있다. 일단 탈진 증후군을 겪으면 이전처럼 의욕적으로 업무를 수행하기 어려우며, 자신이 그토록 좋아하던 일에서조차 아무런 흥미를 느끼지 못하는 경우도 있다.

스트레스,
무기력의 씨앗

당연한 말이지만 스트레스 역시 무기력을 야기한다. 우리는 어떨 때 스트레스를 받을까? 다음 표는 홈스와 라헤가 만든 스트레스 테스트 Holmes&Rahe Stress Test 로 개인이 처한 상황에 따라 가해지는 심리적 압박의 강도를 객관적으로 계산해볼 수 있다. 해당 표를 통해 각자 지난 1년간 겪은 사건과 그에 따른 스트레

스 정도를 측정해보자. 총 합산이 200을 넘으면 과도한 스트레
스 상태에 놓여 있다고 본다.

홈스-라헤 스트레스 테스트(Holmes & Rahe Stress Test)

스트레스 요인	충격 정도	스트레스 요인	충격 정도
배우자의 사망	100	자녀의 출가	29
이혼	73	인척간의 갈등	29
별거	65	개인적 성취	28
교도소 수감	63	배우자의 취업이나 퇴직	26
가족의 사망	63	입학이나 졸업	26
부상이나 질병	53	생활 여건의 변화	25
결혼	50	취미 생활 변경	24
해고	47	상사와의 갈등	23
부부간의 중재 노력	45	업무 시간, 환경의 변화	20
퇴직	45	전학	20
가족의 건강 문제	44	이사	20
임신	40	여가 활동 변화	19
성생활 문제	39	교회 활동 변화	19
새로운 가족의 출현	39	사회 활동 변화	18
사업의 재조정	39	1,000만 원 미만의 부채	17
경제 상태의 변화	38	수면 습관 변화	16
친한 친구의 죽음	37	가족 동거인 수의 변화	15
전직 및 부서 이동	36	식습관 변화	13
부부간 싸움	35	휴가	13
1,000만 원 이상의 부채	31	크리스마스	12
저당 및 대부의 자격 상실	30	사소한 법규 위반	11

최근 직장인 설문조사에 따르면, 10명 중 7명꼴이 직장 내의 도태나 해고 불안에 시달리며 업무 과몰입을 보이고 있다. 이들은 회사 일을 위해 사생활을 포기하는 것을 당연하게 여기며, 퇴근 후나 휴가 중에도 업무 걱정에 휩싸여 제대로 쉬지 못한다. 야근을 하지 않으면 불안감을 느끼거나 동료를 모두 경쟁자로 간주하는 등 극심한 강박 증세를 보이기도 한다. 이들 중 일부는 탁월한 성과를 인정받아 빠른 승진과 높은 연봉을 거머쥐기도 한다. 그러나 화려한 성공의 이면에는 취미 생활 상실, 악화된 건강, 그리고 서먹해진 가족 관계라는 뼈아픈 대가가 도사리고 있다. 결국 이들은 스스로를 돌볼 권리를 포기한 채, 조직이라는 거대한 톱니바퀴 안에서 소모되어가는 '성공한 노예'가 되고 마는 것이다.

일에 지나치게 몰두하면 스트레스에 매몰되고 무기력해질 수 있다. 프랭크 미너스 박사는 의사, 간호사, 성직자, 사회복지사, 물리치료사처럼 타인에게 헌신해야 하는 전문직 종사자가 일반적인 직업군보다 무기력에 빠질 위험이 훨씬 크다고 분석했다. 실제로 그의 내담자 중에는 감당하기 어려운 스트레스와 무기력을 견디다 못해 완전히 다른 길을 선택한 이들이 적지 않았다. 심리학자가 상담실을 떠나 거친 유전油田 노동자로 변신하는가 하면, 사회복지사가 도자기 전문점을 열거나 교사가 판매직으로 전직하는 등 삶의 방향을 송두리째 바꿈으로써 무기력의 사슬을 끊어내려 했던 사례를 보고했다.

내가 일하는 곳에서 무기력을 느끼는가? 그렇다면 해당

직업을 고수해야 할지 심각하게 고민해봐야 한다. 무기력으로 낭비하는 시간이 인생을 퇴보하게 만들 것이 불 보듯 뻔하기 때문이다. 중독 전문가인 심리학자 브렌다 M. 셰퍼Brenda M. Schaeffer는 삶에는 오직 진화와 퇴보라는 두 가지 방향만 존재한다고 단언했다. 일반적으로 생각하는 것과 달리 제자리에 서 있는 사람은 아무도 없으며, 누구나 상승하거나 하락하는 나선형 선상에 서 있다는 것이다. 창밖의 구름이 정지한 듯 보여도 끊임없이 이동하며 형태를 바꾸듯, 우리의 평범한 일상 역시 성장 혹은 퇴보를 향해 쉬지 않고 나아간다. 그 누구도 자신의 인생이 퇴보하길 바라지 않을 것이다. 그렇다면 명심해야 할 사실이 있다. 무기력에 빠져 허우적거리는 그 기간이 실상 당신의 인생에서 퇴보의 시간이라는 점이다.

그러므로 진정한 행복을 찾을 수 있는 새로운 터전이 있다면 이직을 결단해야 한다. 물론 이때도 단순히 무기력으로부터 도망치듯 직장을 옮기는 실수를 해서는 안 된다. 내면의 준비 없이 자리만 옮긴다면, 새로운 환경이 주는 낯선 스트레스까지 더해져 더 깊은 수렁에 빠질 수 있기 때문이다. 따라서 절실하게 준비하되, 정말 때가 되었다고 확신할 수 있을 때 떠나야 한다. 그래야 이직이 인생의 소중한 승리 경험으로 축적될 수 있다. 만약 무기력 때문에 직장을 옮기고 싶다면, 먼저 자기 극복을 통해 무기력의 늪에서 온전히 발을 빼야 한다. 그런 다음에 이직해도 늦지 않다.

누가 먼저 무기력에
무너지는가

의존성 성격과 강박적 성격

똑같은 상황에서도 유독 쉽게 무기력을 느끼는 사람이 있는가 하면, 전혀 그렇지 않은 사람도 있다. 벼랑 끝 같은 위기 속에서도 의연한 이가 있는 반면, 아주 사소한 시련에도 깊은 무력감을 호소하는 이가 있다. 이러한 차이는 처한 환경 때문일 수도 있지만, 근본적으로는 무기력에 취약한 성격적 특성에서 비롯되기도 한다. 무기력에 약한 성격의 정체를 파헤치기 전에, 다음의 가상 상황을 함께 살펴보자.

당신은 지금 부산에서 제주로 향하는 페리호에 몸을 싣고 있다. 모처럼 얻은 귀한 휴가에 친구들과 2박 3일 여행을 떠나기로 했다. 선착장에 들어서니 먼저 도착한 친구들이 당신을 기다리고 있다. 반갑게 인사를 나누던 중, 당신의 시선이 친구 A에게 머문다. 2박 3일 여행인데도 친구 A는 어찌 된 일인지 가벼운 손가방 하나만 달랑 들고 왔다. 의아해진 당신은 친구 A에게 이렇게 묻는다.

"2박 3일 여행인데 짐이 그것뿐이야?"

A는 뭐가 잘못됐냐는 표정으로 그렇다고 대답한다. 당신과 친구들은 게스트 하우스에서 묵으며 요리를 해 먹기로 했고, A는 소금과 후추 같은 양념과 파, 마늘 등을 가져오기로 했다. A에게 약속한 양념과 채소를 챙겼느냐고 묻자 그는 이렇게 이야기했다.

"제주도에서도 팔겠지. 조금씩 사면 되지 않을까? 없으면 다른 사람들한테 빌리거나."

A는 언제나 이런 식이다. 예전부터 친구들과 여행을 가도 칫솔만 달랑 들고 올 뿐이고 비누나 치약, 샴푸를 챙긴 적이 없다. 여분의 양말도 챙겨 오지 않아서 빌렸던 적이 있을 정도다. 그런데 이번에는 친구 B가 육중한 캐리어를 끌며 나타났다. 당장 유럽 배낭여행이라도 떠날 기세로 커다란 캐리어를 밀고 오는데, 그것도 모자라 다른 쪽 손에는 큼직한 보조 가방까지 들려 있다. 고작 2박 3일 여행이라고 하기엔 믿기지 않을 만큼 압도적인 양의 짐이다.

"그게 다 네 짐이야?"

깜짝 놀란 친구들이 묻자 B도 A처럼 당당하게 대답한다.

"나는 내 물건 아니면 영 불편하고 찜찜해서 싫어. 2박 3일 인데 웬만한 건 다 챙겨야지."

간식거리를 챙겨 오기로 한 B는 역시 과할 정도로 많은 간식을 꼼꼼하게 가져왔다.

"누가 뭘 좋아하는지 알 수 없으니까 종류별로 챙겼어."

B는 배에 타고서도 자기 짐을 지키느라 바깥 구경도 하지 못한다. 급기야 잠을 자면서도 캐리어와 가방을 도둑맞지 않을까 경계를 풀지 못한다. 친구들과 여행을 떠나면 꼭 A나 B 같은 친구가 하나쯤은 있기 마련이다. 무엇이든 남에게 빌려 쓰고 기대려는 A는 혼자 남겨지기라도 하면 아무것도 하지 못하고 두려움에 떤다. 반대로 B는 모든 것을 자신이 결정해야 하기 때문에 제대로 여행을 즐길 수 없고, 계획대로 되지 않으면 극심한 스트레스를 받는다. 그렇다. A는 의존적인 사람, B는 강박적인 사람의 예다. 여기서 재미있는 것은 A든 B든 어려운 일에 맞닥뜨리면 다시는 함께 여행을 떠나려 하지 않을 가능성이 많다는 것이다.

무기력을 잘 일으키는 두 가지 성격의 신념과 전략

	의존성 성격	강박적 성격
자신에 대한 핵심 신념	나는 무기력해.	나의 인생은 통제 불가능이 될 수 있어. 나는 실수하면 안 돼.
자기관	보잘것없는, 약한, 무력한, 무능한	책임감 있는, 책임을 지는, 세심한, 유능한

타인에 대한 신념	다른 사람들이 나를 돌보아줘 야 해.	다른 사람들은 책임져주지 않아.
타인관	돌봐주는, 지지적인, 유능한	무책임한, 조심성 없는, 무능한, 스스로에게 관 대한
가정	만일 내가 내 자신을 의지한다 면 실패하고 말 거야. 만일 내가 다른 사람들을 의지 한다면 살아갈 수 있을 거야.	만일 내가 완벽하게 책임지지 않는다면 내 인 생은 실패로 끝나고 말 거야. 만일 내가 엄격한 규칙과 틀을 만들어놓으면 괜찮을 거야.
주요 믿음	내가 살아남으려면, 그리고 행 복해지려면 다른 사람의 도움 이 필요하다. 나에게는 다른 사람의 꾸준한 지지와 격려가 필요하다.	나는 무엇이 최상인지 잘 알고 있다. 세부 사항이 매우 중요하다. 사람이라면 더 잘해야 하고 더 열심히 해야 한다.
행동 전략	의존적인 관계 형성	다른 사람들을 엄격하게 통제한다. 규칙 적용하기, 완벽주의, 평가하기, 통제하기, 의무 부과하기, 비난하기, 처벌하기

우선 의존적 성향인 사람들의 특징부터 살펴보자. 한 유기체가 다른 개체에게 의존하고 애착을 형성하는 것은 모든 포유류에게서 나타나는 보편적인 생존 본능이다. 포유류인 인간 역시 타인과 관계를 맺고 의지하려는 성향이 매우 강하다. 하지만 문제는 그 정도가 지나쳐 타인에게 모든 것을 맡겨버리는 극단적 의존의 경우다. 미국정신의학회가 발행한 진단 기준인 DSM-IV-TR에서는 이러한 상태를 의존성 성격 장애Dependent Personality Disorder로 정의한다.

의존성 성격 장애는 타인에게 보살핌을 받으려는 욕구가 지나친 나머지, 상대에게 지나치게 복종하거나 매달리는 행동을 보이며 홀로 남겨지는 것에 극심한 공포를 느낀다. 다음은 미국정신의학회가 제시한 의존성 성격 장애의 진단 기준이다.

각 항목을 주의 깊게 읽어보며, 자신의 평소 모습과 일치하는 부분이 있는지 체크해보자.

의존성 장애 진단법

1. 다른 사람의 조언이나 확인 없이는 작은 결정도 내리기 어렵다. ☐

2. 내 인생의 매우 중요한 영역까지

   대신 책임져줄 수 있는 타인이 필요하다. ☐

3. 지지와 보살핌을 잃을까 봐 두려워서 타인의 의견에

   반대하지 못한다. ☐

4. 스스로 어떤 일을 시작하거나 수행하기가 어렵다. ☐

5. 타인의 보살핌과 지지를 얻기 위해서라면

   불쾌한 일도 자청해서 한다. ☐

6. 스스로 잘해나갈 수 없다는 과도한 두려움으로

   혼자 있으면 불편하거나 무력하다. ☐

7. 친밀한 관계가 끝났을 때 곧바로 다른 관계를 찾는다. ☐

8. 스스로 자신을 돌봐야 하는 상황에 처할지도 모른다는 두려움에

   타인에게 비현실적으로 집착한다. ☐

DSM-IV-TR 기준에서는 8개 문항 중 5개 이상에 해당하면 의존성 성격 장애로 분류한다. 하지만 5개 미만이라 하더라도 우리 모두 어느 정도 의존성을 지니고 있기에, 이로 인해 유

발되는 무기력에서 완전히 자유로울 수는 없다. 표에서 보듯 의존적인 사람은 타인의 지지와 보살핌을 생존 수단으로 여긴다. 따라서 타인과 분리되면 무기력과 우울증에 쉽게 빠진다. 이들은 스스로를 무력한 존재로 인식하기에, 생존과 행복에 필요한 자원을 제공해줄 강한 대상에게 끊임없이 매달리고 의존한다.

이번에는 의존성과 반대 성향인 강박성을 살펴보자. 강박성은 과거 서구 사회 남성에게 주로 나타났으나, 여성의 사회 진출이 활발해진 요즘은 여성에게서도 흔히 발견된다. 강박 성향의 핵심은 불안이다. 이들은 자신의 수행 능력을 끊임없이 의심하고 반추하느라 우유부단해지며, 실수할까 두려워 일을 미루는 경향이 있다. 이러한 태도는 오히려 이들을 무능하게 보이게 만든다. 인지 치료의 대가 아론 벡Aaron Beck은 강박증이 있는 사람이 외부 압박으로 갈등을 겪으면 만성 불안을 넘어 공황 장애로 발전할 수 있다고 경고했다. 다음은 강박성 성격 장애에 대한 미국정신의학회의 DSM-IV-TR 진단 기준이다.

강박성 장애 진단법

1. 사소한 세부 규칙·목록·순서·시간 계획이나 형식에 집착해 일의 큰 흐름을 잃는다. □

2. 완벽주의 때문에 일을 완수하는 데 방해를 받는다. 즉 자신의 엄격한
   기준에 맞지 않기 때문에 계획을 완수하지 못한다. ☐

3. 여가 활동과 우정을 나눌 시간을 배제하면서 일과 생산성에 몰두한다
   (일에 대한 몰두가 경제적 필요성으로만 설명되지 않는다). ☐

4. 도덕, 윤리, 또는 가치 문제에서 지나치게 양심적이고 고지식하며
   융통성이 없다(문화적, 종교적 배경만으로 설명되지 않는다). ☐

5. 낡거나 가치 없는 물건을 버리지 못한다. ☐

6. 자신의 방식을 그대로 따르지 않는 타인에게 일을 맡기거나
   같이 일하길 꺼린다. ☐

7. 자신과 타인 모두에게 돈을 쓰는 데 인색하다. 돈은 미래에 있을지도
   모르는 재난에 대비해서 축적해야 하는 것으로 생각한다. ☐

8. 사고가 경직되어 있고 완고하다. ☐

DSM-IV-TR 진단에서는 8개 문항 중 4개 이상에 해당
되면 강박성 장애라고 본다. 강박성 역시 의존성과 마찬가지로
질이 아닌 양의 차이일 뿐이다. 따라서 모든 사람은 어느 정도
강박적 특성을 지니고 있다고 볼 수 있다. 강박적인 사람은 자
신과 타인 모두를 책임지려 하며, 스스로의 힘으로 문제를 해
결하려는 양심적인 유형이다. 그러는 동시에 의무에 쫓기듯 행
동하며 자신의 서투름이나 무력함을 지나치게 걱정하기도 한
다. 이들은 아주 작은 결함이나 실수에도 큰 혼란을 느끼며, 상

황을 통제할 수 없다는 자괴감에 빠지기도 한다.

완벽주의자는 강박적 성향이 강해 무기력에 빠지기 쉽다. 이들은 결점이 없는 완벽한 결과물만 지향하기에, 완성되지 않은 일은 곧 실수이자 결점으로 간주한다. 100퍼센트를 추구하는 완벽주의자에게 95퍼센트의 성과는 하지 않은 것과 같다. 이들에게는 5퍼센트를 한 것이나 5퍼센트를 하지 못한 것이나 모두 '불완전함'이라는 점에서 차이가 없기 때문이다. 완벽주의자는 결과물을 내기 위해 부단히 노력하므로 타인보다 많은 성취를 이룬다. 이러한 점 때문에 주변 사람들은 이들의 무기력을 이해하지 못하고, 욕심이나 겸손으로 치부하기도 한다. 하지만 완벽주의자는 그 이면에서 때때로 심각한 무능력감과 무기력을 경험한다.

회복 탄력성의 놀라운 힘

강박이나 의존 성향을 가진 이는 위기와 고난에 취약할 수밖에 없을 것이다. 그런데 이와는 달리 고난을 겪은 후 무기력에 빠지는 대신 더 높은 의식 수준으로 도약하는 사람들이 있다. 심리학에서는 시련을 딛고 성장하는 이 현상을 '회복 탄력성resilience'이라고 부른다. 이는 '다시 튀어 오르다' 혹은 '원래 상태로 되돌아오다'라는 의미로, 역경에 굴하지 않는 '정신적 저항력'을 뜻한다. 탄력성을 갖추면 무기력에서 벗어날 뿐만 아니라, 이전보다 더 높은 성장을 이루고 다시 무기력에 빠지는 것을 방지할 수 있다. 회복 탄력성을 원하지 않는 이는 아무도 없을 것이다. 그럼 어떻게 하면 탄력성을 갖출 수 있을까? 그에 앞서, 어떤 이들이 회복 탄력성이 높은 사람인지 살펴보자.

『해리 포터』의 저자 조앤 K. 롤링Joanne K. Rowling은 탄력성이 무엇인지 보여주는 산증인이라고 할 수 있다. 그녀는 포르투갈에서 영어 강사로 일하며 현지인과 결혼했으나, 3년이 안 되어 이혼하고 생후 4개월 된 딸과 영국으로 돌아왔다. 일자리가 없던 그녀는 3년이 넘는 시간 동안 나라에서 주는 약간의 생활 보조금에 의지해 근근이 생계를 이어갔다. 딸에게 읽어줄 책조차 살 수 없었던 그 시절, 직접 쓴 동화가 바로『해리 포터』시리즈다. 마침내 그녀는『해리 포터』시리즈로 큰 부를 거머쥐며 2004년《포브스》지가 선정한 '세계 최고의 부자' 리스트에 올랐다. 그녀는 이혼과 무일푼, '싱글맘'이라는 삼중고를 어떻게 이겨냈을까? 어떻게 그토록 어려운 상황에서 무기력해지지 않고 글을 쓸 수 있었을까?

에든버러대학교 연설에서 그녀는 가난에 시달리던 시절, 우울증으로 자살까지 생각한 적이 있다고 고백했다. 그녀도 한때는 극심한 무기력을 경험한 듯하다. 하지만 그녀는 딸의 존재를 원동력 삼아 몇 개월 만에 우울증을 이겨냈다. 살아야 할 분명한 이유를 찾아 삼중고를 극복한 것이다. 니체의 말처럼 살아갈 이유를 아는 사람은 어떤 상황이든 견뎌낼 수 있다. 소득이 없던 집필 초기에는 냉난방이 되는 카페를 전전하며 글을 썼다고 한다. 변변한 작업실조차 없었지만 결국 위대한 작품을 탄생시킨 것이다. 롤링은 무기력과 우울증에 굴복하지 않고 역경을 발판 삼아 소설사의 지형을 바꿨다. 이러한 면모가 바로 탄력성의 정수다.

회복 탄력성의 핵심 요인

하와이제도에서 가장 오래된 카우아이섬은 2,800만 년 전 화산활동으로 태어났다. 600만 년 전 화산활동이 멈춘 후 오랜 풍화작용을 거치며 수려한 계곡과 폭포를 간직한 보석 같은 섬이 되었다. 섬 중앙의 카와이키니산[1,598m]에서 발원한 빗물이 7개의 강으로 흐르며 섬 전체에 풍부한 수목을 길러낸 덕분에, 예로부터 '정원의 섬'이라 불려왔다. 카우아이섬에서 탄력성 연구가 진행되었다는 사실은 대중에게 그다지 알려져 있지 않지만, 심리학사에서는 매우 중요한 업적으로 평가받는다. 1954년 심리학자, 의사, 사회복지사 등 전문가 그룹이 이 섬에서 대규모 종단 연구를 시작했다. 동일한 대상자를 수십 년간 추적 조사하는 종단 연구는 수행하기 매우 까다로운 연구 방식이다.

학자들이 카우아이섬을 선택한 이유는 지리적, 사회적 고립성 때문이었다. 주민 대부분이 성인이 된 후에도 섬에 머물러 인구 이동이 적었기에 추적 조사가 용이할 것으로 판단했다. 또한 당시 섬의 열악한 사회경제적 여건상 불우한 환경에서 자라는 아이들이 많아, 양육 환경과 성장의 인과관계를 연구하기에 최적의 장소였다. 연구자들은 1954년부터 이듬해 태어날 신생아 833명을 전수조사하며 연구를 시작했다. 연구진 중 에미 워너Emmy Werner는 어린 시절의 결핍이 성인기에 미치는 인과관계를 밝히는 데 집중했다. 워너는 전체 대상 중 가장 열악한 환경에서 자란 201명을 따로 추려냈다. 이들은 극빈층이면서 가정불화가 심하거나, 부모의 이혼·별거, 혹은 양친 중 한 명 이상이 알코올의존증이나 정신 질환을 앓는 불우한 환경에 처해 있었다. 워너는 이들을 '고위험군'으로 분류했다.

워너가 아이들의 성장 자료를 분석한 결과, 이들은 학교생활에 적응하는 데 큰 어려움을 겪었다. 학습 장애와 교우 관계 갈등이 빈번했으며, 청소년기에 소년원을 들락거리거나 정신 질환, 미혼모 문제 등에 노출된 사례도 많았다. 실제로 이들 201명은 다른 아이들에 비해 사회 부적응자가 되는 비율이 월등히 높았다. 그러나 워너는 문제 행동과 이들이 겪은 시련 사이에서 명확한 인과관계를 찾지 못했다. 부적응 문제를 보인 아이는 고위험군 201명 중 3분의 2에 그쳤기 때문이다. 나머지 3분의 1은 놀랍게도 문제를 거의 일으키지 않았다. 이는 셀리그만이 전기 충격 실험을 통해 밝혀낸 결과, 무기력을 학습한 개가 전체의 3분의 2였고 전혀 무기력해지지 않은 개가 3분의 1이었다는 사실과 거의 일치한다.

워너는 이 3분의 1에 해당하는 72명에게 역경을 이겨내는 특별한 속성이 있음을 발견했다. 그리고 삶의 어떤 고난에도 굴하지 않는 강인한 힘을 '회복 탄력성'이라 명명했다. 이때부터 워너의 연구는 '무엇이 역경을 이기게 하며, 혹독한 환경에서도 정상적인 삶을 유지하게 만드는가'라는 질문으로 향했다. 마침내 워너는 역경 속에서도 꿋꿋이 성장한 아이들의 결정적인 공통점을 찾아냈다. 그것은 성장 과정에서 자신의 입장을 무조건 이해하고 수용해준 어른이 적어도 한 명은 곁에 있었다는 사실이다. 누군가의 무조건적인 사랑이 한 아이의 인생을 완전히 바꾼 셈이다. 이는 무기력에 빠지지 않은 개의 특성이 양육 방식에서 비롯됐을 것이라고 분석한 셀리그만의 잠정적 결론과도 일맥상통한다.

결국 에미 워너 교수가 40여 년의 연구 끝에 도출한 회복 탄력성의 핵심 요인은 '인간관계'다. 즉 건강한 관계성을 지닌 사람이 탄력성도 높으며, 무기력에 함몰되지 않고 살아갈 수 있다. 자신을 전폭적으로 지지해주는 어른 밑에서 자란 아이는 그 존재에서 막강한 심리적 위안과 힘을 얻는다. 덕분에 자신의 삶을 온전히 지키며 긍정적인 태도로 세상을 살아갈 수 있고, 인생의 고비마다 다시 일어설 수 있는 회복 탄력성을 갖추게 된다.

다만, 워너가 강조한 '관계성'이 탄력성을 결정짓는 유일한 요소가 아닐 수도 있다. 주변의 지지 없이도 스스로 강인하게 성장하는 사례가 적지 않다는 점을 고려하면, 관계성은 탄력성을 구성하는 여러 핵심 인자 중 하나로 보는 것이 타당할 것이다. 그 외에도 성격과 습관, 의지와 삶의 목표 등 마음을 움직이는 많은 인자들이 한 인간을 탄력성 있는 사람 혹은 무기력한 사람으로 만드는 요인으로 작용할 것이다.

마음을 방치하면
무기력으로 흐른다

인간은 통제 불가능한 상황에 놓이거나 간절히 원하는 것을 얻지 못할 때, 그리고 미래에 대한 희망과 자신의 능력에 대한 신뢰를 잃을 때 무기력에 빠진다. 인간의 마음은 가만히 내버려두면 게으름과 나태, 절망 같은 부정적인 방향으로 흐르는 경향이 있다. 그러므로 우리는 자신의 마음을 지키기 위해 의식적으로 노력해야 한다.

화로 속에서 뜨겁게 달구어진 부지깽이도 밖으로 꺼내두면 식어버린다. 인간의 열정도 그냥 내버려두면 아무것도 하지 않으려는 상태인 게으름과 무기력으로 흘러갈 수 있다. 이 현상에 대한 하나의 근거를 엔트로피 법칙에서 찾아보자.

엔트로피란 시스템 내에 존재하는 유용한 일로 변환할

수 없는 에너지의 비율을 뜻하며, 열역학 제1법칙과 제2법칙에서 유래했다(참고로 독일의 루돌프 클라우지우스^{Rudolf Clausius}가 엔트로피라는 단어를 창안했으나, 관련 법칙을 처음 발견한 인물은 프랑스 장교 사디 카르노^{Sadi Carnot}다). 각 법칙의 내용은 다음과 같다.

열역학 제1법칙 우주의 에너지 총량은 일정하다.

열역학 제2법칙 엔트로피의 총량은 지속적으로 증가한다.

엔트로피 법칙 물질과 에너지는 반드시 한 방향으로만 변한다. 즉 유용한 상태에서 무용한 상태로, 획득 가능한 상태에서 불가능한 상태로, 질서 있는 상태에서 무질서한 상태로 바뀐다.

따라서 엔트로피가 증가한다는 말은 곧 사용할 수 있는 유용한 에너지가 줄어든다는 의미다.

심리학에서는 인간의 마음 또한 열역학 법칙에서 벗어날 수 없다고 판단해 이를 심리 기제에 적용했다. 인류 역사상 최초로 마음의 영역에 열역학 제1법칙을 끌어들인 인물은 지그문트 프로이트^{Sigmund Freud}다. 그는 에너지 총량이 일정하다는 원리를 바탕으로 정신 역동론^{psychodynamics}을 주창했다. 프로이트는 마음 내부의 에너지가 반드시 특정 근원에서 발생하며, 그 총량은 결코 변하지 않는다고 보았다. 즉 마음의 어느 한 부분에서 억압된 에너지는 사라지지 않고 반드시 다른 곳을 통해 발산된다는 논리다.

그렇다면 무용한 에너지가 점차 늘어난다는 열역학 제2법칙 역시 마음에 적용할 수 있지 않을까? 우리가 아무것도 하지 않을 때 마음이 점차 나태해지고 무기력해지는 현상은 이 법칙으로 설명이 가능하다. 인간의 마음이 엔트로피 법칙의 지배를 받는다면, 시간이 흐를수록 마음의 엔트로피는 상승하는 방향으로 흐를 수밖에 없다. 결국 마음은 쓸모없는 상태, 즉 무기력한 방향으로 흘러가게 된다.

한번 무용한 상태로 변한 것은 본래 모습으로 되돌리기 어렵다. 경우에 따라서는 회복이 아예 불가능하기도 하다. 휘저어버린 달걀을 원래 모양으로 되돌릴 수 없고, 베어서 쓰러뜨린 나무를 다시 온전한 상태로 살려낼 수 없듯이 말이다. 자동차 엔진에서 연소된 가솔린 역시 마찬가지다. 하지만 파도가 허물어버린 모래성은 사람이 다시 쌓아 비슷하게 만들 수 있고, 부서진 장난감은 솜씨 좋은 장인의 손길을 거쳐 복원할 수 있다. 인간의 마음도 이와 같다. 엔트로피가 높아져 무기력에 빠지더라도 교육과 훈련을 통해 마음을 본래 상태로 되돌릴 수 있으며, 나아가 이전보다 더 성장시킬 수도 있다.

물론 이러한 회복과 성장은 엔트로피 법칙에 역행하는 행위이기에 결코 쉽지 않다. 많은 이들이 그 과정에서 포기하거나, 애초에 시작할 엄두조차 내지 못하는 이유가 여기에 있다. 이 과정을 완전히 수행하려면 자신의 인지 방식을 전면적으로 부정하고 변혁해야 한다. 개인에게는 '혁명'에 가까운 수준의 노력이 요구되는 것이다. 혁명을 이끌어내기 위해서는 가장 강력한 무기인 '마음의 힘'을 이용해야 한다. 아무것도 하지 않으려는 본능적인 마음을 설득해, 스스로를 성장시키는 동력으로 전환해야 한다.

이러한 성장의 동력을 이해하는 핵심 키워드가 바로 '자유에너지'다. 자유에너지는 유기체가 보유한 에너지 중 실제로 일을 하는 데 전환할 수 있는 에너지를 뜻한다. 생리학자 헤르만 폰 헬름홀츠Hermann von Helmholtz는 자유에너지를 다음과 같은 공식으로 정의했다.

$$A = U - TS$$

(A: 자유에너지, U: 내부에너지, T: 절대온도, S: 엔트로피)

이를 쉽게 풀이하면, 자유에너지란 우리가 가진 총 에너지에서 엔트로피를 뺀 나머지 힘이다. 따라서 엔트로피가 커질수록 인간은 아무것도 할 수 없는 무력한 상태가 된다. 반대로 자유에너지가 높아지면 인간의 자발성과 의지는 고양된다. 자유에너지와 자발성의 상관관계는 나중에 상세히 다루기로 하고, 여기서는 엔트로피의 수치가 높아질수록 무기력 지수 또한 비례해서 상승한다는 사실에만 주목하자.

○

무기력의 사막에서는 가도 가도 끝이 보이지 않는다. 자연법칙을 역행해야 하기 때문이다. 그 여정에는 지독한 갈증이 필연적으로 우리를 기다리고 있다. 이때 제일 먼저 마음을 변화시키는 작업에 착수해야 한다. 가장 쉬워 보이지만 사실은 가장 어려운 이 변화에 자신을 온전히 맡길 각오가 필요하다. 그래야만 비로소 무기력의 사막에서 벗어날 수 있다.

아래 그림에서 보듯이 무기력을 유발하는 원인은 다양하다. 어린 시절의 양육 방식이나 타인에 의해 강제된 '학습된 무기력'이 원인일 수 있으며, 유전적으로 취약한 체력 혹은 의존적·강박적인 성격 탓에 남들보다 무기력을 더 심하게 겪는 것일지도 모른다. 또한 자신을 바라보고 평가하는 방식에 문제가 생겨 발생하는 인지 부조화의 결과일 수도 있다.

이 모든 원인 중 가장 치명적인 것은 학습된 무기력이다.

무기력 발생 원인과 증상

타인이나 환경에 의해 자신의 의지와 상관없이 무기력을 체득해버리는 상태를 의미한다. 이러한 무기력은 마음의 동기와 정서, 인지 영역 전반에 장애를 일으킨다. 이 세 요소가 복합적으로 작용해 행동을 제약하면, 간절한 꿈이 있음에도 노력하지 못하는 상태에 이른다. 그러므로 꿈으로 나아가는 길을 가로막는 무기력을 반드시 끊어내야 한다.

PART 3

Overcoming

Learned

Helplessness

어떻게 회복할 것인가

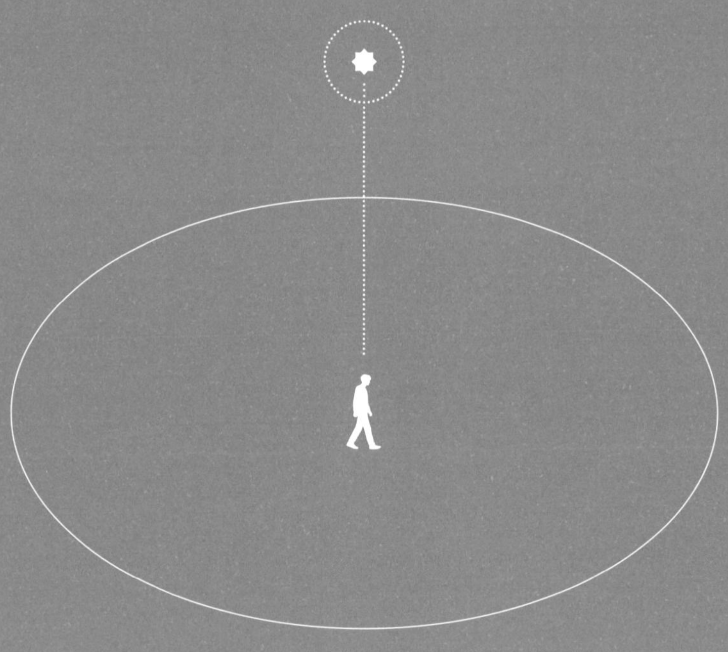

무기력이라는 감옥을
인정하라

지금 무기력하다고 느끼는가? 그렇다면 우선 두 가지 사실을 인정해야 한다. 하나는 당신이 현재 '무기력이라는 포로수용소에 갇힌 포로'라는 사실이며, 다른 하나는 그곳을 탈출하기 위해 '사막을 횡단하는 것과 같은 지루하고 고단한 여정'을 견뎌야 한다는 점이다. 사막과 수용소는 뜨거움과 차가움이 공존하는 곳이다. 무기력에서 살아남기 위해서는 사막의 열기보다 뜨거운 삶의 의미를 발견해야 하며, 수용소의 교활한 간수를 압도할 만큼 냉철한 자기 극복을 이루어내야 한다. 이 두 가지 메시지는 우리를 무기력의 늪에서 건져 올리고 한 단계 더 진화시킬 것이다. 변화는 결코 쉽지 않다. 하지만 다행스러운 점은 무기력에서 빠져나오는 길이 우리를 헤매게 만드는 '미로'가 아니라, 중심을 향해 걷다 보면 결국 길을 찾게 되는 '미궁'이라는 사실이다. 포기하지 않는다면 반드시 그곳을 벗어날 수 있다.

스스로의 힘으로 빠져나갈 수 없는 수용소에 감금되어 있다고 가정해보자. 이전에 내가 어떤 사람이었는지, 얼마나 많은 재산을 가졌는지, 얼마나 유능했는지, 얼마나 공부를 많이 했는지는 아무 소용도 없다. 단지 죄수 번호와 함께 목숨을 연명하기 위해선 시키는 대로 해야 살아남을 수 있는 신세라는 점만 기억하자. 왜 이런 얘기를 하느냐 하면, 무기력한 사람은 수용소에 갇힌 포로와 같은 처지이기 때문이다.

예를 들어 살펴보자. 1942년 초겨울, 오스트리아 당국은 수백 명의 유대인을 체포했다. 당시 웰빙 이론Well Being Theory을 발표하며 심리학계의 주목을 받던 빅터 프랭클Viktor Frankl 역시 나치의 마수에서 벗어날 수 없었다. 그는 1942년부터 1945년까지 아우슈비츠와 다하우 강제수용소에서 이름 대신 '119번'과 '104번'으로 불리며 극한의 삶을 견뎌냈다. 그는 수용소에서 살아남은 극소수의 생존자 중 한 명이었다. 석방된 이후 빅터 프랭클은 수용소에서 겪은 경험을 바탕으로 『죽음의 수용소에서』를 발표했다. 그는 이 책에서 수감자의 심리적 반응을 크게 세 단계로 구분했는데, 그가 묘사한 수감자들의 심리 상태는 무기력에 빠진 현대인의 심리와 매우 유사하다.

첫 번째 심리 반응은 수용소에 발을 들인 직후에 나타난다. 수감자들은 자신의 모든 것을 한순간에 박탈당했다는 사실에 압도되어 극심한 충격에 휩싸인다. 생과 사가 교차하는 최악의 상황에 내몰린 이들에게 충격은 피할 수 없는 첫 번째 감정이다. 이는 전기 충격을 받은 개나 커다란 위기에 직면한 인간이 느끼는 초기 반응과 흡사하다.

이후 수감자들에게는 소위 '집행유예 망상'이라는 현상이 일어난다. 비록 포로 신세지만 자신만큼은 죽지 않을 것이며, 모든 일이 잘 풀릴 것이라는 막연한 환상을 갖는 것이다. 그러나 머지않아 동료들이 가스실에서 죽어 나가는 참혹한 현실을 목격하며 그 믿음이 헛된 망상이었음을 깨닫는다. 환상이 처참히 무너지면서 이들은 이전보다 더 깊은 충격과 절망에 빠진다. 이러한 현상은 우리 주변에서도 쉽게 찾아볼 수 있다. 말기 암 진단을 받은 환자들은 대개 처음에는 자신의 병을 강하게 부정한다. 검사 결과가 오진일 것이라 믿으며 다른 병원을 찾아 재검사를 반복한다. 설령 다른 병원에서 똑같은 진단이 나오더라도, 이를 받아들이지 못한 채 의사의 말을 불신하며 현실을 거부하곤 한다.

"나는 죽지 않을 거야. 설사 암이라도 나을 수 있어!"

그러다 검사 결과가 오진이 아니며 자신이 정말 위중한 상태라는 사실을 자각하는 순간이 온다. 회복이 불투명할 뿐만 아니라 치료 과정 또한 고통스러울 것이라는 냉혹한 현실을 마주하며, 환자는 다시 한번 큰 충격에 휩싸인다.

두 번째 심리 단계에 이르면 수감자들은 틀에 박힌 수용소의 일과에 서서히 적응한다. 이들은 하루하루를 견뎌내면서 점차 냉담해지고, 삶과 죽음의 경계마저 무감각하게 받아들인다. 이때 사람들은 혐오와 무감각, 무의미와 무기력, 그리고 모멸감과 분노 같은 메마른 정서에 지배당한다. 빅터 프랭클은 바로 이 무렵부터 스스로 생을 마감하는 사람들이 나타나기 시작한다고 분석했다.

실제로 수용소에서 수감자가 자살하는 경우는 드물다. 동료들이 가스실로 끌려가는 참혹한 광경을 매일 목격하다 보면, 자신 또한 조만간 같은 운명을 맞이할 것이라는 절망이 너무나 커져 반대로 스스로 목숨을 끊을 필요성조차 느끼지 못하기 때문이다. 그러나 무감각 단계에 이르면 상황이 달라진다. 극도의 허무 속에서 병사하거나 자연사하는 이들이 급증하며, 고통을 끝내기 위해 전기가 흐르는 철조망에 몸을 던지는 자살자가 나타난다. 포로들은 스스로 수용소를 탈출할 수 없다. 죽음을 받아들여야 하는 처지에 놓인 그들이 억울함과 분노, 자기혐오 같은 격렬한 감정을 제어하기란 불가능에 가깝다. 그 결과 이들은 점점 더 깊은 무기력과 절망, 우울의 늪으로 침잠하다가 생명의 불꽃을 잃어간다.

세 번째 단계는 석방되어 자유를 찾은 직후부터 시작된다. 수용소에 갇혀 있던 포로 중에는 석방된 이후에도 사회에 온전히 복귀하지 못한 채, 사회보장제도에 의지해 겨우 연명하는 이들이 많다. 과거에 지속적으로 무기력에 지배당한 사람들처럼, 무기력할 수밖에 없던 상황에서 벗어난 뒤에도 여전히 학습된 무기력의 기억에 머물러 있는 것이다. 이 세 가지 단계가 수용소의 포로와 무기력에 지배당한 사람에게서 엿볼 수 있는 특징이다. 양쪽 모두 자신의 힘으로 상황을 바꿀 수 없다는 통제 불가능성과 한 치 앞도 내다볼 수 없는 예측 불가능성에 압도되기 때문이다.

그런데 포로들 중에는 절망의 무게를 이기지 못해 스러진 이도 많았지만, 끝까지 살아남은 강인한 이도 존재했다. 또한 석방 후 사회로 돌아가 성공적으로 재기한 사례도 있다. 수용소의 극한 상황이 무기력의 상태와 닮았다면, 우리는 생존한 포로들의 전략에서 무기력을 극복할 결정적인 실마리를 찾을 수 있을 것이다. 과연 살아남은 이들에게는 어떤 특별한 공통점이 있었을까?

삶의 의미가 주는 힘

빅터 프랭클은 지옥 같은 가혹한 환경에서 3년이라는 긴 시간을 버텨냈다. 과연 그를 지탱한 힘의 원천은 무엇이었을까? 그가 남긴 생생한 증언을 통해 비결을 확인해보자.

○

기차 문이 열리자 승객들에게 플랫폼으로 나오라는 명령이 떨어졌다. 감시병들은 거칠고 상스러운 고함을 지르며 남녀를 분리해 두 줄로 세웠다. 포로들은 훌륭한 제복을 갖춰 입은 비밀 친위대원 앞을 천천히 지나갔다. 대원들은 포로들을 힐끗 쳐다보더니, 아무런 감흥도 없이 손가락으로 왼쪽과 오른쪽을 가리키며 그들의 운명을 결정지었다.

처음엔 아무도 그 손짓의 의미를 알지 못했다. 다만 줄이 점점 짧아지면서 대다수의 포로가 왼쪽으로 향하고 있다는 사실만 어렴풋이 느낄 뿐이었다. 마침내 빅터 프랭클의 차례가 되자 친위대원은 그를 유심히 관찰했다. 그러더니 프랭클의 어깨에 손을 얹고 아주 천천히 그를 오른쪽으로 돌려세웠다. 그날 저녁, 프랭클은 선배 포로에게 낮에 왼쪽 줄로 간 친구들이 어디로 갔는지 물었다.

"저쪽에 가면 그를 볼 수 있을 거요."

선배 포로는 불꽃이 튀어 오르고 시커먼 연기를 내뿜는 높다란 굴뚝을 가리켰다. 그렇게 프랭클의 동료 중 90퍼센트에 이르는 1,300여 명이 정오 전에 처형됐다. 나머지 포로들은 옷, 보석, 공책 등을 비롯한 모든 소지품을 압수당했다. 프랭클에게는 첫 저서로 출간할 소중한 초고가 있었다. 모든 것을 박탈당하는 순간에도 그는 원고만은 지키고 싶었다. 평생에 걸친 그의 연구 결과가 원고 뭉치에 고스란히 담겨 있었기 때문이다. 나치 경찰들이 집으로 들이닥치기 직전, 그의 아내 틸리는 프랭클의 코트 안감에 원고를 숨기고 정성껏 실로 꿰맸다. 아우슈비츠로 끌려가던 날, 프랭클은 그 코트를 입고 있었다. 그러나 수용소에 도착하자마자 코트를 압수당하고 만 것이다. 당황한 프랭클이 작은 소리로 한 늙은 동료 수감자에게 자신이 쓴 원고와 지금까지 해온 연구의 중요성에 대해 설명했다. 그 사람은 조롱 섞인 모욕적인 웃음을 지으며 "제기랄" 하고 욕을 했다. 빅터 프랭클은 그 순간을 이렇게 회상한다.

"바로 그 순간, 나는 지금까지의 삶 전체가 무너져 내리는 것을 느꼈습니다. 그와 동시에 평범한 진리를 목격했고, 내 인생의 중요한 심리적 전환점이 찾아왔음을 깨달았습니다."

그 원고는 프랭클에게 영혼과도 같았다. 그것을 잃어버리는 비극 앞에서 그는 '삶이 의미가 있는가?'에 대한 답을 찾아야 했다. 프랭클은 한 시간 내에 답을 얻었다. 간수가 자신에게 입으라고 준 죽은 수감자의 옷 주머니 속에서 찢어진 히브리어 조각을 발견한 것이다. 거기에는 셰마 이스라엘^{Shema Yisrael}, 즉 '이스라엘아 들으라'라는 신명기 6장 5절의 다음과 같은 기도문이 적혀 있었다.

'진심으로 네 영혼과 힘을 다해 너의 주를 사랑하라.'

프랭클은 이 말을 종교적 의미와 다르게 해석했다. 그는 이를 고통, 심지어 죽음이 닥치더라도 삶을 긍정하라는 명령으로 받아들였다. '셰마 이스라엘'이라 적힌 종이가 잃어버린 원고 전체와 맞바꿀 만한 생의 의미를 찾아준 셈이다. 그 후 프랭클은 자신의 원고를 두 번 다시 보지 못했다. 하지만 삶의 의미를 이해하게 된 그는 몰래 구한 종잇조각에 속기로 원고를 다시 썼다. 이윽고 연합군이 포로들을 해방시킨 이듬해인 1946년, 이 기록은 20세기에 가장 큰 반향을 일으킨 책 중 하나인 『죽음의 수용소에서』로 탄생했다.

　　여기서 프랭클의 이야기를 더 들어보자. 그는 우연히 발견한 종잇조각이 잃어버린 원고보다 더 귀중하다고 말했다. 그에게 기도문은 단순한 글자 이상이었으며, 삶의 의미 자체였다. 종잇조각에 적힌 문장은 죽음에 직면한 그에게 인생에서 가장 중요한 것이 무엇인지 알려주었다. 자신의 의지와 무관하게 끌려와 죽어가는 동료들을 지켜보고, 평생에 걸쳐 몰두한 연구가 담긴 원고까지 압수당한 상황에서 얻은 문장은 프랭클에게 새로운 화두가 되었다. 그는 그 문장에서 새 힘을 얻었고, 삶과 죽음이 공존하는 수용소의 하루하루를 자신이 가장 잘할 수 있는 심리학 연구에 매진하면서 보내기로 결심했다. 삶을 긍정하는 태도가 바로 그런 힘을 만들어낸 것이다. 이런 마음가짐으로 그는 수용소에서 연구를 지속할 수 있었다. 죽음에 직면했음에도 심리학자로서 연구를 포기하지 않고, 자신의 이론을 수용소라는 혹독한 실험실에서 검증해냈다. 우연히 다가온 글귀가 그에게는 두 번째 인생을 살게 한 '상징적 소명'이 된 것이다.

　　사실 프랭클 이론의 주요 개념은 아우슈비츠에 가기 전에 정립되어 있었다. 그러나 수용소에서의 생생한 경험을 통해 그 이론들이 현실에서 증명되며 강한 생명력을 얻었다는 평가를 받는다. 만약 그에게 아우슈비츠라는 시련이 없었다면, 지금보다 편협한 학문적 성과를 남겼을지도 모른다. 죽음과도 같은 고통의 순간이 오히려 그를 성장시킨 셈이다. 프랭클은 자신이 죽음 앞에서 건져 올린 것은 바로 '삶의 의미'였다고 말한다. 그는 아우슈비츠에서 형언할 수 없는 고통과 가혹한 시련을 겪었다. 누이를 제외한 부모와 형제, 아내까지 온 가족이 학살당했고, 미래를 포기하고 목표를 상실한 동료들이 단 며칠 만에 스러지는 것을 수없이 목격했다. 하지만 그는 살아남았다. 저항할 수 없는 고통과 죽음의 문턱에서도 삶의 의미와 목적을 찾을 수 있다는 신념 덕분에 시련을 견뎌낸 것이다. 미래에 대한 신념이 없다면 영혼은 삶을 붙잡지 못하며, 몸과 마음은 급속히 부식되고 만다.

물론 삶의 의미를 찾은 이들 중에도 죽음을 피하지 못한 사람은 많았다. 하지만 그들의 죽음은 절망과 포기가 부른 결과가 아니었다. 프랭클은 삶의 의미를 굳건히 지킨 사람들이 다른 이를 대신해 가스실로 향하거나, 굶주린 동료에게 자신의 수프를 건네고 굶어 죽는 성자 같은 행동을 했다고 증언했다. 그 어떤 곳에서든 의미를 찾을 수 있다. 인간은 혹독하고 절망적인 상황에서도 영적 자유와 마음의 독립성을 보존할 수 있다. 진정한 자유란 가혹한 운명에 대처하는 방식을 결정하고, 자신만의 길을 선택하는 자유를 뜻한다. 프랭클에게는 바로 그런 심적 자유가 있었던 것이다.

"그때 대부분의 포로는 도랑과 굴을 파고 철로 놓는 일을 했다. 얇은 옷 한 벌을 입고 땅속까지 얼게 하는 추위를 견뎠다. 그때는 정말 목숨 외에는 잃을 것이 없었다."

프랭클은 혹독한 경험을 토대로 '로고테라피logotherapy, 의미치료'라는 유산을 남겼다. 그리고 그가 남긴 삶의 의미는 많은 사람을 구원했다.

우리는 프랭클의 이야기에서 중요한 메시지를 얻을 수 있다. 당신이 있는 곳이 기름이 둥둥 떠다니는 오염된 바다 한가운데일지라도 그곳에서 나름대로 새로운 의미를 찾고 지난 일은 잊어야 한다는 것. 그래야 비로소 새 삶이 열리고, 그 새로운 인생은 무기력의 늪에서 당신을 건져낼 것이다.

낙관이라는 독

여기 수용소에서 살아남은 또 한 명의 영웅이 있다. 그는 제임스 스톡데일James Stockdale 장군이다. 베트남전쟁 당시 미군 최고위 장교였던 제임스 스톡데일은 '하노이 힐턴'이라 불리는 포로수용소에 8년간 갇혀 있었다. 종전 후 석방된 그는 조종사 기장과 의회 명예 훈장을 받았으며, 미군 최초의 3성 장군이 되었다. 스톡데일 장군은 포로수용소에서의 경험을 바탕으로 정립한 이론을 주창했는데, 이는 훗날 '스톡데일 패러독스Stockdale paradox'라고 명명되었다. 그렇다면 왜 '역설'이라는 이름이 붙었을까? 전쟁 후 제임스 스톡데일을 인터뷰하던 기자가 그에게 의미심장한 질문을 던졌다.

"수용소 생활을 견뎌내지 못한 이들은 어떤 사람들이었습니까?"

스톡데일은 망설이지 않고 대답했다.

"그들은 모두 대책 없는 낙관주의자였습니다."

대책 없는 낙관주의자들은 크리스마스 특사로 수용소를 나갈 수 있을 것이라 믿었다. 하지만 크리스마스에 나가지 못하면, 다음번에는 반드시 나갈 수 있을 거라며 부활절을 기다렸다. 부활절이 와도 나가지 못하면 다시 추수감사절을, 다시 그다음 크리스마스를 기다렸다. 그렇게 석방될 날만을 막연히 기다리던 낙관적인 병사들은 현실이 바뀌지 않는다는 사실에 크게 상심하며 죽어갔다.

우리는 인생에 대해 희망을 가져야 하지만, 현실을 냉정하게 바라보는 시선 또한 결코 거두어서는 안 된다. 석방되지 못할 수도 있다는 냉혹한 가능성까지 염두에 두어야 하는 것이다. 하지만 대책 없는 낙관주의자들은 결국 성공할 것이라는 믿음, 결코 실패할 리 없다는 자기 확신에만 매몰되어 눈앞에 닥친 잔인한 현실을 제대로 직시하지 못한다.

무기력 연구의 대가 마틴 셀리그만은 한 병사의 비극적인 최후를 자신의 저서에 인용했다. 셀리그만의 저서가 출간된 시점과 스톡데일이 인터뷰를 한 시기는 서로 다르지만, 여기에도 전쟁 포로들이 보이는 공통된 심리 반응이 고스란히 담겨 있다. 셀리그만은 자신의 저서에 1973년 베트남전쟁 포로로 5년 반이나 억류되었다가 석방된 미 육군 군의관 F. 해럴드 쿠슈너F. Harold Kushner 소령이 들려준 이야기를 인용했다.

1967년 11월, 쿠슈너 소령이 탄 헬리콥터가 북베트남 상공에서 추락했다. 중상을 입은 그는 베트콩에게 생포되어 '제1 포로수용소'라 불리는 지옥 같은 곳에서 3년을 보냈다. 그

수용소에는 미군 27명이 거쳐갔는데, 형용할 수 없을 만큼 열악한 환경이었다. 좁은 대나무 막사 하나에 11명이 지내야 했고, 대나무 침대 위에서 8명이 뒤엉킨 채 잠을 잤다. 하루치 식량은 붉게 부패해 해충이 우글거리는 쌀 세 컵이 전부였다. 대다수의 포로가 입소한 지 1년도 되지 않아 체중이 절반으로 줄어들 정도로 쇠약해졌다. 쿠슈너 소령이 처음 생포되었을 때, 그는 베트남전쟁에 반대하는 성명을 발표하라는 강요를 받았다. 당시 그는 차라리 죽겠다며 강하게 저항했다. 그러자 그를 생포한 베트콩이 이렇게 말했다.

"죽기는 쉽다. 오히려 어려운 것은 사는 것이다."

쿠슈너 소령은 억류되어 있는 동안 매일 이 말을 들었다.

그가 제1 포로수용소에 도착했을 때, 그곳에는 로버트라는 미군 병사가 있었다. 그는 2년째 억류 중이었다. 해병 특공대 출신인 로버트는 강인하고 이지적이며, 금욕적일 만큼 고통에 초연한 하사관이었다. 24세의 젊은 나이에 낙하산과 잠수 훈련까지 마친 그는 체력과 정신력 모두 남들보다 월등했다. 비록 다른 포로들처럼 체중이 40킬로그램에 이를 정도로 줄어들었으나, 매일 자기 몸무게와 비슷한 나무뿌리를 등에 지고 맨발로 먼 길을 행군하며 버텨내고 있었다. 그는 결코 마음을 흐트러뜨리지 않고 스스로를 다잡았다. 덕분에 심각한 영양실조와 피부병을 앓으면서도 심신만큼은 건강한 상태를 유지했다. 쿠슈너 소령은 로버트에게 어떻게 이런 상태를 유지할 수 있는지 물었다.

"소령님, 저는 곧 석방될 겁니다."

베트콩은 자신들에게 협조적이고 품행이 바른 병사를 모범 사례로 석방하곤 했기에, 로버트 역시 자신에게 희망이 있다고 믿었다. 수용소 소장 또한 다음 석방 대상자는 로버트가 될 것이며 6개월 안에 발표하겠다고 약속했다. 그로부터 6개월이 지나 약속한 날이 다가왔다. 수용소에 나타난 베트콩 고위 간부는 정치 학습 성적이 가장 우수한 포로를 석방하겠다고 선언했다. 로버트는 사상 재교육 반장으로 뽑혀서 어떤 명령이든 성실히 수행했고, 그 결과 한 달 안에 석방해주겠다는 확답을 받아냈다.

하지만 약속한 한 달이 지나자, 로버트는 자신을 대하는 감시병들의 태도가 달라졌음을 직감했다. 마침내 그는 자신이 속았다는 사실을 깨달았다. 시키는 대로 충실히 따랐으나 베트콩은 그를 석방하지 않았다. 그 순간부터 로버트는 모든 의욕을 잃고 심각한 우울증에 빠졌다. 그는 음식을 거부한 채 침대에 웅크리고 누워 손가락만 빨 뿐이었다. 동료들이 그를 살려내기 위해 껴안고 달래며 경직된 몸을 풀어주려고 노력했다. 그러나 그는 꿈쩍도 하지 않았고, 대소변을 침상에서 보기까지 했다. 몇 주일이 지난 뒤에야 쿠슈너 소령은 로버트가 죽어가는 중이라는 사실을 알게 됐다. 비록 신체 상태는 다른 포로들보다 양호했지만, 정신이 희미해지는 청색증cyanosis, 혈액 중 산소량이 줄고 이산화탄소가 증가해 피부나 점막이 파랗게 보이는 현상가 나타났던 것이다.

11월의 어느 날 이른 아침, 로버트는 쿠슈너 소령의 품에 안거 죽어갔다. 로버트는 갑자기 두 눈에 초점을 되찾더니 입을 열었다.

"군의관님, 텍사스주 텍사캐나시 우체국 사서함 161호…. 어머니, 아버지, 정말로 사랑합니다. 그리고 바버라, 당신을 용서하오."

말을 끝낸 지 불과 몇 초 뒤, 그는 숨을 거두고 말았다.

로버트의 죽음은 쿠슈너 소령이 수용소에서 목격한 전형적인 사례 중 하나였다. 셀리그만은 로버트를 죽음으로 몰아넣은 결정적 원인이 '의욕 상실'이라고 주장한다. 살고자 하는 의지와 희망을 잃었을 때 찾아오는 절망이 그를 파멸시킨 것이다. 석방되리라는 희망이 로버트의 생명을 지탱해주었으나, 어느 순간 그는 그 희망을 놓아버렸다. 아무리 노력해도 석방되지 않았으며, 앞으로도 소용없을 것이라는 무력감이 그를 죽게 했다. 로버트는 냉혹한 현실을 직시하지 못한 채, 석방될 것이라는 막연한 믿음에만 매달렸던 것이다.

석방을 기다리다 죽어간 로버트의 죽음과 스톡데일 장군의 설명이 완전히 일치한다는 사실이 놀랍지 않은가? 석방을 굳게 믿은 사람이 오히려 쉽게 죽었다는 스톡데일의 말은 극한 상황에서 낙관주의가 오히려 독이 될 수 있음을 다시 한번 확인시켜준다. 그동안 우리는 '하면 된다'라는 낙관주의가 모든 것의 해답이라고 믿는 문화에 젖어 있었다. 하지만 스톡데일은 그와 전혀 반대되는 이야기를 하고 있다.

포로수용소든 무기력의 감옥이든 쉽게 벗어날 수 있다고

낙관했다간 파멸에 이를 수 있음을 명심해야 한다. 냉혹한 현실 직시는 생존을 위한 최후의 안전장치다. 무기력한 상태가 수십 년간 이어질 수 있다는 사실 또한 간과해서는 안 된다. 우리가 무기력의 사막에서 빠져나오지 못하고 매번 좌절하는 이유는 역설적으로 그곳을 쉽게 탈출할 수 있다고 믿기 때문일지 모른다. 그래서 과거의 영광에만 매달리는 것이다. 달리지 못하게 된 육상 선수가 매번 경기에 나서는 것은 경기를 너무 쉽게 생각하기 때문이다. 실패가 반복된다면 그는 자신이 뛸 수 없는 원인을 냉정히 분석하고 초보자의 자세로 돌아가 다시 훈련을 시작해야 한다. 하지만 그는 매일 경기에만 참가했다. 훈련에 시간을 할애하지 않은 채 우승했던 과거의 기억에만 의존해 현재의 체력을 점검하지 않은 것이다. 이런 대책 없는 낙관주의야말로 그를 매번 좌절하게 만든 원인이었다. 그리고 이런 낙관주의자들은 결코 포로수용소에서 살아남을 수 없다.

미국의 경영 컨설턴트 짐 콜린스Jim Collins가 가슴에 품고 다녔다는 "우린 크리스마스에도 나가지 못할 겁니다. 그에 대비하세요"라는 말을 우리도 늘 새겨두어야 한다. 짐 콜린스는 저서 『좋은 기업을 넘어 위대한 기업으로』에서 좋은 기업이 위대한 기업으로 진화하는 데 필요한 법칙 중 하나로 '스톡데일 패러독스'를 꼽았다. 짐 콜린스는 위대한 회사로 진화한 기업에 대해 다음과 같이 정의한다.

"한편으로는 냉혹한 현실을 냉정하게 받아들이면서 다른 한편으로는 승리에 대한 흔들림 없는 믿음, 냉혹한 현실을 이겨내고 위대한 회사로 우뚝 서고야 말리라는 맹세를 그들은 지켰다. 우리는 이 이중성을 스톡데일 패러독스라고 부르기로 했다."

냉혹한 현실 직시와 굳은 믿음, 이 이중적 개념을 동시에 지니고 있는 기업만이 좋은 기업good에서 위대한 기업great으로 진화했다는 것이 짐 콜린스가 말하는 스톡데일 패러독스다. 순진한 낙관주의자도, 매사를 비관하는 자도 위대해질 수 없다. 앞서 빅터 프랭클은 수용소 생활을 견뎌내고 살아남을 수 있었던 것은 삶의 의미 덕분이었다고 말하지만, 스톡데일은 그 의미가 결코 근거 없는 낙관주의에 기초해서는 안 된다는 사실을 알려준다. 석방될 것이라고 쉽게 믿어서도 안 되고, 그 어떤 상황에서도 의욕과 동기를 상실하고 비관해서도 안 된다. 희망을 가지되 현실을 계속 직시하며 매 순간 온 힘을 다해야 한다.

무기력에서 벗어나는 길도 이와 같다. 그 과정은 아주 길고 고될 수 있지만 끝내 살아남을 것이며, 무기력을 극복한 뒤의 삶은 이전과는 결코 같지 않을 것이라는 사실을 믿어야 한다. 다만 그 길이 결코 만만치 않다는 현실을 가슴에 새겨야 탈출의 실마리를 찾고 변화할 수 있다. 그러한 변화는 우리를 좋은 상태good를 넘어 위대한 존재great로 진화하게 만들어줄 것이다.

끝없는 사막을 건너갈
용기가 있는가

산행에는 분명한 목표가 있다. 어느 위치에서든 정상이 보이기에 '정상 정복'이라는 목표가 산악인을 인도한다. 우리 삶의 많은 순간도 이처럼 산을 오르는 것과 같다고 할 수 있다. 입학과 졸업, 취업과 결혼 같은 특정 과제를 완수해야 한다고 믿는 성장 지향적 삶은 산행과 흡사하기 때문이다. 하지만 그 방법으로는 무기력에서 벗어날 수 없다.

무기력이 우리를 가두는 수용소라면, 그곳을 벗어나는 과정은 마치 사막을 횡단하는 것과 같다. 그 길은 아스팔트처럼 매끄러운 대로도, 아름다운 꽃길도 아니다. 차를 타고 속도를 낼 수도 없고, 소풍 떠나듯 가벼운 마음으로 여행할 수도 없다. 오직 홀로 갈증과 더위를 견디며 묵묵히 걸어가야 하는 아득한 길이며, 결코 쉽게 벗어날 수 없는 험난한 여정이다. 이 사막에서는 '여기까지 반나절 만에 가겠다'는 식의 성급한 목표는 무너질 가능성이 매우 크다. 산을 오르는 법만 배운 우리는 당황할 수밖에 없다. 예전처럼 다시 노력하겠다고 굳게 마음먹어도 왜 자신이 변하지 않는지, 왜 아무리 애써도 제자리인지 혼란에 빠진다. 걷다 보면 정상이 가까워지는 것을 눈으로 확인하곤 했던 산악인에게 끝없는 사막은 절망의 공간이다. 그곳은 끝이 보이지 않고 길을 찾기도 어려우며, 방향을 잃기 쉽고 때로는 달콤한 신기루가 우리를 현혹하기 때문이다.

무기력에 빠진 사람은 자신이 본래 무능한 사람이 아니기에, 마음만 먹으면 목표를 달성할 수 있다는 오류에 빠지기 쉽다. 그래서 그간의 부진을 단번에 만회하고자 거창한 목표를 세우곤 한다. 물론 그에게 능력이 없는 것은 아니나, 설정한 목표가 지나치게 높다 보니 실력을 발휘할 기회조차 얻지 못한 채 실패를 반복하게 된다. 이런 상황에서 반복되는 실패는 치명적이다. 결국 무기력의 늪에 한층 더 깊이 빠져드는 형국이 되고 만다. 따라서 무기력할 때는 가시적인 '목표 달성'에 초점을 맞추기보다 본질적인 '목적'을 가슴에 품어야 한다. 그 목적이 바로 '무기력 탈출'이다. 우선 무기력에서 빠져나오는 것을 목표로 삼아야 한다. 성취보다 무기력에서 벗어나는 일이 더 시급한 과제다. 무기력한 상태에서는 그 어떤 일도, 목표도 이룰 수 없기 때문이다. 자신이 있는 곳이 산악 지대가 아니라 무기력의 사막이라는 사실을 기억하자. 오직 사막을 건너는 자의 방식으로 그곳을 걸어 나와야 한다.

무기력에 빠진 사람이 주의해야 할 태도에는 이 외에도 여러 가지가 있다. 먼저 '이 일만 완성하면 무기력에서 해방될 것'이라고 생각해서는 안 된다. 오늘 무언가를 성공했다고 해서 내일 다시 추락하지 않으리라는 보장이 없기 때문이다. 무기력의 고통은 끝을 짐작할 수 없다는 불확실성에서 기인한다. 따라서 끝이 보이지 않는 여정을 견뎌낼 인내가 가장 먼저 요구된다. 또한 이것저것 손을 대는 산만한 태도도 경계해야 한다. 무기력한 사람은 해야 할 중요한 일을 해내지 못한다는 불안감 때문에 보상 심리로 엉뚱한 일에 매달리곤 한다. 이는 사막을 여행하다 방향감각을 잃고 엉뚱한 곳을 헤매는 것과 같다. 자신이 가야 할 길을 망각한 채 방황하는 것이다.

한편 무기력이 1년 내내 지속되기만 하는 것이 아니라 때로는 조울증처럼 순간적인 의욕이 치솟기도 한다. 무언가에 집착하며 남은 생을 다 바쳐도 될 것 같은 고양감을 느끼는 것인데, 이는 할 일을 하지 못하는 자신을 향한 헛된 구원 찾기에 불과하다. 사막에서 신기루를 보고 달려가는 것과 다를 바 없다. 그러나 그것이 신기루임이 밝혀지는 순간, 또다시 차갑고 우울한 사막의 밤을 맞이할 것이다.

○

사막을 현명하게 건널 방법이 있는가? 지금부터 사막 여행자의 가르침에 귀를 기울여보자. 사막을 여행해본 이들의 경험과 충고가 도움이 될 것이다. 세계 최대 사막인 사하라를 종단한 스티브 도나휴Steve Donahue는 사막 종단에서 죽음의 고비를 넘겼다. 그는 사막 여행에서 체득한 생존 기술을 바탕으로 『사막을 건너는 여섯 가지 방법』이라는 책을 펴냈다. 그가 제시한 여러 기술 중, 우리가 무기력의 늪에서 벗어나기 위해 반드시 적용해야 할 핵심 원칙이 있다.

지도가 아닌 나침반을 따라가라.
오아시스를 만날 때마다 쉬어 가라.
모래에 갇히면 타이어에 바람을 빼라.
혼자 혹은 함께 여행하는 법을 익혀라.
캠프파이어에서 한 걸음 떨어져라.
허상의 국경에서 멈추지 마라.

이것이 스티브 도나휴가 말한 여섯 가지 원칙이다. 끊임없이 지형이 변하는 모래사막에서는 지도가 아니라 나침반을 따라가야 하며, 무리하게 속도를 내다가는 금세 지칠 수 있으므로 오아시스를 발견하면 반드시 쉬어 가야 한다. '더 많이 쉴수록 더 멀리 갈 수 있다'는 역설적 진리는 무기력에 빠진 사람에게 가장 절실한 조언이다.

만약 지금 모래에 갇혀 꼼짝달싹 못하게 되었다면, 자신만만했던 자아에서 공기를 빼내야 다시 움직일 수 있다. 무기력에 빠진 사람은 대개 자신이 과거에 성공했던 방식만 고집하며 무리하게 일을 추진하려 든다. 이는 진흙탕에 빠진 자동차가 탈출하겠다고 RPM^{엔진 회전수}만 높이며 헛바퀴를 돌리는 것과 같다. 그런 식으로는 구덩이에서 빠져나올 수 없을뿐더러, 오히려 바퀴만 더 깊이 파묻히게 할 뿐이다. 이럴 때는 타이어의 바람을 빼고 접지력을 높여 서서히 빠져나와야 한다. 즉 기존의 고집스러운 방식을 과감히 내려놓고 완전히 새로운 관점과 방식을 시도해야 무기력이라는 구덩이에서 벗어날 수 있다.

한편 사막을 건널 때는 고독과 외로움을 품으면서도, 다른 이들과 어울리는 것을 피해서는 안 된다. 무기력에 빠진 이들 역시 건강한 대인 관계를 통해 정서적 상처를 치유할 수 있기 때문이다. 이때 어떤 상황에서든 스스로를 소중히 여기는 마음이 무기력에서 비롯된 인지 장애를 극복하는 힘이 될 것이다. 단단한 마음을 바탕으로 혼자 외로움을 견뎌내고, 때로는 타인과 손을 맞잡으며 나란히 건널 때 비로소 무기력에서 벗어날 수 있다. 다시 말해 외로움과 친밀함 사이에서 유연하게 춤추며 나아가야 한다.

마지막으로 스티브 도나휴는 안전하고 따뜻한 캠프파이어의 온기를 뒤로한 채, 칠흑 같은 사막의 어둠 속으로 나아가라고 조언했다. 그리고 우리를 가로막는, 실재하지 않는 마음의 국경선 앞에서 멈춰 서지 말라고 당부했다. 무기력의 늪에 빠진 이들에게는 익숙한 안주를 버리고 낯선 곳을 향하는 용기가 필요하다. 매 순간 안전지대를 벗어날 때 엄습하는 불안과 두려움을 직면해야 하며, 스스로 설정한 '존재하지 않는 한계'를 뛰어넘어야 한다. 그 단단한 용기만이 무기력의 사막에서 진정한 자유로 이끌어줄 것이다.

우리가 서 있는 무기력의 사막은 결코 쉽게 벗어날 수 있는 곳이 아니다. 사막은 끊임없이 변화한다. 오늘 내가 발을 딛고 서 있던 자리조차 모래바람 한 번에 전혀 다른 모습으로 바뀌어버린다. 그러나 우리는 이 거친 사막에서 반드시 살아남아야 한다. 무엇보다 살아남을 수 있다는 믿음만큼은 절대로 잃지 말길 바란다. 지금 당장은 끝이 보이지 않을지라도, 한 발 한 발 묵묵히 걸어나간다면 그 끝에서 마주할 결과는 아무도 예측할 수 없다. 언젠가 우리는 번데기가 허물을 벗고 나비로 날아오르듯, 이전과는 전혀 다른 존재로 거듭날 것이다.

무기력,
미로가 아닌 미궁이다

어떠한 상황에서든 반드시 기억해야 할 것은 '무기력에서 벗어날 수 있다'는 사실이다. 무기력은 우리의 본성에서 비롯된 것이 아니기에, 본성을 되찾기만 하면 해결된다. 이때 자신의 본성을 찾아가는 과정은 미로가 아니라 미궁에 가깝다. 대개 두 개념을 혼동하지만, 둘 사이에는 결정적 차이가 있다. 미로가 길을 잃도록 설계된 공간이라면, 미궁은 길을 찾도록 만든 공간이라는 점이다. 미궁迷宮은 라비린스labyrinth라 불리는 4,000년 전부터 전해 내려온 나선형 보행 코스를 의미한다.

위 그림에서 볼 수 있듯, 미로는 입구와 출구가 서로 다르다. 어지럽게 구획된 통로가 뒤엉켜, 대부분 출구를 쉽게 찾을 수 없게 설계되어 있다. 어린 시절 잡지에 실린 미로 찾기 게임에서 번번이 출구를 찾지 못해 애먹던 기억이 떠오른다. 도저히 안 될 때는 출구부터 거꾸로 선을 그어 입구까지 길을 만든 뒤에야 간신히 빠져나가곤 했다. 이처럼 미로에서는 길을 잃는 일이 다반사다. 제작자가 애초에 사람들이 길을 잃도록 의도하고 만들었기 때문이다. 그래서 미로에 들어선 사람들은 늘 불안한 마음으로 헤맬 수밖에 없다.

반면 미궁은 미로와 근본부터 다르다. 미궁에서는 반드시 길을 찾을 수 있기 때문이다. 미궁의 가장 큰 특징은 입구와 출구가 동일하다는 점이다. 미궁은 입구로 들어서서 길을 따라 중심부로 이동한 뒤, 그곳에서 왔던 길을 되돌아 나오는 구조로 이루어진다. 덕분에 발을 들이기만 하면 반드시 밖으로 나올 수 있다. 미궁은 목표 지점까지 갈림길 없이 단 하나의 선으로 연결되어 있어 길을 잃을 염려가 없다. 그저 멈추지 않고 걷기만 한다면 반드시 길을 찾아 나올 수 있다는 말이다.

무기력에서 빠져나오는 과정은 미궁의 원리와 매우 유사하다. 포기하지 않고 걷기만 한다면 누구나 미궁에서 빠져나올 수 있다. 무기력 탈출은 본래의 모습을 회복하는 과정일 뿐, 없는 능력을 억지로 만들어낼 필요가 없기 때문이다. 미궁에서는 편안한 마음으로 중심을 향해 걷다가, 그곳에 도착하면 왔던 길을 따라 되돌아 나오면 그만이다. 마찬가지로 우리 역시 자신의 잠재력을 신뢰하며, 스스로에게 주어진 길을 묵묵히 걷는 것만으로도 무기력의 굴레에서 벗어날 수 있다.

어느 병원 광장에 그려진 미궁을 따라 노인들이 보행 보조 장비에 의지하며 걷는 사진을 본 적이 있다. 노인들은 모두 같은 입구로 들어섰지만, 각자의 보행 속도에 따라 묵묵히 나아가고 있었다. 그 모습이 무기력의 사막에서 걸어 나오는 우리 모습과 겹쳐 보인다. 무기력의 늪을 빠져나올 때도 반드시 자신만의 페이스를 유지해야 한다. 타인의 보폭이 아닌, 오직 자신의 보폭으로 걸어야 한다. 친구나 스승이 잠시 도와줄 수는 있겠지만, 결국 그 미궁을 빠져나오는 것은 온전히 자신의 몫이다.

성경 속 예수는 걷지 못하는 열두 살짜리 소녀에게 다가가 그의 손을 잡으며 이렇게 말한다.

"달리다굼(소녀야, 일어나라)."

하지만 예수는 소녀를 직접 일으켜 세워주지 않는다. 예수의 말을 듣고 스스로 몸을 일으켜 걸은 것은 소녀 자신이다. 자기 힘으로 일어나 걸어야 앞으로 계속 나아갈 수 있기 때문이다. 미궁을 걸을 때는 서두를 필요 없다. 빨리 나가려고 서두르면 길을 잃을 위험이 있다. 무기력에서 단번에 벗어나려고 무리를 하면 더 깊은 무기력에 빠지기 쉽다. 오히려 현재 상태를 받아들이고 원칙에 따라 천천히 자기 수련에 임해야 한다. 무기력에서 벗어나기 위한 여행을 시작할 때, 무엇보다 스스로 반드시 벗어날 수 있다고 믿어야 한다. 그런 다음 아래 두 가지 질문에 답하며 성찰의 시간을 가져보길 바란다.

'내 삶의 의미는 무엇인가?'
'이 무기력이 내게 남긴 것은 무엇인가?'

이렇게 자신을 수련해나가면 무기력에서 벗어나는 것은 물론, 기대하지 않았던 지점까지 도달할 수 있다. 〈뉴욕 타임스〉는 미국인들이 교회 설교 이상의 영적 경험과 정신적 위안을 얻기 위해 미궁을 기도와 성찰, 감정 치료의 수단으로 활용한다고 보도했다. 미궁이 치유 효과를 발휘한다는 보도는 사실이다. 실제로 미국의 존스 홉킨스를 비롯한 여러 의료 시설에 4,000개 이상의 미궁이 마련되어 있다는 점이 이를 뒷받침한다. 세계 곳곳에서 치유 목적으로 미궁을 운영하며, 우리나라 몇몇 병원에도 미궁이 설치되었다는 소식이 들려온다.

앨빈 토플러^{Alvin Toffler}와 함께 세계적인 미래학자로 꼽히는 다니엘 핑크Daniel Pink는 『새로운 미래가 온다』에서 미궁의 등장은 피할 수 없는 시대적 조류이고, 이는 정신적 위안을 얻고 삶의 의미를 찾으려는 시대가 도래했기 때문이라고 짚었다. 즉 미궁을 홀로 걷는 행위가 자신을 돌아보고 삶의 의미를 성찰하는 데 큰 도움을 준다는 뜻이다. 또한 그는 우리가 사는 현대사회 자체가 미로가 아닌 미궁이라고 정의하며 다음과 같이 설명한다.

"미로가 분석을 통해 해결해야 하는 퍼즐이라면 미궁은 일종의 움직이는 명상 공간이다. 미로가 갈피를 못 잡게 하는 반면, 미궁은 중심으로 인도한다. 미로에서는 길을 잃을지 모르지만 미궁에서는 자기 자신을 잊을 수 있다. 미로는 좌뇌를 움직이게 하고 미궁은 우뇌를 자유롭게 한다."

우뇌를 활용해 창의력을 깨우는 사람은 생존력이 강할 수밖에 없다. 최근 우뇌를 적극적으로 활용하며 자기 성찰을 하는 유목민형 인재가 주목받는 이유도 여기에 있다. 미래 세대가 요구하는 인재는 자기 성찰로 삶의 의미를 추구하는 창의적인 사람이며, 이는 무기력을 극복한 뒤 우리에게 남을 가장 소중한 자산이다.

다니엘 핑크의 주장처럼 병원 광장의 미궁을 걷는 것만으로도 정신적 성숙이 가능하다면, 인생이라는 미궁을 걷는 행위는 우리를 더욱 근본적으로 변화시킬 것이다. 무기력에서 빠져나오기 위해 마음의 길을 찾고 인생의 미궁을 걷는 데 쏟은 노력은 당신을 더 위대하게great 만들 것이다. 자기를 찾아가는 노력을 멈추지 않는다면 우리는 그만큼 성장한다. 무기력의 사막, 그 미궁과도 같은 길을 걸어 나오는 동안 우리는 서서히 변화하며 적응력이 뛰어난 존재로 진화할 것이다.

중립지대를 거쳐
새롭게 진화하라

변화의 3단계

무기력에서 벗어나는 일은 단숨에 이루어지지 않는다. 무기력 뿐만 아니라 세상의 모든 변화에는 시간이 필요하다. 변화 전문가 윌리엄 브리지스^{William Bridges}는 모든 변화가 끝냄, 중립지대, 새로운 시작이라는 3단계를 거쳐야 한다고 주장했다. 물리적 변화에는 심리적 변화가 동반되어야 하는데, 인간의 내면은 변화에 대한 저항이 커서 심리적 변화가 단숨에 일어나기 쉽지 않다는 것이다.

이때 윌리엄 브리지스는 변화^{change}를 전환^{transition}이라는 용어와 구분했다. 이사나 졸업같이 눈에 보이는 환경이 바뀌는 것은 물리적 '변화'다. 이러한 외적 변화를 마음으로 온전히 받아들이기 위해서는 심리적 과정인 '전환'이 필요하다. 전환은 외부의 변화를 자신의 삶에 수용하기 위해 거쳐야 하는 내면의 화학적 변화와 같다.

따라서 단순한 환경 변화만으로는 무기력에서 벗어날 수 없다. 화학적 변화를 거치는 심리적 전환이 반드시 뒷받침되어야 하기 때문이다. 이런 의미에서 전환은 일종의 진화다. 경기장에서 달리지 못한 육상 선수를 기억하는가? 그가 당장 경기장을 옮긴다고 해서 갑자기 뛸 수 있는 것은 아니다. 장소를 바꾼 것은 단순한 물리적 변화에 불과하기 때문이다. 내면의 화학적 변화나 심리적 전환이 동반되지 않는다면 여전히 제자리에 멈춰 서 있을 수밖에 없다. 이처럼 마음의 전환 없이는 무기력의 굴레를 절대 벗어던질 수 없다. 진정한 변화가 어렵고 무기력 탈출이 그토록 힘든 것은 바로 이 때문이다.

○

대기업 중역으로 20년 동안 직장 생활을 하다 퇴직하고 개인 사업을 시작한 중년 남자가 있다. 그는 야심 차게 사업에 뛰어들었으나 창업할 때마다 실패를 맛보았다. 결국 마지막 희망이었던 가게마저 처분하고 빚 독촉에 시달리다, 아이들을 데리고 변두리의 작은 전셋집으로 이사를 해야 했다. 누구보다 성실하고 똑똑했던 그가 왜 사업에 실패했을까?

그의 가장 큰 문제는 영업을 잘 못한다는 것이었다. 사업의 성패는 영업 능력에 달렸다고 해도 과언이 아니다. 작은 구멍가게부터 세계적인 대기업까지, 영업을 잘해야 살아남을 수 있다. 영업하지 않겠다는 태도는 손님이 오지 않으면 어쩔 수 없다는 방관적 자세나 다름없다. 회계사 출신인 그는 조용한 곳에서 수를 계산하는 데는 능력을 발휘했지만, 영업과는 영 맞지 않았다.

"사람들을 만나는 일이 너무 부담스러웠습니다. 그럴듯한 말로 남을 설득하고 여러 사람들과 인맥을 쌓는 일을 해본 적이 없어요."

그는 자기 사업을 하면서도 기업에 다닐 때 지닌 사고방식을 고수했다. 변화는 있지만 전환이 없었던 셈이다. 사업을 할 것이라면 과거의 방식이 더 이상 통하지 않는다는 사실을 뼈아프게 인식했어야 한다. 현명한 사람이라면 퇴직하기도 전에 개인 사업자의 마음가짐으로 심리적 전환을 마쳤을 것이다. 하지만 그는 마음을 바꾸지 않은 채 껍데기만 바뀐 생활을 유지하려 했다. 자신의 일을 대신 해줄 사람이 아무도 없다는 냉혹한 현실을 깨달았을 때는 재기 불가능할 정도로 큰 손해를 입은 뒤였다.

그렇다면 그는 왜 생각을 전환하지 못했을까? 진정한 변화가 그토록 어려운 이유를 더욱 깊이 알아보자.

비우기, 끝내기, 버리기

앞서 무기력에서 벗어나기 위해 끝냄, 중립지대, 새로운 시작이라는 3단계를 거쳐야 한다는 사실을 언급한 바 있다. 변화의 3단계는 때로 복합적으로 뒤섞여 일어나기도 하고, 때로는 명확히 구분되어 나타나기도 한다. 여기서 많은 이들이 흔히 저지르는 오류가 있다. 새로운 것을 시작하기만 하면 모든 것이 변하리라는 착각이다. 이러한 안일한 생각 때문에 변화하려는 계획은 매번 실패로 돌아간다. 무기력에 빠진 자신의 현재 상태는 돌아보지 않은 채, 거창한 포부만 다지며 무작정 일을 벌이기 때문이다.

무기력에서 벗어나기 위해서는 새롭게 시작하기에 앞서 반드시 '버림'과 '끝냄' 단계를 거쳐야 한다. 새로운 시작만으로 모든 것이 해결되리라는 안일한 생각을 버리지 못하면 실패만 반복할 뿐이다. 먼저 자신이 과거에 1등 주자였다는 기억부터 과감히 버려야 한다. 한때 잘나가는 스타였다는 자부심도, 우수한 성적으로 입학했다는 사실도 잊어야 한다. 과거의 영광을 모두 비워내고, 처음 달리는 사람처럼 새로운 마음과 방식으로 기초부터 실력을 쌓아야 한다. 이러한 내면의 정리 없이 성급하게 경기에 참가한들 좋은 결과를 기대하기는 어렵다.

"왜 안 되는 거야? 도대체 오늘도 안 되는 이유가 뭐지?"라며 조급해할 필요 없다. 이제는 새로운 시작에만 매달릴 것이 아니라, 오래된 습관을 끝내는 단계부터 집중해야 한다. 그럼 버리는 일이 생각보다 어렵다는 사실을 알게 될 것이다. 비우고, 끝내고, 버리는 것에도 커다란 용기가 필요하기 때문이다. 용기 없는 사람은 과거의 낡은 유산을 단 하나도 버리지 못한다. 『백범일지』를 보면 김구 선생의 스승인 고능선 선생이 그에게 자주 들려주던 격언이 나온다.

'得樹攀枝無足奇 懸崖撒手丈夫兒'
(득수반지무족기 현애살수장부아)

해석하면 '나뭇가지를 잡고 오르는 것은 누구나 할 수 있는 일이지만, 벼랑 끝에서 붙잡고 있는 가지마저 놓을 수 있는 사람이야말로 참된 장부다'라는 뜻이다. 이는 비움의 태도가 얼마나 중요한지 강조하는 명언이다. 소설가이자 저널리스트 G. K. 체스터턴G. K. Chesterton은 '교육의 가장 중요한 목적은 지식을 습득하는 데 있는 것이 아니라 잘못된 지식을 버리는 데 있다'고 강조했다. 무기력한 자신을 버리고 새로운 삶에 적응하기 위해서는 지나간 어제를 '전면 부정'할 수 있는 용기가 필요하다.

절대 후퇴하지 말 것

변화가 어려운 또 다른 이유는 변화의 과정 한가운데 있는 '중립지대' 때문이다. 우리는 과거의 세계에서 새로운 세계로 들어가는 과정에 중립지대가 존재한다는 사실을 인지하지 못해 매번 변화에 실패하곤 한다.

이에 대해 〈월스트리트 저널〉이 선정한 미국에서 가장 영향력 있는 컨설턴트 중 한 명이자 '전환 관리'의 창시자로 불리는 윌리엄 브리지스의 조언에 귀 기울여보자. 그는 한때 영문학 교수였으나 1970년대 중반, 자신의 활동 영역을 전환 관리 분야로 옮겨 '윌리엄 브리지스 & 어소시에이트^{William Bridges & Associates}'를 창립했다. 이후 워크숍과 강연을 통해 개인과 조직이 전환기를 무사히 통과하는 방법을 제시해왔다. 그는 이 중립지대를 림보^{limbo}라고 불렀다. 이곳을 중립 또는 중간 지대라고 부르는 이유는 오래된 것과 새로운 것 사이에 존재하기 때문이다. 그는 중간 지대에 대해 이렇게 말했다.

"변화한다는 것은 원래 있던 것들을 새롭게 진전시키고, 유기체가 그 결과를 경험하는 것을 의미한다. 그런데 이때는 이전의 무엇인가는 놓아버리고 새로운 무언가를 다시 잡는 과정을 반드시 포함해야 한다. 그 과정의 한복판에 이전의 방식도, 그리고 새로운 방식도 통하지 않는 혼란스러운 '중간 지대'가 있다."

47세에 갑자기 직장을 그만둔 남자가 있다고 가정해보자. 그는 퇴직 준비를 전혀 하지 못한 상태에서 어느 날 갑자기 퇴직 통보를 받았다. 회사를 그만둔 후 이전과 비슷한 직장을 찾아보았으나 번번이 실패했고, 사업을 구상해봐도 무엇을 해야 할지 몰라 막막해했다. 그는 회사에 청춘을 바친 것을 억울해하며 왜 자신이 해고되었는지 의문을 멈추지 못했다. 더 좋은 직장에 들어가 복수하겠다고 다짐하다가도, 당장 가족을 부양할 걱정에 마음이 무거워졌다. 하지만 다음 날이 되어도 상황은 달라지지 않았고, 그는 여전히 눈높이를 낮추지 않은 채 합격 가능성이 희박한 회사에 계속 지원했다. 회사 퇴직이라는 물리적 변화는 겪었으나 심리적 전환은 아직 일어나지 않았기 때문이다.

그는 자신이 퇴직자 명단에 포함될 수밖에 없었던 원인을 파악하지 못했다. 술을 자주 마셔 오전 내내 피로에 찌들어 있는 모습이나, 최근 2년 동안 제출한 기획서 중 단 한 건도 채택되지 않았던 사실은 망각했다. 대신 20년 전 자신이 얼마나 유능했는지만 되새길 뿐이다. 이처럼 마음의 전환을 거부하는 현상이 그를 중립지대에 머무르게 만든다. 자신이 과거와 달리 무기력해졌음을 인정하고, 해고될 수밖에 없었던 현실적인 이유를 받아들여야만 그는 진정한 전환을 시작할 수 있을 것이다.

중립지대에 놓인 이들은 매우 혼란스러워하기 마련이다. 이전의 방식이 통하지 않는 데다 새로운 방법을 발견해내지 못했기 때문이다. 중립지대라는 혼란스러운 상황을 맞닥뜨린 이들은 삶이 완전히 파괴되어 재기할 가능성이 없다고 느끼기도 한다. 인생을 복구할 길이 전혀 없어 보이는, 완벽한 무기력 상태를 경험하는 것이다.

나 또한 무기력에서 벗어나는 과정 중 2년 정도 중립지대에서 멈춰 있던 적이 있다. 당시 23년간 교수로 살았기에 계속 그 삶을 살아야 한다고만 생각했고, 무기력을 불러오는 근본 원인을 제거할 생각조차 하지 못했다. 교수가 아닌 다른 직업을 가지고 싶다는 막연한 생각은 있었지만, 구체적인 계획이나 준비는 없었다. 과거를 잊지도, 나를 용서하지도 못한 채 내가 만든 틀 속에서 2년이라는 시간을 흘려보냈다. 2년 동안 겉으로는 아무런 변화가 없는 듯했다. 그러나 쉬지 않고 책을 읽고 글을 쓰고 있었다. 바로 내가 겪고 있는 무기력에 관한 글이었다.

그 작업을 하는 동안에도 나는 여전히 변한 게 아니었으므로 무기력에 머물러 있었다. 돌이켜 보면 그 기간이 바로 중립지대였던 것 같다. 과거를 잊기 위해 나름대로 노력했으나 아직 새롭게 시작하지 못한 상태, 그러면서 부단히 갈등하고 매 순간 변하려고 몸부림치는 단계였다. 그 시간이 순탄할 리 없었다. 매 순간 두려움과 불안에 지배당했고, 스스로의 능력을 의심하고 좌절하며 혼돈의 시간을 보냈다. 이렇듯 중립지대에 머무르는 일은 고통스럽지만, 그 2년이 반드시 필요한 기간이었다고 생각한다. 그 시간이 없었다면 변화한 나도 없었을 것이다.

누구나 중립지대를 무사히 지나기는 어렵다. 노력해도 마음대로 되지 않고 새로운 방식에 적응하기 힘드니, 자꾸만 예전의 익숙한 방식으로 되돌아가고 싶어진다. 그래서 중립지대는 늘 갈등이 존재하는 곳이다. 중립지대를 통과하려다 오히려 더 깊은 무기력의 늪에 빠져 아무것도 시도하지 않게 되는 부작용도 발생한다. 그러나 중립지대가 불안하다고 해서 자신이 잘 아는 익숙한 장소로 도망치면 결코 그곳을 벗어나지 못한다. 미국 휴렛팩커드[HP]의 CEO를 역임한 칼리 피오리나[Carly Fiorina]는 그녀의 자서전 『칼리 피오리나 힘든 선택들』에서 이러한 현상에 대해 언급했다.

"투우의 소들은 나름의 '카렌시아'를 갖고 있다. 카렌시아란 소가 위협받을 때 돌아가는 특정한 자리를 뜻한다. 투우가 계속되고 더 자주 위협받으면, 소는 몇 번이고 카렌시아로 돌아간다. 소는 안전한 곳으로 물러난다고 믿지만, 사실은 자신을 더 큰 위험에 빠뜨리는 셈이다. 소는 점점 더 쉬운 공격 상대가 된다."

중립지대의 혼란을 피하고자 원래 상태로 되돌아가려는 모습은 카렌시아로 돌아가는 소의 모습과 같다. 익숙한 곳은 우리의 함정이다. 우리가 한번 빠졌던 구덩이에 다시 빠지는 이유는 익숙함을 버리지 못하기 때문이다. 그러므로 중립지대에 들어섰다면 과거로 되돌아가서는 절대 안 된다. 변화와 전환을 위해서는 중립지대의 혼란을 겪더라도 이전 상태로 돌아가는 유혹을 뿌리쳐야 한다. 그곳이 바로 죽음의 함정이라는 사실을 뼈저리게 인식해야 한다. 대신 새 땅을 확보해야 한다.

얼핏 안전해 보이지 않더라도 새로운 곳에 자신의 몸을 의탁할 땅을 확보해야 적에게 당하지 않을 것이다. 카렌시아가 아닌 새 땅에서 새로운 전략을 짤 수 있을 때 비로소 진정한 전환이 시작된다.

익숙한 카렌시아로 후퇴하는 것은 오래된 습관의 반복일 뿐이다. 과거의 습관은 아무리 되풀이해봐야 공회전만 일으킬 뿐, 어떤 전환도 이끌어내지 못한다. 그럼에도 자꾸만 카렌시아가 눈에 들어오고 그곳으로 복귀하고 싶어지는 것은 우리 내면에서 엔트로피의 법칙이 작동하고 있기 때문이다. 어떻게 하면 엔트로피의 영향력에서 벗어나 물을 거슬러 올라가는 연어와 같은 추진력을 발휘할 수 있을까? 이 문제와 관련해 피오리나의 말에서 중요한 단초를 배울 수 있다.

"점진적인 변화가 안전해 보이지만, 점진주의로는 관성과 저항을 이기는 데 필요한 힘이 부족하다. 멈칫거리면 실패하고 만다. 일단 변화가 시작되면 후퇴는 치명적이다. 배수진을 쳐야 하는 상황이 생기기 때문이다."

자동차로 오르막길을 오를 때 액셀러레이터를 어설프게 밟으면 소리만 요란할 뿐, 정작 언덕을 치고 올라가지 못한다. RPM이 임계치를 넘을 만큼 액셀러레이터를 강하게 밟아야 비로소 가파른 고개를 넘어설 수 있다. 엔트로피의 법칙을 거스르고 언덕을 돌파하는 힘은 찰나에 쏟아붓는 추진력, 그리고 멈칫거리거나 뒤돌아보지 않는 용기에서 나온다. 결국 진정한 변화를 원한다면 아무리 혼란스럽더라도 과거의 익숙한 곳으로 도망쳐서는 안 된다. 지금 발을 딛고 선 그 자리에서 가동할 수 있는 모든 힘을 끌어모아, 단번에 그곳을 탈출하려 노력해야 한다. 진정한 전환을 원한다면, 모든 힘을 집중해 중립지대에서 빠져나와야만 한다.

이는 타이어에 바람을 빼는 것과는 전혀 다른 전략이다. 언제 타이어의 바람을 빼서 지면에 밀착할지, 혹은 언제 RPM을 높여 언덕을 치고 올라갈지 판단하는 것은 우리에게 남겨진 또 다른 숙제다. 특히 RPM을 높여야 하는 결정적 순간을 놓치지 않으려면 명확한 전략이 필요하다. 이를 경영학에서는 '고슴도치 전략'이라고 부른다. 여우는 수만 가지 잔꾀와 전략을 갖추었지만, 고슴도치는 자신의 몸을 둥글게 웅크리는 단 한 가지 전략밖에 모른다. 그러나 여우와 고슴도치가 싸우면 여우는 결코 고슴도치를 이길 수 없다. 고슴도치는 몸을 웅크리는 한 가지 기술로 자신의 생명을 지켜낸다. 무기력에서 살아남기 위해서도 이것저것 여러 방법을 시도할 필요가 없다. 단 하나라도 전문성을 갖추는 것만이 살 길이다. 한 분야에서 숙달되어 유능감을 느끼면 무기력이라는 언덕을 치고 올라갈 수 있다. 이때는 단순히 인내하며 버티는 대신 과감하게 시도해야 한다. 그래야 우리의 선택이 무기력의 사막에서 탈출할 수 있는 실질적 동력으로 이어질 수 있다.

내가 무기력에서 빠져나오는 데 도움이 된 유일한 고슴도치 전략은 책을 읽고 글을 쓰는 것이었다. 만약 이것저것 시도하며 에너지를 분산했다면 어떤 결실도 얻지 못했으리라. 하지만 나는 내가 할 수 있는 유일한 행위인 읽고 쓰는 일에 매진하며 나를 찾기 시작했고, 어느 날 문득 내가 더 이상 낙타가 아님을 깨달았다.

생애 곡선 그리기

당신 인생의 행복도를 체크해보라. 당신 인생의 중요한 시점을 나이로 표시한 다음, 그때 당신이 느낀 행복의 크기를 생각해보면 된다. 만약 현재가 전체 인생에서 낮은 수준에 머물러 있다면 당신은 지금 불행하다고 느낄 것이고, 그 단계에서 벗어나기 위해 노력해야 할 것이다.

다음 페이지의 예는 내가 현재까지 살아오는 동안 중요한 사건이 발생할 때마다 느낀 행복도의 정도를 나타낸 것이다.

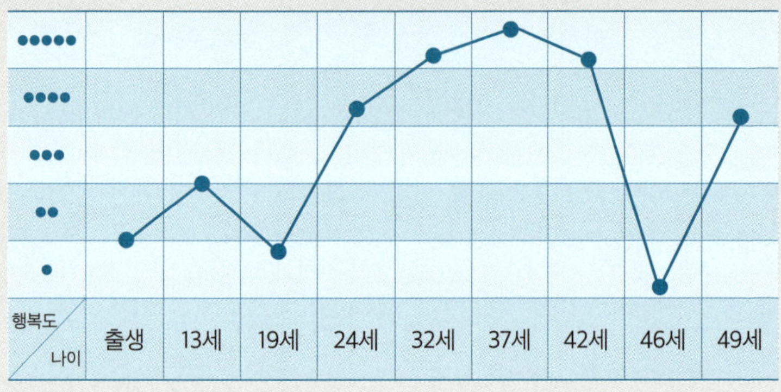

　내 경우는 19세 때 원하는 대학에 진학하지 못해 불행했다. 그러다 24세가 되면서 대학 강의를 시작하며 정체감을 느끼기 시작했다. 32세에 대학 전임이 되었을 때와 37세에 박사 학위를 받고 결혼하던 당시는 인생에서 행복도가 최고였던 시기다. 이후 행복도는 조금씩 하락했다. 42세에 연구에 집중할 수 있는 직장으로 이직하며 일시적으로 높아졌으나, 몇 년 뒤 인생에서 가장 깊은 바닥으로 추락해버렸다. 46세 무렵 나의 무기력은 최고조에 달했다. 그 후 무기력에서 벗어나기 위한 수련과 두 번째 인생에 대한 준비를 병행했고, 49세부터는 행복도가 상당한 수준까지 상승했다.

　내가 분석한 것처럼 당신의 생애 곡선을 다음 표에 그려보고 현재를 냉정하게 살펴보라. 만약 지금이 과거보다 나쁜 상태라면, 그 이유를 분석해 더 행복해질 수 있는 길을 찾길 바란다.

______________ 생애 곡선 그리기

행복도 \ 나이	출생	세	세	세	세	세	세	세	세
●●●●●									
●●●●									
●●●									
●●									
●									

PART 4

Overcoming

Learned

Helplessness

자발성을 회복하라

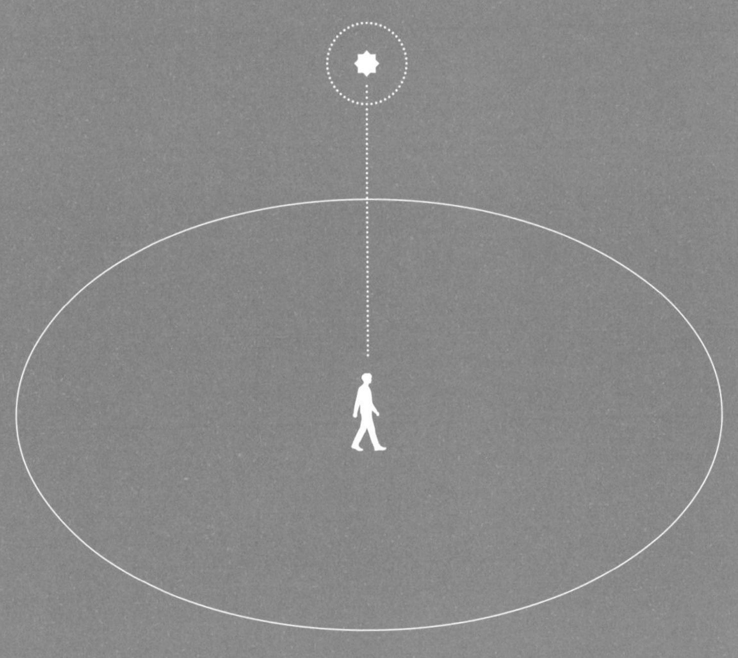

인간을 움직이는
4개의 엔진

무기력의 실체를 알아보고 빠져나올 수 있도록 큰 그림을 그렸다면, 이제는 구체적인 실행 방법을 알아야 한다. 이를 위해서는 우리를 움직이게 하는 요소가 무엇인지 정확히 알 필요가 있다. 과연 무엇이 인간을 움직이게 할까?

인지과학과 심리학에서 말하는 인간을 움직이는 엔진은 동기, 인지, 정서, 행동이다. 사람은 이 네 가지 엔진에 따라 목표를 세우고 사고하며, 판단하고 행동하고 감정을 느낀다. 마치 자동차의 4기통 엔진처럼 이 넷이 동시에 작동할 때 비로소 실행에 탄력이 붙는다. 이 중 하나라도 고장 난다면 다른 요소들이 제대로 작동하더라도 마음의 시스템은 제 기능을 발휘하지 못한다.

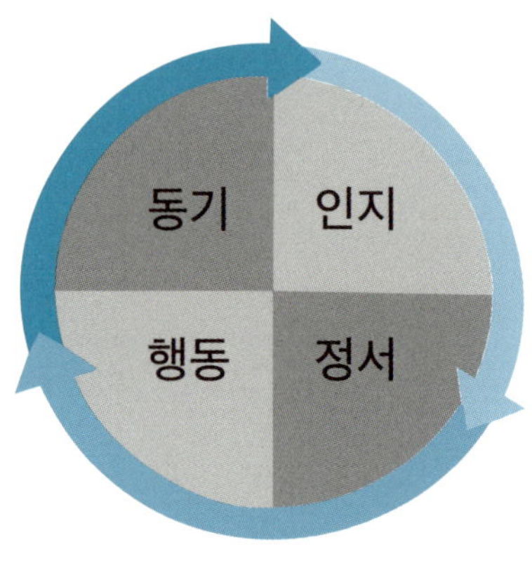

그러므로 마음의 네 가지 엔진은 반드시 동시에 작동해야 한다. 첫 번째 엔진인 동기motivation는 어떤 일을 하고자 하는 의욕이 일어나게 하는 근원적 계기다. 동기가 부여되지 않으면 인간은 아무런 시도도 하지 않은 채 멈춰 서게 된다. 두 번째로 인지cognition는 정보를 받아들이고 해석하는 방식을 뜻한다. 인지 방식이 다르면 같은 상황이나 사물을 접하더라도 전혀 다른 결론에 도달한다. 세 번째로 정서emotion는 마음이 외부 자극에 실시간으로 반응하며 일어나는 감정과 느낌이다. 마지막으로 행동action은 생각과 감정을 바탕으로 실제 몸을 움직여 실천하는 모든 과정을 의미한다.

무기력에 빠지면 이 4개의 엔진은 동시다발적으로 고장 난다. 흐름이 막히거나 기능이 급격히 저하되며, 심한 경우 아예 작동 불능 상태에 빠져버린다. 긍정 심리학의 창시자 마틴 셀리그만은 무기력에 대해 최종적으로 이렇게 정의했다.

"무기력이란 인간이나 동물이 통제 불가능한 상태를
경험하며 겪는 동기·인지·정서 장애를 나타내는 현상이다."

무기력을 느껴 아무것도 하지 못하는 상태는 단순히 행동력 문제에 국한되지 않는다. 그 이면을 자세히 살펴보면 동기 장애, 정서 장애, 인지 장애가 복합적으로 얽혀 있으며, 이 세 가지 결함이 결합되어 행동 장애를 불러온 것이기 때문이다. 여기서 행동 장애란 시도조차 하지 않거나, 무언가를 하다가도 쉽게 포기해버리는 것을 의미한다. 결과적으로 무기력에 잠식된 사람은 그 무엇도 실행하지 못하는 마비 상태에 이른다. 그렇다면 마음의 네 엔진이 고장 났다는 것은 구체적으로 어떤 상태를 말할까?

첫째, 동기 장애는 어떤 일을 하고자 하는 동기를 약화하며, 심하면 동기 자체를 사라지게 만든다. 무엇을 하고자 하는 마음, 즉 욕망에 의한 동기는 우리로 하여금 일을 지속하게 하는 가장 기본적인 연료와 같다. 그런데 무기력에 빠지면 이 연료가 완전히 소진되어버린다. 따라서 어떤 일을 할 의욕이 사라지고, 무엇을 해야 하는지, 왜 해야 하는지 모르는 채 정체된다.

둘째, 인지 장애는 무기력이 심화되는 과정에서 매우 중요한 역할을 한다. 인지란 살아오면서 배우고 경험하며 형성된 사고의 틀이자, 자신과 세상을 바라보는 마음의 창이다. 그런데 무기력을 학습하면 인지 방식이 왜곡된다. 자신이 충분히 해낼 수 있는 일 앞에서도 '해봤자 안 될 거야. 또 실패하겠지' 하는 잘못된 믿음에 지배당하는 것이다. 이러한 비관적 믿음은 무기력을 더욱 공고히 하는 악순환을 만든다. 한번 형성된 인지의 틀은 쉽게 변하지 않기에, 무기력에 빠진 사람의 왜곡된 시각을 교정하기란 매우 힘들다.

셋째, 정서 장애는 감정과 야심, 활기, 그리고 용기와 밀접하게 연동된다. 우리가 어떤 일을 끝까지 해내려 할 때, 내면의 두려움을 넘어서게 하는 동력인 '용기'는 바로 이 정서 메커니즘에서 기인한다. 하지만 무기력은 이러한 정서 체계에 고장을 일으켜 불쾌하고 침체된 기분을 지속시킨다. 두려움과 불안에 잠식되었을 때는 새로운 일을 실행에 옮길 어떤 용기도 솟아나지 않는다.

동기, 인지, 정서, 행동의
네 가지 축

앞서 언급했듯이 동기 장애, 인지 장애, 정서 장애가 결합되면 최종적으로 행동 장애가 나타난다. 행동 장애란 쉽게 말해 '하려고 해도 몸이 따르지 않는 상태'를 뜻한다. 어떤 분야에서든 행동 없이는 성과를 낼 수 없다. 아무리 거창하고 정교한 계획을 세운다 해도 실제 실행으로 옮기지 않으면 아무런 소용이 없다. 하지만 무기력의 늪에 빠진 사람은 이 지점에서 철저히 가로막혀 단 한 발자국도 내딛지 못한다. 뛰지 못하는 남자가 매번 달려보겠다는 마음으로 운동장에 나타나지만 이내 포기해버리는 이유는 마음속 엔진이 고장 났기 때문이다. 특정 엔진 하나가 아무리 성능이 좋다 해도 다른 엔진에 결함이 있다면 결과는 나쁠 수밖에 없다. 예를 들어 무언가를 해내려는 동기가 가득해도 세상을 바라보는 인지가 왜곡되어 있다면 일관되고 지속적인 행동을 이어갈 수 없다. 이처럼 마음의 시스템 중 어느 한 분야라도 고장 나면 전체적인 결과는 늘 시원찮을 수밖에 없는 것이다.

따라서 행동만 다스려서는 문제를 해결할 수 없다. 행동에 앞서 동기, 인지, 정서라는 세 가지 핵심 요소를 함께 수리해야, 그 결과로 비로소 행동이 달라지기 시작한다. 이 책에서 나는 동기, 인지, 정서의 전체 시스템을 근본적으로 재설계하고, 그 결실로 행동의 실질적 변화를 이끌어내는 새로운 패러다임을 제안하고자 한다. 나는 이것을 '통합적 마음 전환unified mind transition'이라 명명한다.

동기, 정서, 인지가 인간 행동의 근거가 된다는 인지과학적 접근은 사실 플라톤 시대부터 유래한 유서 깊은 개념이다. 윌 듀런트는 그의 저서 『철학 이야기』를 통해 플라톤이 주장한 인간 '행동의 원천'을 매우 명쾌하게 소개했다.

"플라톤은 인간의 행동이 세 가지 원천에서 비롯된다고 했다.
행동은 욕망과 감정과 지식에서 생겨난다.
욕망과 욕구, 충동과 본능이 그 하나이고,
감정과 활기, 야심과 용기가 하나이며,
지식과 상상, 지력^{知力}과 이성이 또 하나다."

플라톤이 말하는 행동의 첫 번째 원천인 욕망과 욕구는 동기, 두 번째 원천인 감정은 정서, 세 번째 원천인 지식과 상상은 인지로 풀이할 수 있다. 플라톤의 주장처럼 인간이 행동하지 못하는 이유는 마음의 세 가지 원천이 말라버렸기 때문이며, 이는 최근 심리학과 인지과학 연구 결과에서도 확인된다.

그런데 이 셋을 함께 변화시키거나 다루어야 한다는 통합적 방법을 연구하는 시도는 많지 않다. 인지주의자는 인지 방식의 변화만 강조하고, 행동주의자는 인간을 움직이는 근거가 눈에 보이는 행동에 있다고 주장한다. 또한 정서 심리학자는 정서만으로 판단하려 하며, 동기 사회 심리학자는 욕구와 동기가 모든 것의 열쇠라고 주장한다. 물론 그들의 주장에는 일리가 있고 각각의 연구 결과도 우수해 신뢰할 만하다. 그러나 내가 무기력에 빠졌을 때 각각의 방법을 따로 적용해보니 결과가 그리 좋지 않았다. 동기를 강화해도 인지가 왜곡되어 있을 때는 계획한 바를 하루 이상 실천하지 못했다. 정서를 긍정적으로 바꾸어도 행동이 따르지 않으면 사상누각이었으며, 인지 방식을 바꾸어도 행동하지 않으면 아무것도 달라지지 않았다.

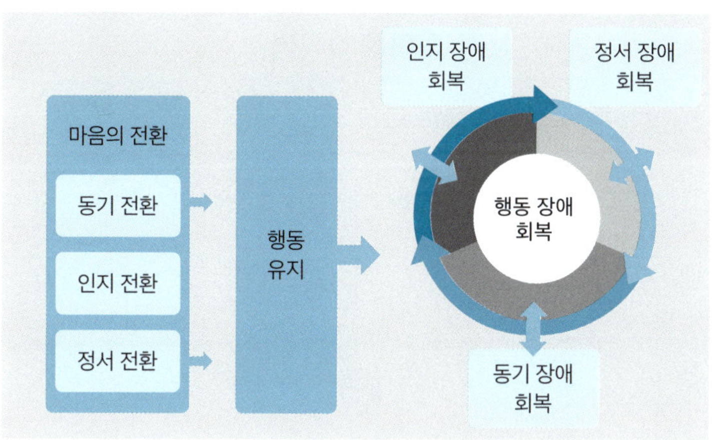

마침내 나는 마음의 네 가지 요소를 동시에 다스릴 수 있어야 한다고 결론 내렸다. 이에 동기, 인지, 정서, 행동이라는 네 가지 엔진을 모두 고치는 방법을 찾았고, 그 과정에서 나온 결과물이 바로 '통합적 마음 전환'이다. 지금부터 하나씩 마음 전환의 방법을 알아보자.

의미를 찾아라

동기의 미스터리

엔진을 고장 내는 첫 번째 원인인 동기 장애는 동기가 희미해지거나 동기 자체가 사라진 상태를 의미한다. 인간은 욕구에 따라 움직이는 생명체다. 그러므로 욕망이 사라진 인간은 아무것도 하지 않으려 한다. 빅터 프랭클의 증언을 보더라도 수용소에서 생활하던 많은 포로가 죽음에 이른 것은 살고자 하는 욕구가 사라졌기 때문임을 알 수 있다.

왜 동기가 사라지는 것일까? 인간이 통제할 수 없는 사건을 반복해서 겪을 때 동기가 약화된다. 부정적 경험이 그 일과 무관한 분야까지 나쁜 영향을 미치는 것이다. 즉 한 가지 일이 잘 풀리지 않으면 다른 일도 하고 싶지 않게 된다. 반복된 실패 경험으로 욕구가 저하되면 아무 일도 하고 싶지 않게 된다. 간혹 외부의 힘에 떠밀려 어렵게 시작하더라도 금세 멈춰버리며, 결국 아예 시작하지 않거나 도중에 포기해버리기 일쑤다. 심리학에서는 이러한 현상을 '시발 행동의 저하'라고 부른다. 통제 불가능한 상황에 직면한 생명체는 처음에는 저항하지만, 자신의 반응으로 사태를 변화시킬 수 없음을 깨달으면 곧 소극적이고 수동적인 성향을 보인다. 이후 마음속에 어떤 노력을 해도 결과를 얻지 못한다는 인식이 자리 잡으며, 무엇을 왜 해야 하는지 모르는 상태에 빠진다. 이는 곧 동기와 욕망이 고장 났다는 신호다.

○

그렇다면 동기를 다시 강화하기 위해서는 어떻게 해야 할까? 사실 인간의 동기는 매우 미스터리하다. 우리는 모든 인간이 조금이라도 편리하고 합리적인 방향, 혹은 이득이 되는 방향으로 움직이리라 예상한다. 하지만 그것은 인간 심리를 너무 단순하게 바라본 데서 비롯된 착각이다. 인간은 무조건 편리함이나 합리성, 이득에 따라 움직이지 않는다. 인간을 움직이는 동기는 때로 우리의 기대를 크게 벗어난 형태로 나타나기도 한다. 동기의 실체에 접근할 수 있는 실마리가 바로 이 점에 있다.

누군가가 10만 원을 주면서 나와 당신에게 나누어 가지라고 했다고 가정해보자. 내가 당신에게 얼마를 주면 받겠는가? 단, 당신이 액수가 너무 적다는 이유로 거절하면 나와 당신 모두 한 푼도 받지 못한다. 사전에 협상할 수 없고, 기회도 단 한 번뿐이다. 당신이라면 상대가 얼마를 준다고 할 때 수락하겠는가? 만약 입장이 바뀌어 당신이 낯선 이와 10만 원을 나누게 된다면 상대에게 얼마를 줄 것인가? 10만 원 중 당신에게 6만 원을 주면 내게는 4만 원이 남는다. 당신은 그 6만 원을 받겠는가? 당연히 받을 것이다. 5만 원을 준다 해도 받을 것이다. 하지만 내가 8만 원을 갖고 당신에게 2만 원만 준다면, 그때도 선뜻 받겠는가? 2만 원이 8만 원에 비해 상대적으로 적다는 생각에 기분이 나빠져, 돈을 포기하는 대신 내가 받을 8만 원까지 물거품으로 만들려 하지 않을까?

'최후통첩 게임'이라고 불리는 이 게임은 1982년 독일의 사회학자 베르너 귀트Werner Güth가 고안했다. 지난 40여 년간 세계 각국에서 수천 명이 다양한 금액으로 이 게임에 참여했다. 여기서 돈의 배분을 제안하는 사람을 '제안자', 그 제안을 수락하거나 거절하는 사람을 '응답자'라고 한다. 실험 결과, 제안자는 전체 금액의 50퍼센트를 제시하는 경우가 가장 많았으며, 대다수가 적어도 30퍼센트 이상의 금액을 제안했다. 응답자의 경우 20퍼센트 미만의 금액을 수락하는 이들은 극소수에 불과했고, 보통은 30퍼센트 미만의 액수가 제시되면 거절을 선택했다.

호주의 경제학자 리사 캐머런Lisa Cameron은 인도네시아에서 거액의 상금을 걸고 최후통첩 게임을 진행했다. 실험 당시 제안자는 응답자에게 약 3개월 치 수입에 달하는 20만 루피아를 나누어 갖자고 제안했으며, 제안된 액수는 평균적으로 전체의 42퍼센트 수준이었다. 그런데 제안 금액이 25퍼센트 미만으로 떨어지자 응답자 대부분이 거절을 선택했다. 일부는 30퍼센트를 준다고 해도 거절했는데, 이는 대가 없이 생기는 횡재라고 생각하면 눈이 휘둥그레질 만큼 큰 액수였음에도 받지 않은 것이다. 그들은 자기도 그 돈을 갖지 않는 대신 상대 또한 거액을 챙기지 못하게 방해하는 쪽을 택했다.

세계 각지에서 시행된 실험을 통해 응답자들은 20퍼센트, 그러니까 10만 원 중 2만 원 미만을 받을 수 있는 제안을 대부분 거절한다는 사실이 확인되었다. 왜 이런 결과가 나타났을까? 기분이 조금 나쁘더라도 제안을 수락하면 공짜로 2만 원을 얻을 수 있다. 그럼에도 사람들은 자신이 가질 2만 원에 만족하기보다 상대가 8만 원을 독점하는 데 분노하며 자신의 이익을 기꺼이 포기한다. 이 게임의 결과는 인간이 이익보다 공정성, 복수심, 분노 같은 감정에 더 크게 압도된다는 점을 시사한다. 의사 결정 과정에서 합리성보다 감정이 우선적으로 개입하는 것이다.

이런 일은 최후통첩 게임과 같은 실험에서만 일어나는 것이 아니다. 우리가 행하는 수많은 일에도 감정이 깊숙이 개입되어 있다. 단순히 보상을 제공한다고 해서 모든 사람이 무조건 움직이지는 않는다. 다시 말해 외적인 보상만으로는 동기를 온전히 다스릴 수 없다는 뜻이다. 사람을 움직이는 것은 돈 같은 보상이 아니라 그 이상의 무언가에 의해서인데, 결론부터 말하면 그것은 바로 '내재 동기intrinsic motivation'다.

어떤 사람들은 승진이나 수입과 무관한 바이올린 연습을 주말마다 반복한다. 또 수능 점수에 도움이 되지 않는데도 어려운 퍼즐을 푸는 데 몰두하는 학생도 있다. 경제학자들의 주장에 따르면 이런 현상은 기존의 경제 이론으로는 설명되지 않는다. 취리히대학교의 경제학자 브루노 프라이Bruno Frey는 경제적인 인간을 뜻하는 '호모 에코노미쿠스Homo Economicus'라는 단어만으로는 인간의 행동을 설명할 수 없다고 보았다. 대신 그는 '호모 에코노미쿠스 마투루스Homo Economicus Maturus'라는 용어를 제시했는데, 이는 더 세련된 동기 구조를 갖춘 '성숙한 경제적 인간'이라는 뜻이다. 성숙한 경제적 행동이란 무엇일까? 이를 이해하기 위해서는 인간이 오직 보상과 처벌에 의해서만 움직인다는 기존의 동기 이론과 상충하는 새로운 개념을 받아들여야만 한다.

이때 등장하는 개념이 바로 내재 동기다. 내재 동기란 마음속 깊이 자리 잡은 '자기만의 동기'를 의미한다. 사람은 본래 자신의 내재 동기에 따라 움직이는 존재다. 이에 대해 브루노 프라이는 "내재 동기는 모든 경제활동에서 매우 중요한 역할을 한다. 사람들이 오로지, 혹은 주로 외부 자극에 의해서만 동기를 부여받는다고 보기는 어렵다"라고 강조했다. 즉 인간은 어떤 일에 중요한 의미를 느끼거나 확신이 있을 때, 혹은 즐거움을 느낄 때 행동한다는 것이다. 그러므로 동기 장애를 극복하기 위해서는 자신만의 이유, 즉 마음속에 내재된 이유를 반드시 찾아야 한다. 이것이 무기력에서 벗어나기 위해 가장 먼저 해야 할 일이다.

전문가를 이긴 괴짜들

여기 내재 동기의 힘을 보여주는 흥미로운 일화가 있다. 세계 최고의 전문가들과 겨루어 승리한 오합지졸의 이야기다. 2009년 10월 31일, 마이크로소프트는 16년 동안 공들여온 MSN 엔카르타Encarta의 디스크 및 인터넷 백과사전 서비스를 완전히 중단했다. 세계 최대 규모의 인기 있는 사전으로 급성장한 백과사전 위키피디아Wikipedia에 완전히 밀려났기 때문이다.

원도우로 세계 IT 시장을 장악한 마이크로소프트는 천문학적 연봉을 받는 경영진과 전문 편집진을 투입해 백과사전 MSN 엔카르타를 야심 차게 기획했다. 반면 위키피디아는 전 세계 이름 모를 수많은 사람들이 아무런 보상 없이 자발적으로 참여해 만들어낸 결과물이다. 두 팀이 경쟁을 시작했을 때만 해도 지구상의 모든 경제학자는 당연히 MSN 엔카르타가 승리할 것이라고 확신했다. 하지만 결과는 위키피디아의 압승이었다. 위키피디아는 겨우 8년 만에 약 260개 언어로 1,300만 개 이상의 표제어를 수록했으며, 여기 실린 영어 표제어만 해도

300만 개를 넘어섰다. 짧은 시간에 이룬 놀라운 성취였다. 기존의 경제학적 관점이나 보상 중심의 동기 이론으로는 수백만 명이 돈 한 푼 받지 않고 자신의 지식과 시간을 쏟아부어 세계 최대의 백과사전을 구축한 이 현상을 결코 설명할 수 없다. 경제학자들은 위키피디아의 승리가 인간 행동의 물리법칙, 다시 말해 인간은 경제적 이득에 따라 움직인다는 기존의 동기 이론을 정면으로 위배했다며 탄식했다.

○

과거에는 누군가 보수도 없이 열정적으로 결과물을 만들고, 이를 무료로 배포한다는 사실을 상상조차 할 수 없었다. 하지만 현재 많은 분야에서 이러한 형태의 오픈 소스^{open source}가 공개되고 있다. 오픈 소스는 IT업계를 이끌어가는 거대한 엔진이다. 많은 기업과 연구소가 핵심 시스템에 자원봉사자들이 만든 제품을 활용하고 있다는 것은 공공연한 사실이다.

이전에 내가 근무했던 성균관대학교 지능시스템연구소는 미국의 조지아텍, 펜실베이니아 주립대학 및 국내 로봇 제조 기업과 함께 2013년 가을까지 정부로부터 50억 원을 지원받아 노인 서비스용 인지 로봇을 개발할 계획을 세웠다. 그런데 상용화 시점이 다가오자, 참여 기업 중 한 곳이 우리가 오랫동안 개발한 기술 대신 무상으로 배포되는 ROS^{Robot Operating System}와 그 오픈 소스를 활용하겠다고 통보해왔다. 최초 연구 단계에서는 조지아텍과 성균관대학교의 기술을 적용하기로 했으나, 우리 기술을 추월하는 무상 소프트웨어가 존재한다는 사실을 기업이 먼저 알아차린 것이었다. 다른 연구비까지 포함해 10여 년간 총 150억 원 이상을 투자한 컴퓨터 비전Computer Vision 기술이 무용지물이 될 수도 있다는 위기감이 엄습했다. 결국 연구 책임자는 2012년 실리콘밸리의 작은 로봇 회사 윌로 개러지Willow Garage가 무상 배포한 ROS의 경쟁력을 인정하고, 이를 연차적으로 도입하기로 결정했다. 단순한 기술 수준의 차이를 넘어선 거대한 시대적 조류를 거스를 수 없었기 때문이다.

어떻게 이런 일이 가능한 것일까? MIT의 카림 라카니Karim Lakhani 교수와 보스턴 컨설팅 그룹의 밥 울프Bob Wolf는 그 이유를 밝히기 위해 북미와 유럽의 오픈 소스 개발자 684명을 조사했다. 그들은 개발자들이 소스를 공개하는 이유에 대해 '즐거움에 기초한 내재 동기, 즉 프로젝트 수행 시 스스로의 창의력을 얼마나 느낄 수 있는지가 가장 강력한 동기가 되었다'라고 보고했다. 기쁨이 그들을 이끄는 것이다. 돈을 받지 않고 일할 때는 의무감보다 재미나 기여를 위해 자발적으로 참여하는 경우가 많은데, 이러한 과정에서 즐거움을 찾고 창의성을 발휘하기 쉽다. 실제로 이들은 개발 과정 중 심리학자 미하이 칙센트미하이Mihaly Csikszentmihalyi가 '몰입flow'이라 부른 '최적의 상태'에 자주 도달했다고 한다. 오픈 소스 참여자들은 문제 해결의 '재미'와 공동체에 대한 '기여'를 동기 삼아 몰입을 경험한다. 이러한 즐거움이 다시 더 깊은 몰입으로 이어지며 내재 동기의 선순환을 만들어내는 것이다.

20여 년 전, 이러한 흐름을 예견한 기념비적 사건이 있었다. 2002년 노벨재단은 경제학자가 아닌 미국의 심리학자에게 노벨 경제학상을 수여했는데, 그 주인공은 대니얼 카너먼Daniel Kahneman이다. 그는 인간이 경제적 이익을 언제나 합리적으로 계산하지 않으며, 집단 또한 단순히 부를 극대화하기 위해서만 협상하지 않는다는 사실을 입증해 노벨상을 거머쥐었다. 아모스 트버스키Amos Tversky와 함께 수행한 연구를 통해 카너먼은 우리가 일을 바라보는 방식 자체를 뒤바꿔놓았다. 그의 발견은 위키피디아의 승리 같은 놀라운 현상을 설명하는 핵심 근거가 되었으며, 내재 동기 이론의 중요성을 전 세계에 알리는 결정적 계기가 되었다.

돈을 주면 일하기 싫다?

앞서 살펴본 바와 같이 내재 동기에 따라 스스로 열중할 때 눈에 띄는 성과를 거둘 수 있다. 그렇다면 자기가 좋아하는 일을 하면서 돈까지 받을 수 있다면 어떨까? 더욱더 열심히 일할 것 같지 않은가? 하지만 실제 결과는 예상과 사뭇 다르다.

많은 연구 결과는 타인이 지급하는 보수가 오히려 개인의 의욕과 흥미를 떨어뜨려 동기를 약화한다고 보고한다. 예컨대 스스로 즐겁게 진행하던 프로젝트 작업을 상사가 강요하기 시작하면 의욕이 꺾여 적당히 마무리하게 된다. 또 열심히 몰두하던 연구에 인센티브가 걸린다는 소문이 돌면 흥미가 반감되기도 한다. 순수한 호기심으로 시작한 연구는 부담이 없다. 과정이 다소 엉뚱하거나 결과가 기대에 못 미치더라도, 그 자체로 재미를 느끼며 호기심을 유지할 수 있는 일종의 놀이가 되기 때문이다. '재미'와 '기여'가 일을 추진하는 두 가지 핵심 내재 동기라는 사실은 앞서 설명했다. 그런데 누군가 내가 이 놀이를 얼마나 잘하는지, 그 결과가 얼마나 번듯한지 지켜보고 있다면 어떨까? 상상만으로도 부담스럽지 않은가?

미국 로체스터대학교의 사회심리학자 에드워드 L. 데시Edward L. Deci는 이러한 인간의 보편적 심리를 본격적으로 연구했다. 1969년 여름, 카네기멜론대학교 심리학과 대학원생이었던 그는 박사 학위 논문을 위해, 인기 있는 '소마Soma 퍼즐 큐브'를 활용해 '보상 효과'에 관련된 동기 연구를 시작했다. 플라스틱이나 나무 조각으로 만든 소마 큐브는 정육면체 4개로 이루어

소마 퍼즐 큐브 부속품과 조립 사례

진 조각 6개와 3개로 이루어진 조각 1개로 이루어져 있는데, 총 7개의 부속품으로 수백만 가지 조합을 만들 수 있다. 앞 페이지 하단 오른쪽 그림은 이 조각들을 결합해 만든 가장 기본 형태인 정육면체다.

데시는 대학생들을 실험 집단(그룹 A)과 통제 집단(그룹 B)으로 나누어 소마 퍼즐을 풀게 했다. 학생들은 사흘 동안 매일 1시간씩 실험에 참여했다. 실험 방식은 다음과 같다. 참여자가 실험실에 들어서면 소마 퍼즐 부품 7개와 완성해야 할 퍼즐 그림 3개, 그리고 《타임》, 《뉴요커》, 《플레이보이》 잡지가 놓인 탁자 앞에 앉는다. 맞은편에 앉은 데시는 실험 방법을 안내한 뒤 스톱워치로 시간을 측정했다. 실험은 아래 표와 같은 일정으로 진행되었다.

	첫 번째 세션	두 번째 세션	세 번째 세션
그룹 A	보상 없음	보상 있음	보상 없음
그룹 B	보상 없음	보상 없음	보상 없음

첫 번째 세션에서 두 그룹의 참여자들은 소마 퍼즐을 제시된 샘플 그림과 똑같이 조립해야 했다. 두 번째 세션에서도 그림과 똑같이 맞춰야 했으나 구성 내용은 첫 번째와 달랐다. 이때 데시는 그룹 A에 그림을 완성할 때마다 1달러(현재 가치 약 6달러)를 지급하겠다고 말한 반면, 그룹 B에는 보상 없이 새로운 그림만 주었다. 마지막 세 번째 세션에서는 두 그룹 모두

새로운 그림을 받고 아무런 보상 없이 퍼즐을 풀어야 했다.

참가자들이 3개의 그림 중 2개를 완성했을 때, 데시는 갑자기 실험을 중단했다. 그는 그림 한 개를 더 주겠다고 말하며, 새 그림을 고르기 전에 지금까지의 소요 시간을 컴퓨터에 입력해야 한다고 설명했다. 당시는 컴퓨터가 방 하나를 가득 채울 만큼 거대했던 메인 프레임 시대였다. 데시는 데이터를 입력하러 간다며 실험실을 나가 컴퓨터가 있는 방으로 가는 척했다. 그는 실험실을 나가며 참가자에게 금방 돌아올 테니 그동안 자유롭게 있으라고 말했다. 그러고는 밖에서만 안이 들여다보이는 유리창이 설치된 옆방으로 가서 8분간 혼자 남겨진 참여자의 행동을 지켜보았다. 홀로 남은 이들은 세 번째 그림을 맞추기 위해 계속 퍼즐을 조립할까? 아니면 탁자 위 잡지를 뒤적일까? 그것도 아니면 그저 멍하니 허공을 보거나 눈을 감고 쉴까? 이들이 혼자 있을 때 무엇을 하는지 관찰하는 것이 데시의 진짜 실험 목적이었다.

첫 번째 세션의 자유 시간 동안 그룹 A와 그룹 B는 거의 동일한 행동을 보였다. 두 그룹 모두 평균 3분 30초~4분 정도 퍼즐을 조립하며 흥미를 보였다. 그런데 두 번째 세션에서 변화가 나타났다. 보상을 받지 못한 그룹 B는 첫 번째와 비슷한 시간을 퍼즐에 할애했지만, 성공할 때마다 보상을 받은 그룹 A는 퍼즐에 더 큰 관심을 보이며 평균 5분 이상 조립에 몰두했다. 1달러를 받기 위해 실험자가 없는 동안에도 예습하듯 열중하는 모습이었으며, 이는 보상이 주어지면 더 열심히 일한다는 기존

동기 이론과 일치하는 결과였다.

그러나 세 번째 세션에서 상황이 달라졌다. 데시는 그룹 A 참가자들에게 더 이상 돈을 줄 수 없다고 말한 뒤, 이전과 똑같이 실험을 진행했다. 참가자들이 퍼즐을 2개 완성하자 데시는 또다시 실험을 중단시켰다. 이때 보상을 한 번도 받지 않은 그룹 B는 8분간의 자유 시간 동안 이전 세션보다 더 오랫동안 퍼즐을 갖고 놀았다. 반면 보상을 받은 경험이 있는 그룹 A는 달랐다. 그들이 퍼즐에 할애한 시간은 보상을 받은 두 번째 세션에 비해 2분이나 줄었으며, 퍼즐 자체를 즐긴 첫 번째 세션보다 1분 정도 줄어들었다. 즉 돈을 받다가 받지 못하게 된 집단의 의욕이 눈에 띄게 저하된 것이다.

이 실험을 통해 데시는 인간의 행동이 일반적인 믿음과는 상반된 법칙의 영향을 받는다는 사실을 밝혀냈다. '금전적 보상이 오히려 흥미를 떨어뜨린다'는 점이다. 이후 그는 "돈을 어떤 행위에 대한 외적 보상으로 사용하면, 사람들은 그 행위에 대한 내재적 관심을 잃는다"라고 주장했다. 보상은 단기적 촉진제가 될 수 있지만, 효과는 결국 사라지고 일을 지속할 수 있는 장기적 동기까지 떨어뜨린다. 물질적인 보상이 일의 성과를 높이는 '만병통치약'은 아닌 셈이다.

인센티브가 의욕을
떨어뜨리는 이유

많은 기업과 연구 기관이 인센티브 제도를 도입하고 있다. 그런데 과연 이 제도가 직원들의 성과 향상에 실질적인 도움이 될까? 내가 근무했던 몇몇 기관도 성과를 높이기 위해 특허나 논문을 내면 일시적인 인센티브를 주는 제도를 시행했다. 하지만 공통적으로 이러한 제도는 별다른 자극이 되지 못했다. 심지어 논문 한 편당 지급되는 인센티브가 박사과정 학생의 한 달 급여에 달할 만큼 큰 금액이었음에도 학생들은 동요하지 않았다. 다른 기관에서는 막대한 연구 지원금을 주어도 교수들조차 논문을 내지 않는 경우가 허다했다. 왜 그들은 보상이 주어지는데도 움직이지 않았을까? 대학이나 기업, 연구소의 인센티브 제도와 마찬가지로, 부모나 교사들도 아이의 의욕을 높이기 위해 상품이나 상장을 활용하곤 한다. 하지만 이러한 보상이 아이들의 의욕을 저하시킨다는 연구 보고가 있다. 상을 주는데도 흥미가 떨어진다는 사실은 언뜻 이해하기 어려운 일이다.

스탠퍼드대학교의 사회심리학자 마크 R. 레퍼^{Mark R. Lepper} 교수는 이러한 현상에 관심을 두고, 보육 현장에서 상이 의욕에 미치는 영향을 연구했다. 그는 그림 그리기를 좋아하는 아동들을 연구 대상으로 선정했다. 실험자는 아이들을 교실에서 떨어진 방으로 한 명씩 불러 좋아하는 그림을 그리게 했으며, 이때 아이들을 세 집단으로 나누었다.

구분	실험 조건
기대 보상 집단	그림을 그리면 상을 주겠다고 미리 약속함
기습 보상 집단	상에 대한 약속은 없었으나, 그림을 다 그린 후 상을 줌
무보상 집단	상에 대한 언급 없이 그림만 그리게 함

첫 번째는 '기대 보상' 집단으로, 그림을 잘 그리면 상을 준다는 약속을 한 뒤 좋아하는 그림을 그리게 했다. 두 번째는 '기습 보상' 집단으로, 사전에 상을 약속하지 않고 그림을 그려달라고만 요청한 뒤, 아이가 그림을 다 그리면 예상치 못했던 상을 주었다. 마지막 세 번째는 '무보상' 집단으로, 상을 약속하지도 않았고 실제로 주지도 않았다.

실험 결과 '기대 보상' 집단이 그린 그림의 수는 다른 두 집단에 비해 확실히 많았다. 하지만 그림의 질은 현저히 낮았다. 레퍼는 실험이 끝난 뒤 1~2주 동안 아이들의 행동을 다시 관찰했는데, 상을 약속받고 그림을 그렸던 '기대 보상' 집단 아이들은 다른 집단에 비해 자발적으로 그림을 그리는 횟수가 적었다. 그림 그리기에 대한 흥미가 실험 전보다 감소한 것이다. 이는 매우 주목해야 할 결과다. '돈을 줄 테니 공부하라'는 식의 보상이 아이의 내재적 동기에 얼마나 좋지 않은 영향을 미치는지 잘 보여주기 때문이다. 나머지 두 집단은 예전과 마찬가지로 자유 시간이 되면 즐겁게 그림을 그렸다. 이 결과에 대해 레퍼는 '상을 기대하고 그림을 그리는 행위가 자발적인 흥미를 감소시킨다'고 보고했다. 이후 이어진 연구에서도 상을 기대하며 과제를 수행한 경험이 활동 자체에 대한 의욕을 떨어뜨리는 원인이 된다는 사실이 거듭 확인되었다.

이처럼 타인으로부터 보수나 상으로 평가받을 때 흥미나 향상심이 사라지는 이유는 무엇일까? 여러 해석이 있지만 공통적인 의견은 '보수와 외적 평가의 도입이 자율성을 떨어뜨린다'는 것이다. 우리는 좋아하는 일을 할 때 자기 활동을 지배하는 주체가 나 자신이라고 느낀다. 그 활동을 언제 시작하고 그만둘지, 어떤 방식으로 할지는 오직 나의 자유다. 재미와 기쁨이 활동을 이끄는 인도자가 되는 셈이다. 그러나 일단 '상'과 같은 외적 평가를 도입하면, 상을 얻거나 평가 기준을 충족하기 위해 자신의 행동을 그에 맞춰 조정하려는 경향이 강해진다. 그러면 그 과정에서 차츰 행동의 주체가 자신이 아니라고 느끼게 된다. 스스로 주도해서 행동할 때 우리는 '해냈다!'는 성취감과 만족을 얻지만, 외적 평가에 지배받는 순간 더 이상 즐거움을 느끼기 어려워진다.

사회심리학자 리처드 드샴Richard de Charms은 인간에게는 자신이 행동의 원천이자 주인공이고 싶어 하는 기본 욕구가 있다고 말했다. 그의 말처럼 우리가 어떤 활동에 흥미를 잃는 이유는 바로 자율성과 자발성이 결여되었기 때문이다. 남이 시키고 평가하는 일은 본능적으로 거부감이 들기 마련이다. 이를 기억한다면 스스로 동기를 부여하는 방법도 찾을 수 있다. 즉 내가 하고 싶은 일을 주도적으로 해나가는 것이 무기력을 유발하는 동기 장애에서 벗어나는 핵심이다. 무기력을 물리치는 길이 자발성을 회복하는 데 있음을 이해한다면, 내재 동기와 자신의 재미, 그리고 기여 여부에 따라 움직이는 것이야말로 무기력 극복의 핵심 요인임을 알 수 있다.

의미를 찾으면
동기가 생긴다

앞서 살펴보았듯 우리의 의도와는 별개로, 동기를 떨어뜨리는 사건이나 불가피한 외부 상황으로 의욕이 꺾이기도 한다. 예를 들어 직장에서 시행하던 인센티브 제도가 갑자기 사라지면 잘하던 일도 하기 싫어지기 마련이다. 내가 처한 상황 때문에 내재 동기가 저하될 때는 어떻게 해야 할까? 흔들림 없이 늘 내재 동기를 유지하는 방법은 없을까? 빅터 프랭클을 수용소에서 살아남게 한 원동력이 '삶의 의미'였던 것을 기억해보자. 어떤 상황에서도 인간의 동기를 확고하게 붙잡아주는 것은 바로 이 '의미'다. 의미를 발견하면 그에 따른 모든 행동에서 기쁨을 느끼고, 자신이 하는 일이 어딘가에 기여하고 있다는 사실을 끊임없이 자각할 수 있을 것이다. 그러므로 무기력을 유발하는 외부 환경으로부터 자신을 보호하려면 삶을 이끌어갈 의미를 찾아야 한다.

세계적인 신경-언어 프로그래밍Neuro-Linguistic Programming, NLP 임상 전문가이자 『신념의 기적』 공저자 로버트 딜츠Robert

뉴로-로지컬 레벨 이론

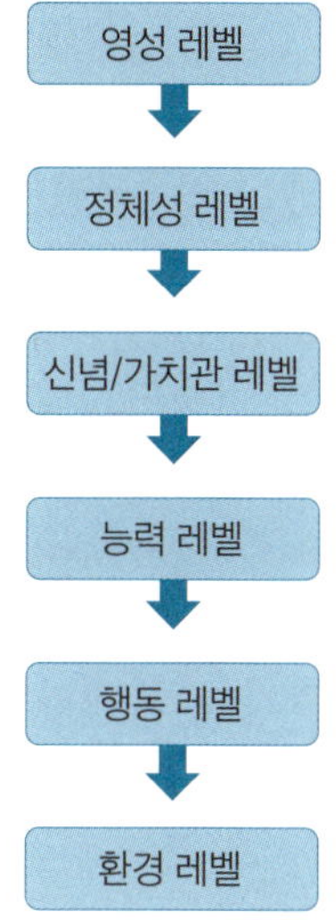

Dilts는 삶의 의미가 동기를 만들어내는 현상을 '뉴로-로지컬 레벨 이론Neuro-Logical Level Theory'으로 설명하는데, 이는 위 그림과 같이 총 6단계로 구성된다.

로버트 딜츠는 한 사람의 영성과 정체성, 신념/가치관, 능력과 행동, 그리고 그를 둘러싼 환경이 그림처럼 위계를 이루고 있다고 설명했다. 그는 인생의 많은 문제가 주로 하위 세 단계인 환경·행동·능력 레벨에서 발생한다고 보았다. 이를테면 '회사에 가기 싫다'는 흔한 문제는 어디에서 비롯되는가? 상사가 몇 년째 당신을 괴롭히며 부당한 요구를 한다면? 이는 환경 레벨의 문제다. 그런데 동료와 크게 다툰 여파로 출근이 꺼려진다면 이는 행동 레벨의 문제다. 마지막으로 업무 능력이 정체되어 승진에서 누락된 것이 원인이라면, 이는 능력 레벨의 문제라고 할 수 있다.

이와 같이 환경·행동·능력 레벨에서 많은 문제가 발생한다. 대다수의 사람은 문제가 발생하면 해당 레벨에서만 해결책을 찾으려 하지만, 딜츠는 이것이 그리 효과적이지 않다고 주장한다. 그는 어떤 문제를 완전히 해결하려면 문제가 발생한 지점보다 상위 레벨에서 해답을 찾아야 한다고 강조한다. 이는 "문제를 유발한 사고 체계로는 문제의 해답에 이를 수 없다"라는 아인슈타인의 명언과도 맥락을 같이한다. 따라서 하위 레벨인 환경·행동·능력 레벨에서 생긴 문제는 상위에 있는 신념/가치관·정체성·영성 레벨에서 해결할 수 있다. 신념/가치관, 정체성 형성은 단순한 욕구 이상이며, 이는 개인의 '삶의 태도'나 '생의 의미'와 직결된다. 의미를 발견한 인간은 본능적인 욕구에만 휘둘리지 않는다. 그가 찾은 의미가 삶을 이끌어가며, 그 의미가 내재 동기를 강력하게 지탱해주기 때문이다.

○

여기서 무기력 문제로 돌아가보자. 우리를 무기력하게 만드는 것은 결국 환경에서 비롯된 특정 사건이다. 인간의 능력과 행동 또한 무기력을 야기하는 직접 혹은 간접적 원인이 될 수 있다. 환경의 영향으로 행동할 힘을 잃었거나 능력이 부족해 무기력에 빠졌을 수도 있기 때문이다. 이렇게 발생한 무기력의 문제 역시 상위 레벨에서 해결해야 한다. 신념/가치관 레벨에서 접근해야 진정한 치유가 가능한 것이다.

한편 에이브러햄 매슬로는 인간 욕구 이론에서 자아실현 욕구가 자기 존중 욕구보다 상위에 있다고 밝혔다. 인간은 자아실현이라는 목적을 위해서라면 자기 존중이 침해되는 치욕도 견뎌낼 수 있다. 이것이 의미를 지닌 인생의 모습이다. 의미 없는 인생은 저급한 욕구와 환경에 휘둘리지만, 삶의 의미를 찾은 사람은 하위 욕구를 뛰어넘어 자신을 완성할 수 있다.

재탄생을 선택한
독수리의 고통

하늘을 나는 새 중 가장 오래 사는 것은 맹금류인 독수리나 솔개라고 한다. 이들의 평균수명은 70년 정도다. 새들이 이렇게 장수하려면 태어난 지 약 40년이 되었을 때 매우 고통스러운 결심을 해야 한다고 전해진다. 40세쯤 되면 깃털이 무거워져 날기 불편하고, 부리도 길게 굽어 먹이를 먹기 어렵다. 그뿐만 아니라 발톱까지 무뎌져 사냥하기도 힘들어지기 때문이다. 이때 독수리는 중요한 선택을 해야 한다. 그대로 죽을 날을 기다리거나, 6~8개월에 달하는 고통스러운 갱생 과정을 견디는 것이다.

재탄생을 선택한 독수리의 수행은 처절하다. 높은 산 정상에 둥지를 틀고, 먼저 바위를 쪼아 자신의 부리를 깨뜨린다. 부리가 깨지고 터져 피투성이가 되면 며칠간 아무것도 먹지 못하는 고통을 겪는다. 그 과정을 거쳐야 새 부리가 돋아난다. 새로 난 부리가 단단해지면 그 부리로 무뎌진 발톱을 하나씩 뽑아낸다. 새 발톱이 자라나면 다시 그 발톱과 부리를 이용해 낡은 깃털을 뽑는다. 그렇게 몇 달이 지나 새 깃털까지 돋아나면, 고통을 극복하고 재생을 선택한 독수리는 다시 태어난다. 그리고 남은 30여 년의 삶을 새롭게 시작한다.

이것이 과학적 진실인지는 알 수 없으나 '독수리의 재탄생'이라는 이야기의 상징적 의미만큼은 명확하다. 재탄생을 준비하는 동안 독수리는 삶에서 가장 무기력한 상태에 처한다. 날 수 없는 독수리는 그동안 자신의 먹이에 불과하던 들쥐에게 공격당한다. 먹잇감에게 역습을 당하는 독수리가 느낄 치욕과 무력감이 얼마나 클지 상상해보라. '재탄생을 위한 무기력'은 이루 말할 수 없이 고통스러운 과정이다.

이처럼 모든 성장에는 무기력한 순간이 동반된다. 중년의 경력 전환기에 겪는 혼란, 고속 승진 후 능력의 한계에서 오는 압박감, 영재 학교로 전학 간 우등생의 절망 등은 일종의 자발적인 무기력이다. 원래 자리에 머물렀다면 겪지 않았을 감정이지만, 더 높은 곳을 지향했기에 무기력이라는 과정에 놓인 것이다. 이런 무기력은 변화를 꾀할 때 맞이하는 중립지대에서 느끼는 감정과 비슷하다. 이때는 삶의 목적과 의미를 붙들지 않으면 견뎌내기 힘들다. 독수리가 치욕을 감수한 것은 수명 연장이라는 확고한 목적이 있었기 때문이다. 우리 또한 무기력의 고통을 인내할 수 있도록 확고한 삶의 의미를 품고 그 기간을 견뎌내야 한다.

자발성 회복을 위한 마음의 전환 1: 동기 강화

진정한 의미를 찾아라!

지금 당신 앞에 놓인 일을 두고 무엇부터 해야 할지, 왜 해야 할지 몰라 방황하고 있지는 않은가? 그렇다면 지금까지 뚜렷한 목표 없이 남들 보기에 좋아 보이는 일에만 손을 대거나, 마지못해 일하며 재미없다고 불평만 해온 것은 아닌지 되돌아보자.

가장 중요한 것은 인생의 의미와 진정으로 원하는 것이 무엇인지 찾는 일이다. 삶을 지탱할 확고한 의미가 있다면 허둥대며 시간을 허비하거나 불평하는 일은 사라진다. 일이 재미있어지고 자신이 들이는 노력의 가치를 체감할 수 있기 때문이다. 그렇게 되면 '하고 싶다'는 마음이 저절로 피어오를 것이다.

자발성 회복을 위한 마음의 전환 1: 동기 강화

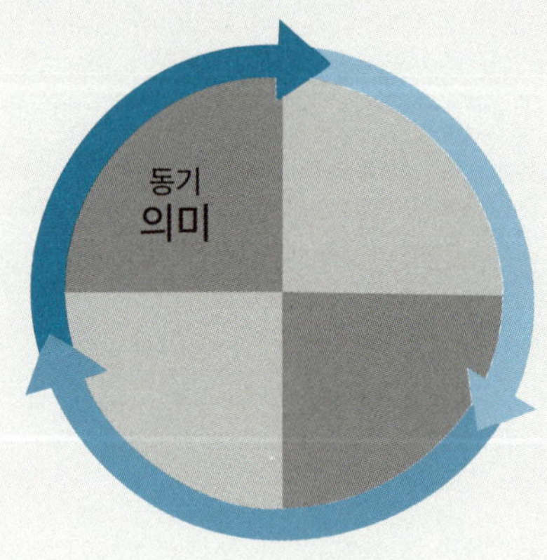

양손 그리기를 통한 삶의 의미 찾기

1. 먼저 도화지나 A4 용지, 색연필을 준비하라. 그런 다음 도화지의 왼쪽과 오른쪽에 양손을 각각 올리고 윤곽을 따라 그려보자. 도화지에 그려진 양손을 반지, 매니큐어, 장갑 등으로 자유롭게 꾸미거나 색칠해도 좋다. 이 작업은 색칠하는 행위를 통해 긴장을 풀고, 아무런 억압 없이 자신이 원하는 것을 떠올리게 하기 위함이다.

2. 손을 예쁘게 꾸민 후, 왼손 손가락 하나하나에 자신이 버리고 싶은 것을 써본다. 예를 들어 살을 빼고 싶다면 '살'이라고 쓰고, 술이나 담배를 끊고 싶다면 '술' 혹은 '담배'라고 적는다. 가볍게 넘기지 말고 반드시 버리고 싶은 것을 진지하게 적

어보자.

3. 다섯 가지 버리고 싶은 것을 완성했다면 오른손으로 넘어가자. 오른손에는 꼭 갖고 싶은 것 다섯 가지를 적어본다. 신이 내 소원을 들어준다는 가정 아래 쓰는 것이므로 진지하게 임하자. 몸이 허약해 건강을 회복하고 싶다면 '건강'이라 쓰고, 구직 중인 사람은 '새 직장'이라고 적는다.

4. 오른쪽 손까지 다 작성했다면 열 가지 항목을 대조해보자. 양쪽에서 서로 연결되는 것이 있다면 선으로 이어본다. 만약 '살'을 버리고 '건강'을 갖고 싶다고 썼다면 그 두 가지는 연관성이 있다. 이렇게 하면 열 가지 항목이 모두 연결될 수도 있고, 전혀 연결되지 않을 수도 있다. 선으로 연결된 항목들을 살펴보면 자신이 정말로 원하는 바가 무엇인지 명확히 알 수 있다.

5. 그림을 보면 당신의 남은 인생을 지탱해나갈 '삶의 의미'를 찾을 수 있을 것이다. 단순히 월급을 더 많이 주는 직장이 아닌, 건강하게 사는 것이 자신에게 훨씬 중요한 의미임을 깨달을지도 모른다. 이렇게 발견한 '의미'를 남은 삶을 이끌어갈 나침반으로 삼길 바란다. 그러면 무기력하던 당신의 인생이 이전과는 다르게 느껴질 것이다.

【 인지 】

자존감을 회복하라

무기력은 동기를 저하할 뿐만 아니라 인지 장애를 유발한다. 인지란 우리가 세상과 자신을 바라보고 생각하는 방식을 뜻한다. 사실 인간의 마음을 어지럽히는 것은 인생을 뒤흔든 사건 자체보다, 그 사건에 대한 생각이라는 주장이 지속적으로 제기되어왔다. 경영 컨설턴트이자 리더십 트레이너 데니스 웨이틀리Denis Waitley는 이런 현상에 대해 다음과 같이 말했다.

"우리를 붙드는 것은

우리 자신이 생각하는 그릇된 자신의 모습이다."

가까운 예를 들어보자. 내가 아는 여자 후배는 객관적으로 상당히 예쁘다. 그런데 정작 본인은 자신이 예쁘지 않다고 믿는다. 주변 사람들이 아무리 외모를 칭찬해도, 자신은 어릴 때부터 한 번도 예뻐본 적이 없고, 지금 타인이 보는 모습은 화장에 가려진 가짜라며 생각을 굽히지 않았다. 겸손해서가 아니라 진심으로 그렇게 생각하는 듯 보였다. 이와 마찬가지로 자기 능력을 의심하는 사람은 아무리 좋은 성과를 내도 그것을 자신의 능력이라 믿지 못한다. 자신을 바라보는 시각이 왜곡되었기에, 어떤 일을 해내더라도 자기 능력으로 인정하지 못하고 만족감을 느끼지 못하는 것이다. 무기력은 바로 이런 인지적 오류를 부추긴다.

'박경숙'이라는 나는 단 한 사람이지만 무기력하기 전과 무기력할 때, 그리고 이러한 상태에서 벗어난 이후의 나는 확연히 다른 얼굴을 하고 있다. 같은 일이라도 무기력할 때는 도저히 해낼 수 없다고 느꼈다. 자신을 바라보는 인지 방식이 심하게 왜곡되었기 때문이다. 사실 우리의 능력은 그대로임에도 그것을 발휘하지 못하게 가로막는 벽이 마음속에 존재한다. 무기력하다는 느낌은 실제로 무능력해서가 아니라, 할 수 없다는 생각의 오류 때문일 가능성이 크다. 그 오류는 어린 시절에 형성된 것이거나, 강한 권력을 지닌 대상이 지속적으로 방해하고 무시하며 핍박한 결과일 수 있다. 실험에서 개들이 겪은 전기 충격을 떠올리면 된다. 가까운 사람이 행하는 가스라이팅도 인지 왜곡을 일으킬 수 있다. 그렇다면 지금부터 인지 왜곡을 바로잡을 방법을 알아보자.

열등감과 무기력

이제 '어떻게 잘못된 인지를 전환할 것인가?' 하는 문제에 봉착하게 되었다. 무기력한 사람은 아무것도 할 수 없다는 생각 때문에 스스로 무능력하다고 느낀다. 따라서 '나도 할 수 있다'고 믿는 경험이 무엇보다 중요하다. 이것이 바로 인지 왜곡에서 벗어나는 핵심 열쇠, '유능감'이다. 유능감이란 자신이 어떤 일을 잘해낼 능력이 있다고 느끼는 감정으로, 무능감이나 열등감과는 상반되는 개념이다.

유능감을 회복하는 방법을 알아보기 전에 무기력과 긴밀하게 연결되어 있는 '열등감'에 대해 알아보자. 정도의 차이는 있지만 누구나 나름의 열등감을 지니고 있다. 미스코리아 '선'은 '진'에게 열등감을 느끼고, 평점 4.4를 받은 우등생은 만점을 받은 사람 앞에서 자신이 열등하다고 생각한다. 우리가 이토록 쉽게 열등감에 빠지는 이유는 무엇일까?

정신과 의사 칼 A. 메닝거^{Karl A. Menninger} 박사는 인류가 느낀 최초의 열등감이 대자연에 비해 인간이 너무 나약하다는 원시인의 자각에서 시작되었다고 보았다. 이후 인간은 종교, 철학, 발명 등 부분적인 자연 정복을 통해 나약함에서 조금씩 벗어났다. 그러나 인간은 곧 동료 인간들 사이에서 새로운 열등감을 찾아냈다. 자신보다 강하고 빠르며 우수한 사람과 스스로를 비교해 불쾌감을 맛보게 된 것이다. 타인보다 부족하고 뒤떨어진다는 의식인 열등감은 삶의 전 영역에서 나타난다. 열등감이 깊어지면 상실감이나 무력감이 생기고, 여기서 더 진행되면 자기 학대로 악화된다.

그런데 유독 열등감을 심하게 느끼는 사람이 있다. 아동기에 부모나 양육자로부터 잘못된 대우를 받아 후유증이 남은 경우 이러한 경향을 보인다. 아이는 어른들에 의해 타인과 불리하게 비교당하면서 깊은 열등감을 느끼기 쉽다. 예를 들어 어머니가 손님 앞에서 "얘는 누나만큼 머리가 좋지 않아요"라고 계속해서 말하면, 그 아이는 자신이 정말 누나보다 머리가 나쁘다고 믿게 된다. 또한 "넌 못생겼으니 성적이라도 좋아야 한다"라는 아버지의 말을 들은 딸 역시 자신이 못생겼다고 여기게 된다. 이런 비난은 매우 치명적이어서 아이의 희망을 무참히 짓밟기도 한다. 하지만 아이들은 권위가 강한 어른의 힘에 짓눌려 제대로 대항하지 못한다.

최초로 열등감inferiority complex이라는 용어를 사용한 오스트리아의 정신과 의사 알프레드 아들러Alfred Adler는 자신의 경험을 통해 이 감정을 연구했다. 그는 어린 시절 병약하고 성적도 좋지 않아 형과 비교당했지만, 그 열등감을 동력 삼아 의사가 되었다. 아들러는 누구나 느끼는 열등감이 어떻게 작용하느냐에 따라 인생이 달라진다고 보았다. 열등감이 성장의 자극제가 되지 못하고, 삶을 제약하는 변명이나 굴레가 될 때 무기력의 늪에 빠지게 된다. 아들러는 열등감이 구체적으로 작용하는 세 가지 방식을 다음과 같이 설명했다.

첫째, 우월 욕구로 전환되는 열등감이 있다. 누구에게나 열등감이 있지만, 동시에 우월한 존재가 되려는 욕구도 느낀다. 아들러는 열등감을 동력 삼아 우월 욕구를 자극해야 한다고 주장했다. 가진 것 없고 외모가 뛰어나지 않은 아이가 주눅 들지 않고 열심히 공부해 목표를 이루는 것처럼, 다른 영역에서 유능감을 확보함으로써 열등감을 극복하는 식이다.

그다음으로는 자기 비하와 우울로 이어지는 열등감이 있다. 끝내 열등감을 극복하지 못하면 패배감에 젖을 수밖에 없다. 부족한 외모나 학업 성적, 능력 때문에 주눅이 들고 자신을 하찮게 여기면 매사에 자신감이 없어지고 소극적인 삶을 살게 된다. 이것이 심해지면 우울증을 겪으며 자살이라는 극단적 결말에 이르기도 한다. 아들러는 대부분의 자살 뒤에는 우울증이, 우울증 뒤에는 열등감이 도사리고 있다고 여겼다. 열등감이 무기력과 만나면 파괴력은 더욱 강력해진다.

셋째, 타인에 대한 비난과 정죄, 공격으로 이어지는 열등감이 있다. 아들러는 가장 위험한 열등감이 바로 이 유형이라고 경고한다. 이는 타인을 비방하고 무시함으로써 자신의 열등감을 덮고, 병적인 우월감을 추구하는 방식이다. 이런 사람은 자신을 미워하기에 타인도 미워하며, 자신을 존중하지 않기에 상대방도 함부로 대한다. 자신이 받은 상처를 남에게 상처 주는 도구로 이용하는 것이다. 이들의 지속적인 공격은 주변 사람들을 무기력하게 만든다. 이런 친구는 곁에 두기 괴롭고, 이런 부모나 배우자를 만나는 것은 재앙과도 같다. 주변 사람을 열등하게 만들어 자신과 하향 평준화하려 들기 때문에 주변의 피해가 극심할 수밖에 없다.

열등감이 만드는
사고의 오류

사실 열등감을 느끼지 않는 이들은 거의 없다. 미국 컬럼비아 대학교 성형외과 의사이자 심리학자 맥스웰 몰츠Maxwell Maltz는 세계 인구의 약 95퍼센트가 열등감을 느낀다고 추정했다. 이를 테면 외모가 만족스럽지 못한 사람은 스스로 통제하기 어려운 신체적 조건 때문에 열등감을 느낀다. 그런데 열등감은 단순히 그 감정 자체에서 끝나지 않는다. 스스로를 무능하거나 매력 없는 사람으로 여기는 자기 비하로 이어지며 자존감을 추락시 킨다. 이렇게 자신을 사랑하지 못하게 되면, 결국 '나는 무엇을 해도 잘해낼 수 없다'는 부정적인 감정에 휩싸이기 쉽다. 성형 수술은 이러한 심리 상태를 극적으로 바꾼다. 맥스웰 몰츠는 성형을 통해 외모를 바꾼 사람들이 자존감을 회복하고 활기를 되찾았다고 말한다. 마치 외모가 아니라 정신을 개조한 것처럼 삶에 대해 완전히 달라진 태도를 보인다는 것이다. 물론 성형 부작용은 큰 문제지만, 자신감 확보 측면에서 성형수술은 결점 을 보완하는 방법 중 하나일 수 있다.

성형수술처럼 자신감을 되찾을 수 있는 비교적 확실한 방 법이 있으면 다행이다. 그런데 열등감이 통제 불가능한 사건과 만나면 사고의 오류가 쉽게 발생한다. '내가 부족해서 일어난 일'이라며 모든 책임을 자기 탓으로 돌리게 되는 것이다. 이러한 과정에서 상황을 자신의 힘으로는 절대 바꿀 수 없다는 인지 왜곡에 빠지기도 한다. 실험 대상인 개가 열등해서 전기 충격을 받은 것이 아니듯, 우리가 무능력해서 무기력에 빠진 것이 아니다. 그럼에도 열등감에 사로잡힌 사람은 자신이 무능하기 때문에 무기력해졌다고 믿어버린다. 그 결과 무기력은 내면에 더욱 확고하게 뿌리를 내린다.

결국 무기력의 늪에서 빠져나오기 위해서는 왜곡된 인지를 바로잡아줄 심리적 완충지대가 필요하다. 앞서 언급한 카우아이섬 실험에서 일부 아이들이 낙오자가 되지 않은 이유 또한 열등감과 관련이 있다. 혹독한 환경에서도 올바르게 성장한 아이들의 곁에는 항상 든든한 지지자가 있었다. 단 한 명이라도 아이의 자존감을 지켜주는 사람이 있다면, 그 아이는 열등감에 함몰되지 않고 성장한다. 이는 열등감에서 벗어나 자존감을 회복하는 것이 무기력을 극복하는 데 무엇보다 절실함을 보여준다. 맥스웰 몰츠의 의견도 카우아이섬 실험의 결과와 일맥상통한다.

"무기력으로 약해진 자아를 회복하기 위해서는
긍정적인 자아 형상self-image 과정이 반드시 필요하다.
그리고 긍정적인 자아 형상을 통해 무기력에서 벗어나야
근본적으로 더 나은 삶을 살 수 있다."

자존감이 먼저다

그렇다면 자존감은 어떻게 회복할 수 있을까? 먼저 알아두어야 할 것이 있다. '자존심'과 '자존감'은 언뜻 비슷한 의미로 보이지만 정반대에 위치한 단어라는 사실이다. 먼저 자존심에 대해 살펴보자. 사전적 정의에 따르면 자존심은 '남에게 굽히지 않고 자신의 품위를 스스로 지키는 마음'을 뜻한다. 즉 자존심은 타인과의 비교나 경쟁을 전제로 한 감정이다. 남보다 내가 더 낫다고 생각하는 마음이 자존심이기에, 이는 상황에 따라 언제든 열등감으로 뒤바뀔 수 있다. 반면 자존감은 스스로 자신의 가치를 인정하며 자신을 존중하고 사랑하는 감정이므로 타인과의 비교 및 경쟁과는 거리가 멀다.

자존심이 강한 사람은 끊임없이 타인과 자기를 비교한다. 예를 들면 이런 식이다.

"네가 나보다 외모가 괜찮다고 자신하는 것 같은데, 너는 나보다 직업이 불안정하잖아."

이런 식의 비교는 자신보다 직업이 조금이라도 더 좋은 사람을 만나는 순간 가차 없이 열등감으로 바뀐다. 자존심이 세면 겉으로는 강해 보이지만 내면에는 힘이 없다. 1부에서 설명한 데이비드 호킨스의 의식 지도에서도 자존심은 200 미만의 값인 175임을 상기해보자. 우리는 자존심이 언제든 열등감으로 추락할 수 있는 불안정한 감정임을 기억해야 한다. 자존심이 강한 사람은 자신의 약점과 결점에 집중하는 경향이 있다. 자존심은 부족한 부분을 늘 염두에 두며 이를 들키지 않으려 애쓰는 자기방어 수단이라고 할 수 있다. 지나치게 자존심을 세우는 사람은 역설적으로 자존감이 부족한 사람일 확률이 높다.

한편 '자만감'을 가지는 것도 좋지 않다. 자만감을 가진 이들은 별로 노력도 하지 않으면서 자신을 과시하기 바쁘기 때문이다.

"이 회사에 나만 한 사람이 어디 있어? 내가 제일 학벌도 좋고 실적도 좋은데!"

이렇듯 자만심이 강한 사람은 머지않아 실패를 맛보게 된다.

따라서 우리에게는 자존심이나 자만감이 아니라, 타인과 비교하지 않아도 자신의 가치가 충분히 빛난다고 믿는 확고한 감정인 '자존감'이 절실히 필요하다. 자존감은 우리의 존재 가치와 관련이 깊다. 타인과 비교해 우월감을 느끼는 것이 아니라, 스스로 자신의 가치를 인정하며 존중한다. 그러므로 자존감이 높은 사람은 외부 환경이나 자극에 민감하게 흔들리지 않는다. 예를 들어 자신의 직업에 대해서도 타인을 깎아내리며 만족하는 것이 아니라 "난 내 직업에 만족해. 급여는 적은 편이지만 안정적이고 배울 점이 많아. 나는 여기서 충분히 성장할 수 있어" 하고 자신의 가치에 집중하는 식이다. 소신에 따라 행동하는 이들은 자신의 강점과 재능에 집중할 줄 알고, 타인에게 충고를 듣더라도 상처받지 않는다. 평가를 두려워하지 않는 이유는 타인의 생각도 존중받아야 할 가치가 있다고 생각하기 때문이다. 이들에게는 타인에게 받은 상처를 금방 치유할 수 있는 능력이 있다.

내면을 단단하게 지켜주는 자존감이 낮은 이들은 자신의 공허한 부분을 타인에게 공격받을까 봐 늘 두려워하기 마련이다. 그들은 어떻게든 빈 공간을 들키지 않으려고 노력하는 방어주의자가 된다. 이들은 '타인'의 시선 때문에 일한다. 타인의 인정을 받음으로써 결핍을 채울 수 있다고 믿기 때문에 인정받는 일에 몰두하는 것이다. 직장에서는 상사의 지시에 충실히 따르고 누구보다 열심히 일하며 자신을 과시하려 애쓰지만 이내 공허해진다. 상사나 동료의 인정은 어디까지나 타인의 평가일 뿐이다. 타인의 마음은 내가 통제할 수 없는 영역이기에, 타인의 평가에 집착할수록 의존적 성향만 강해진다. 타인의 마음을 마음대로 할 수 없다는 사실을 깨닫는 순간, 무기력에 빠질 가능성이 커진다.

무기력에서 벗어나기 위해서는 열등감을 극복하고 자존감을 회복해야 한다. 물론 누구도 열등감에서 완전히 벗어나기는 어려울 것이다. 하지만 자존감을 회복하면 열등감을 줄이거나 발전의 동력으로 삼을 수도 있다. 자존감의 회복은 '우리는 세상에서 하나뿐인 귀중하고 독특한 존재'라는 생각에서 출발한다. 우리는 모두 소중한 존재로 태어났으며 각자만의 강점이 있음을 잊어서는 안 된다.

스스로를 존중하라

'현존하는 프랑스 최고의 지성'이라는 수식어가 따라다니는 미래학자 자크 아탈리Jacques Attali는 저서 『살아남기 위하여』에서 개인과 기업, 국가가 위기 상황에서 살아남을 수 있는 일곱 가지 원칙을 소개한다. 그런데 흥미롭게도 그중 첫 번째 원칙이 '자긍심의 원칙'이다. 스스로를 존중하는 자존감을 회복하라는 것이다. 자크 아탈리는 다음과 같이 말한다.

"우선 제대로 살고 싶다는 욕망을 지녀야 한다. 그러기 위해서는 자신을 충분히 의식하고, 자신의 운명에 중요성을 부여하며, 자신을 부끄러워하거나 증오해서는 안 된다. 자기 자신을 존중하며, 살아야 하는 이유를 찾고자 부단히 노력해야 하고, 몸과 품행, 외모, 꿈의 실현에서 뛰어나고자 하는 욕망을 품어야 한다. 그러려면 남에게 아무것도 기대하지 말고, 자신에 대해 정확히 정의내리기 위해 자신에게만 의지해야 한다. 자신의 본질이 무엇이든 위기 앞에서 공포에 사로잡히지 말고, 인정하고 싶지 않더라도 진실을 받아들여야 하며, 지나치게 낙관적이지도 비관적이지도 않은 미래의 주체가 되기를 바라야 할 것이다."

자크 아탈리가 강조하는 자긍심은 곧 자존감이다. 그러므로 이 말은 우리가 무기력에 빠져 아무것도 할 수 없게 된 지

오래라 하더라도, 그 상황에서 벗어나고 싶다는 욕망을 품고 포기하지 말아야 한다는 뜻으로 해석할 수 있다. 우리가 믿어야 할 대상은 오직 자기 자신뿐이기 때문이다. 자크 아탈리는 여기에 덧붙여 '우리는 처음부터 남들이 자신을 위해 무엇을 해줄 수 있을지 생각하지 말고, 자신이 스스로 할 수 있는 일은 무엇인지 고민해야 한다'고 강조했다.

자크 아탈리가 강조한 '자신이 할 수 있는 일'에 집중하는 주체적 태도는 고대 철학자들이 정의한 행복의 개념과도 맥락을 같이한다. 일찍이 아리스토텔레스는 에우다이모니아eudaimonia라는 개념을 제시했다. 이는 '인간의 고유한 기능이 덕에 따라 탁월하게 발휘되는 영혼의 활동'을 의미한다. 쉽게 말하면 '행복'과 뜻이 통하는데, 여기서 행복은 일상에서 문득 느끼는 순간적 감정이 아니다. 현실에서 성취 가능하며 완전히 자족할 수 있는 상태, 즉 고차원적 의미의 행복을 말한다. 그렇다면 이러한 행복에 도달하기 위해서는 구체적으로 어떻게 해야 할까?

피터 드러커Peter Drucker, 톰 피터스Tom Peters와 함께 세계를 움직이는 사상가 50인에 선정된 경영 이론가 찰스 핸디Charles Handy는 저서 『포트폴리오 인생』에서 생애 목표를 달성하기 위해 인생을 재무 포트폴리오처럼 재편할 필요가 있다고 말한다. 인간이 행복해지기 위해서는 자신의 일을 여러 영역으로 나누어 재구성해야 한다는 논리다. 그는 실제로 자신의 역할을 작가, 강연가, 아버지, 남편 등으로 분류하고, 각 역할을 충실히 수행하기 위해 불필요한 일을 과감히 제거했다. 마찬가지로 우리도 삶에서 가장 소중하다고 판단되는 것만 남기고, 나머지는 쓰레기를 버리듯 과감히 제거할 수 있어야 한다. 인생에서 소중한 것만 선별해 남기는 결단은 자신에 대한 애정인 자존감이 뒷받침되어야 가능하다.

그는 또한 인간이 지녀야 할 개인적 가치와 도덕적 잣대인 에우다이모니아를 '자신이 가장 잘하는 분야에서 최선을 다하는 것'이라 해석했다. 자신이 가장 잘하는 방식에 최선을 다하는 삶이 곧 자존감의 원칙에 입각한 삶이라고 본 것이다. 따라서 우리는 스스로가 가장 소중하다는 자존감을 바탕으로, 직접 세운 전략에 따라 최선을 다할 때 비로소 에우다이모니아적 삶에 이를 수 있다.

어떻게 자존감을 회복할 것인가

앞에서 설명한 내용을 바탕으로 자존감을 회복하는 구체적인 방법을 제시하면 다음과 같다. 먼저 자신의 장점과 단점 등 있는 그대로를 받아들이고, 다른 이들의 시선은 신경 쓰지 마라. 그리고 인지 전환을 통해 열등감에서 벗어나는 것도 중요하다. 당신이 열등감을 느낀 외적 가치가 중요한 것이 아님을 깨닫고, 진정한 가치는 자기 내면에 있다는 확신을 가져라.

또한 감사하는 마음을 지녀야 한다. 열등감에 사로잡힌 사람은 타인을 긍정적으로 바라보지 않으므로 감사를 느끼지 못한다. 무기력에 빠진 이들 역시 감사하기가 쉽지 않을 것이다. 하지만 이들이 작은 일부터 감사하게 여기는 습관을 갖는다면, 어느 순간에는 자신이 가진 것이 얼마나 소중한지 깨닫게 될 수 있다. 그 과정에서 비로소 스스로를 소중한 존재로 인식하게 된다. 부족한 부분조차 삶의 일부라고 긍정하며 감사하는 마음을 가져보자.

마지막으로 작은 목표부터 이루어내는 습관을 기르자. 열등감에 짓눌리는 사람은 자존심을 세우기 위해 무리한 목표를 설정하곤 한다. 그런데 실현 불가능한 목표는 실패를 낳고, 반복된 실패의 경험은 다시 깊은 열등감을 남긴다. 결국 열등감 때문에 더 큰 목표를 세우고 다시 실패하는 악순환을 거듭하게 된다. 열등감에서 벗어나기 위해서는 현실적인 목표를 세우고 우선순위를 정한 다음 하나씩 실행해야 한다. 작은 성취감이 곧 큰 성취를 이루는 씨앗이 되기 때문이다. 다음은 1994년 넬슨 만델라가 Nelson Mandela 남아프리카공화국 대통령에 취임할 때 낭독한 취임사다. 이 글을 통해 자존감에 대해 다시 한번 생각해보길 바란다.

우리의 가장 깊은 두려움은 무능함이 아닙니다.
우리의 가장 깊은 두려움은 우리가 지닌,
가늠할 길 없이 강한 힘입니다.

이것은 빛입니다. 우리는 위협하는 어둠이 아닙니다.

우리는 스스로에게 묻습니다.

이렇게 영리하고 아름답고 재능 있고

경이로운 존재인 나는 누구인가?

사실, 우리 중 그렇지 않은 이가 누구입니까?

당신은 신의 아이입니다.

움츠러들어서는 세상을 구원할 수 없습니다.

당신 옆의 사람들이 불안해할까 봐

뒷걸음질 치는 것은 옳지 않습니다.

우리는 우리 안에 존재하는 신의 영광을

천명하기 위해 이 세상에 왔습니다.

그것은 몇몇 사람들에게만 있지 않습니다.

우리 모두의 마음 안에 있습니다.

그리고 우리가 스스로 빛을 발하는 일은

어느새 다른 이들도 빛을 발할 수 있도록 도와주는 일입니다.

스스로 두려움에서 벗어남으로써

우리의 존재는 다른 이들을 자유롭게 할 것입니다.

자존감 쌓기

다음은 무기력에 빠졌을 때 인지를 전환해 자존감을 회복하고 행동을 이끌어내는 구체적인 방법이다. 어떤 일을 마주했을 때 무기력 때문에 손이 떨어지지 않는다면, 다음 단계를 밟아가며 자신을 독려해보자.

1. **문제 정의** 내가 해야 할 일이 정확히 무엇인가? 그 일을 하는 것이 이번 과제임을 인식한다.

2. **문제 접근** 이 문제를 해결하기 위해 어떤 방식을 취할 수 있을까?

3. **주의 집중** 잡념을 버리고 당장 해야 할 것에만 집중한다.

4. **답의 선택** 이 문제에 대한 최선의 답은 무엇인지 결정한다.

5. **대처 진술** '실수했구나, 이건 정말 어려운 문제야. 초조하지
만 그래도 다시 한번 해보자. 노력하면 해결할 수
있는 좋은 방법을 찾을 수 있어. 난 할 수 있어!'
라고 스스로를 다독인다.

6. **자기 강화** '좋아, 결국 해냈군. 정말 잘했어'라며 스스로를
칭찬한다.

이러한 사고방식을 꾸준히 연습하다 보면, 당면한 문제를 하
나씩 해결할 때마다 자신감과 자존감이 점진적으로 쌓일 것이다.

인지 왜곡을 바로잡는
과학적인 마음 치료법

매 순간 인지 방식을
전환하라

자존감 회복이 내면의 단단한 중심을 세우는 일이라면, 실질적 변화를 위해서는 마음속에 뿌리 깊게 박힌 사고 체계를 점검해야 한다. 자존감이 낮은 상태에서 굳어버린 부정적 사고 습관을 바꾸기 위해서는 매 순간 인지 방식을 전환하는 노력이 필요하기 때문이다.

대부분의 인지 문제는 세상과 자신에 대한 잘못된 믿음에서 비롯된다. 그러므로 그릇된 믿음과 왜곡된 시선을 바로잡는 것이 치유와 회복의 핵심이다. 인지 방식에서 모든 문제가 발

생한다는 관점은 2,000년 전 그리스 스토아학파의 에픽테토스
Epiktētos, 키케로Cicero, 세네카Seneca 등이 제시한 바 있다. 특히 에
픽테토스는 저서 『편람The Enchiridion』을 통해 '사람은 일어나는
사건 자체보다 그 사건에 대한 자신의 생각에 의해 영향을 받
는다'고 강조하며, 인지적 접근의 중요성을 일찌감치 예견했다.
한편 동양의 도교나 불교에서도 인간의 사고를 행동을 결정하
는 주요 동력으로 여겼다. 달라이 라마Dalai Lama는 저서 『새로운
밀레니엄을 위한 윤리Ethics for the New Millennium』에서 다음과 같이
말했다.

"만약 우리의 사고와 감정이 방향을 바꿔 행동을 재구성
할 수 있다면, 고통을 더욱 쉽게 극복할 수 있을 뿐만 아니라
고통이 시작되는 것조차 예방할 수 있을 것이다."

동서양을 막론하고 이렇듯 생각이 삶의 질을 결정한다는
통찰은 현대 심리학의 과학적 치료 기법으로 계승되었다. 대표
적인 인지 치료 모델로는 앨버트 엘리스Albert Ellis의 '합리적 정
서 행동 치료Rational Emotive Behavior Therapy'와 아론 벡의 '인지 치료
Cognitive Therapy' 등이 있다. 이때 인지 치료는 행동 치료와 결합해
인지 행동 치료Cognitive Behavioral Therapy, CBT라는 통합된 형태로 주
로 활용된다. 인지 행동 치료는 인지가 감정과 행동에 영향을
미치고, 행동 또한 인지 패턴과 감정에 다시 영향을 미친다는
전제에서 출발한다. 인지 치료가 인지적 왜곡을 바로잡아 더욱
정확한 평가와 해석을 유도하는 과정이라면, 행동 치료는 행동
의 교정을 통해 사고와 감정의 변화를 꾀하는 방식이다. 이 두

기법을 결합한 인지 행동 치료는 내면의 생각과 외적 실천을 동시에 다룸으로써 치유 효과를 극대화한다.

행동 교정과 관련한 본격적인 내용은 다음 장에서 상세히 다루겠지만, 그에 앞서 우선순위를 두어야 할 것은 우리 눈을 가리고 있는 인지 왜곡을 걷어내는 일이다. 내면의 생각과 외적 실천이 결합할 때 치유 효과가 극대화되는 만큼, 먼저 우리의 사고방식을 점검해보자. 마음의 관점을 전환해 우울증에서 벗어나는 방법이 약물 치료보다 효과가 오래 지속된다는 보고가 있는 만큼, 우리는 인지 치료 기술을 활용해 인지 왜곡을 바로잡는 법을 익힐 필요가 있다. 이런 치료법을 통해 고착된 사고 패턴을 변화시킨다면, 우리는 무기력의 늪에서 조금씩 벗어날 수 있을 것이다.

사고 패턴을
바꿔라

펜실베이니아대학교의 인지 치료 권위자 아론 벡 박사는 우울증 환자들이 어떤 사건을 마주할 때 심하게 자기 비난을 하며, 상황을 지나치게 왜곡하는 경향이 있음을 발견했다. 그의 연구에 따르면 우울증 환자들은 자신과 주변 세계, 그리고 미래를 독특한 방식으로 바라보며 비논리적 결론을 도출하곤 한다. 그는 우울증 환자들이 스스로 구축한 잘못된 사고의 틀 안에서 자신을 평가절하하고 비난하는 현상을 발견했으며, 이를 '자동적 사고automatic thoughts'라고 정의했다.

자동적 사고는 말 그대로 우리가 특정한 상황에 직면했을 때, 의지와 상관없이 자동적으로 떠오르는 사고 패턴을 의미한다. 예를 들어 자신이 아름답다고 믿는 여성은 길을 가다 한 남성과 눈이 마주치면 자동적으로 '내가 매력적이라 쳐다보는구나'라고 생각한다. 반면 스스로 못생겼다고 믿는 여성은 '저 남자는 왜 쳐다보는 거지? 내 모습이 그렇게 이상한가?'라며 위축된다. 객관적 사실과 무관하게 어린 시절부터 형성된 사고의 틀이 상황을 특정 방향으로 판단하게 만드는 것이다. 이것이 바로 자동적 사고의 전형적인 모습이다. 앨버트 엘리스 박사 또한 세상과 자신에 대한 비합리적 신념이 인지적, 정서적 왜곡을 유발한다고 강조했다. 실제로 뛰어난 역량을 갖춘 사람이라 할지라도 어린 시절부터 부족한 부분을 지적받으며 자라면 스스로를 열등하다고 믿게 된다. 즉 열등감은 객관적 사실이 아닌 일종의 비합리적 신념에서 비롯된 결과물이다.

인지 치료 이론은 이러한 자동적 사고와 비합리적 신념이 인간의 정서적 반응과 행동 양식에 결정적 영향을 미친다는 가정 아래 정립되었다. 따라서 이 치료의 궁극적 목표는 왜곡된 인지 체계를 재구성해 건강한 정신 상태를 회복하는 것이다. 무기력에 빠진 사람은 과거 몇 차례 실패한 경험 때문에 '노력해도 결과는 바뀌지 않을 것'이라는 인지 왜곡을 학습하고, 이를 기점으로 자신을 비관하거나 비판한다. 더욱이 상황을 총체적으로 파악하기보다 특정한 사건이나 단편적인 부분에만 집착해 이를 전체의 사실인 양 일반화하는 오류를 저지른다. 예를 들어 단 한 번의 실수로 시험을 망쳤을 뿐인데도 '나는 본래 공부에 소질이 없다'라고 낙인찍거나, 상사에게 한 차례 질책받은 일을 두고 '나는 늘 실수만 저지르는 사람이라 곧 해고될 것'이라며 상황을 왜곡하는 식이다.

이 책에서 제안하는 '인지 전환cognitive transition'은 아론 벡의 '자동적 사고'와 엘리스의 '비합리적 신념'을 근원적으로 교정해 행동과 정서의 변화를 이끌어내는 과정이다. 삶의 궤적 속에서 공고해진 인지 체계를 전면적으로 수정하는 작업이라 할 수 있다. 여기서 '인지 변화cognitive change'가 아닌 '인지 전환'이라는 용어를 사용하는 이유는 인지 구조의 변혁이 결코 한순간에 완성되지 않기 때문이다. 인간은 수십, 수백 번 스스로를 다독이고 사고를 수정하는 과정을 거쳐야 새로운 믿음에 의지할 수 있는 존재다. 따라서 사고방식의 변화는 단번에 이루어지는 비약이 아니라, 반드시 과도기적 중립지대를 거쳐 서서히 이행되는 과정이기에 '전환'이라 명명한 것이다.

다양한 인지 치료법

우리는 어떻게 인지 전환의 중립지대를 무사히 통과해 새로운 믿음에 도달할 수 있을까? 지금부터 현대 인지 치료의 양대 산맥인 앨버트 엘리스와 아론 벡의 치료법을 차례로 살펴볼 것이다. 이론이라는 이름의 장벽에 부딪힐 필요는 없다. 방법론은 명료하며, 이를 자신의 사례에 하나씩 대입해보는 것만으로도 변화가 시작되기 때문이다. 먼저 엘리스가 제안하는 마음의 공식부터 확인해보자.

1. 엘리스의 ABCDE 모델

앨버트 엘리스 박사가 창안한 마음의 치료법은 '합리적 정서 행동 치료'라 불린다. 이는 비합리적이고 자기 패배적인 신념을 배척하고, 현실적이며 합리적인 가치관을 갖도록 유도하는 기술이다. 엘리스의 이 치료법은 이른바 'ABCDE 공식'으로 요약되는데, 구체적인 내용은 다음과 같다.

A$^{activating\ event}$는 스트레스를 유발하는 사건을 의미한다.

B$^{belief\ system}$는 선행된 사건에 대한 의미를 해석하는 인지적 과정이다.

C^{consequence}는 해석(B)의 결과로 나타난 정서와 행동 상태다.

D^{dispute}는 왜곡된 해석인 B를 바꾸기 위해 신념이 잘못되었다고 논박하는 과정이다.

E^{effect}란 새로 생겨난 믿음을 뜻한다.

엘리스는 비합리적인 생각과 왜곡된 신념이 심리적 장애를 유발하는 결정적인 원인이라고 보았다. 따라서 비합리적인 신념인 B$^{belief\,system}$를 바꾸는 것이 치료의 핵심이다. 이를 '새롭고 건강한 신념인 B'로 전환하기 위해서는 내담자가 가진 비합리적 사고의 오류를 논리적으로 짚어내야 하는데, 이 과정을 D^{dispute}라고 한다.

논박 과정에서 이루어지는 토론이 치열할수록 치료 효과는 더욱 증폭된다. 내담자의 그릇된 믿음에 대해 강력한 반대 증거를 제시할수록 설득과 치유의 가능성 또한 높아지기 때문이다. 이 과정을 거쳐 비합리적 신념이 건강한 신념(B')으로 대체되면, 내담자는 비로소 더욱 합리적인 가치 체계를 갖추게 된다. 이러한 새로운 가치관이 E^{effect}다. 이처럼 우리를 무기력하게 만드는 부정적 신념을 새로운 신념으로 교체해 의욕과 자신감, 유능감과 자발성에 기반한 삶의 철학을 세우는 것이 인지 전환의 궁극적 목표다.

2. 아론 벡의 인지 치료

아론 벡의 인지 치료 역시 엘리스의 방식과 마찬가지로 내담자가 자신의 신념과 사고를 자각하게 함으로써 변화를 유도한다. 다만 두 방식의 차이는 논박 과정에서 뚜렷하게 드러난다. 엘리스의 치료법이 다소 지시적이고 강한 설득을 동반한다면, 아론 벡의 인지 치료는 '소크라테스식 대화법'이라 불리는 우회적인 질문을 통해 내담자 스스로 잘못된 신념을 발견하도록 돕는다. 인지 치료가 구체적으로 어떻게 이루어지는지 사례를 통해 살펴보자. 다음은 아론 벡 박사가 26세의 대학원생을 4개월간 치료하며 기록한 실제 인지 치료 사례를 재구성한 것이다.

(환자) 제가 스스로를 부정적으로 바라본다는 점에는 동의합니다. 하지만 제 사고방식 때문에 우울해진다는 사실은 납득하기 어려워요.

(치료자) 그렇게 생각하는 근거는 무엇인가요?

(환자) 저는 일이 잘못될 때 우울함을 느낍니다. 예를 들어 시험에 낙제했을 때처럼요.

(치료자) 시험에서 낙제한 사실이 왜 당신을 우울하게 만드나요?

(환자) 만약 이번 시험에 실패한다면 법학 전문 대학원에 진학할 수 없을 테니까요.

(치료자) 시험의 실패가 당신에게 매우 큰 의미를 지니고 있군요. 그렇다면 시험에 실패한 모든 사람이 당신처럼 우울해할까요?

(환자) 아니요, 그렇지는 않겠죠. 그 시험이 당사자에게 얼마나 중요한지에 따라 다를 것 같아요.

(치료자) 맞습니다. 그렇다면 그 중요성은 누가 결정하는 것일까요?

(환자) 그건… 제가 결정하겠지요.

이처럼 치료자는 직접적인 답을 제시하는 대신 끊임없이

질문을 던진다. 이러한 문답 과정을 통해 환자는 문제의 근원이 외부의 사건이 아닌 자신의 내면적 해석에 있음을 스스로 깨닫게 된다. 아론 벡의 인지 치료는 이렇듯 대화를 통해 환자의 사고 체계를 점진적으로 변화시키는 인지적 재구조화^{cognitive} ^{restructuring} 과정을 거친다. 특히 치료의 첫 단계에서 '자동적 사고'를 포착하는 것이 무엇보다 중요하다. 특정 상황에서 내담자의 머릿속에 즉각적으로 떠오르는 생각과 심상을 명확히 파악하는 것이 치료의 성패를 결정짓기 때문이다.

예를 들어 어떤 대학생이 '나는 무기력하다'라는 핵심 신념을 지니고 있다고 가정해보자. 그는 컴퓨터 프로그래밍 작업을 하던 중 작은 난관에 부딪힐 때마다 즉각적으로 '못하겠다'라는 감정에 휩싸인다. 고통의 강도가 조금만 높아져도 내면의 '무기력함'이라는 신념이 곧바로 영향력을 행사하려 들기 때문이다. 이러한 핵심 신념이 지속적으로 작용하면서, 작업을 이어갈수록 '나는 이 일을 절대로 완수하지 못할 것 같다'라는 '자동적 사고'가 공고해진다. 결국 그는 불안과 슬픔에 잠식되어 프로그래밍을 포기하기에 이른다. 이후 두통이나 소화불량 같은 신체 증상에 시달리기도 한다.

이때 그는 자신이 왜 프로그래밍을 중도에 포기했는지, 그리고 왜 두통과 소화불량에 시달리는지 규명해야 한다. 물론 우리는 그 근저에 '나는 무기력하다'라는 핵심 신념이 자리 잡고 있음을 알고 있다. 하지만 일상에서 자동적 사고의 뿌리인 핵심 신념을 스스로 발견하기란 결코 쉽지 않다. 숙련된 정신과 의사도 환자의 자동적 사고와 그 근원인 핵심 신념을 명확히 포착하는 데 어려움을 겪기도 한다.

그러나 자신을 진정으로 치유할 수 있는 존재는 결국 자기 자신뿐임을 명심해야 한다. 전문가나 상담자의 조력을 받을 수는 있으나, 변화를 완성할 최후의 열쇠는 본인이 쥐고 있기 때문이다. 이제 아론 벡의 인지 치료 대화 기술을 자기 자신에게 적용해보자. 만일 지금 연말 보고서를 작성해야 하는데, 만족스러운 보고서를 쓸 수 없다는 생각에 사로잡혀 작업을 계속 미루고 있다면 스스로에게 다음과 같은 '소크라테스식 질문'을 던져보는 것이다.

(환자인 나) 보고서를 쓰려니 도무지 엄두가 나지 않아. 나에게는 너무 어려운 일이야. 어떻게 해야 할지 모르겠어.

(치료자인 나) 그 보고서가 정말 너에게만 어려운 과제일까?

(환자인 나) 아니, 김 대리도 어려워할 테고 이 과장님도 마찬가지겠지.

(치료자인 나) 타인도 어려워하는 과제라면, 너는 왜 유독 너 자신만 무능하다고 생각하는 거지?

(환자인 나) 이런 유형의 보고서는 처음이라서 더 막막하게 느껴지는 것 같아.

(치료자인 나) 보고서 작성 자체가 아예 처음인 거야? 이전에는 써본 적이 없니?

(환자인 나) 아니, 대학 시절에는 꽤 많이 작성해봤어.

(치료자인 나) 그랬구나. 그때 결과는 어땠어?

(환자인 나) 교수님께 잘 썼다고 칭찬을 받은 적도 있었지.

(치료자인 나) 칭찬을 받을 만큼 훌륭한 결과물을 냈을 때, 너는 구체적으로 어떻게 행동했니?

(환자인 나) 일주일 동안 밤을 새우다시피 하며 매달렸어.

(치료자인 나) 결국 네 노력이 빛을 발한 거였네?

(환자인 나) 응, 그 교수님께 인정받고 싶어서 정말 죽기 살기로 노력했거든.

(치료자인 나) 그렇다면 이번 보고서를 통해 인정받고 싶은 사람은 없니?

(환자인 나) 왜 없겠어. 전무님께 좋은 평가를 받아서 승진하고 싶어.

(치료자인 나) 그럼 전무님을 그때 그 교수님이라고 생각하고, 과거의 열정을 재현해보는 건 어떨까?

(환자인 나) 음, 그것도 괜찮은 방법이겠네.

(치료자인 나) 한번 시도해볼 가치가 있지 않을까?

(환자인 나) 그래, 그때의 마음가짐으로 다시 한번 해볼게.

이처럼 스스로를 설득하는 과정을 거치며, 무능함에 사로잡혀 미루던 일을 하나씩 완수해나가는 식이다. 자신과 대화를 나누는 방식이 처음에는 생경하고 어색하게 느껴질지도 모른다. 그러나 이러한 내면의 문답은 인지 왜곡의 고리를 끊어내는 데 실질적이고 강력한 효과를 발휘한다.

3. 마틴 셀리그만의 ABCDE 모델

긍정 심리학의 창시자 마틴 셀리그만 역시 아론 벡과 엘리스의 기법을 계승해 '자기 반박 기술'을 체계화하고, 이를 'ABCDE 모델'이라 명명했다. 셀리그만이 정의한 ABCDE의 핵심 개념은 엘리스의 이론과 궤를 같이하지만, 각 단계를 지칭하는 명칭과 적용 방식에서는 미세한 차이를 보인다.

A^{adversity}는 우리에게 생긴 불행한 사건을 칭한다.

B^{belief}는 신념으로 그 불행한 사건을 당연하게 여기는 그릇된 생각이다.

C^{consequences}는 잘못된 신념을 토대로 내린 잘못된 결론이다.

D^{disputation}는 우리의 잘못된 신념에 대한 해명이며 반박이다.

E^{energization}은 잘못된 신념을 옳게 반박한 후 우리가 얻게 되는 활력이다.

부부 싸움이라는 일상적인 갈등 상황을 예로 들어 셀리그만의 ABCDE 모델을 적용해보자.

A$^{adversity, \ 사건}$: 남편과 쇼핑을 하러 나갔다. 옷이 어울리지 않는다는 사소한 말에서 언쟁이 시작되었고, 급기야 가사 분담 문제로 번져 싸움이 커졌다. 결국 쇼핑을 포기한 채 냉랭한 기분으로 돌아왔다.

B$^{belief, \ 신념}$: 무언가 잘못된 것이 분명하다. 기분 전환을 하려

던 계획조차 사소한 일로 망쳤다. 우리는 항상 이런 식이다. 과연 앞으로 우리가 잘 살 수 있을까?

C^{consequences}, 결론: 앞날이 암담하게 느껴진다. 화해하고 싶은 마음조차 생기지 않고, 남편의 얼굴을 마주하는 것도 싫어진다.

D^{disputation}, 반박: 내가 지금 상황을 지나치게 비관적으로 보고 있는지도 모른다. 지난 몇 달간 직장 업무와 가사가 겹쳐 심신이 매우 지쳐 있었다. 쇼핑을 망쳤다고 해서 이혼까지 우려하는 것은 비약이다. 우리는 이보다 더한 시련도 함께 견뎌냈고, 그때마다 서로를 이해해왔다. 가사 분담 문제는 시간을 두고 의논하면 될 일이다.

E^{energization}, 활력: 긴 호흡으로 생각하자. 그동안 쌓인 피로 때문에 예민했음을 남편에게 털어놓고, 감정 소모를 줄이도록 노력해야겠다. 다음 주말에는 여행을 가자고 제안하며 화해의 손길을 내밀어보자.

네 가지
반박 기법

앞의 예를 살펴보면 적절한 반박을 통해 화자의 심리 상태가 한층 개선되었음을 알 수 있다. 이처럼 우리에게 닥친 모든 문제는 자기 반박이라는 과정을 거쳐 긍정적으로 해결할 수 있다. 그렇다면 문제 상황에 효과적으로 대응하는 반박 기법에는 무엇이 있을까? 인지 치료자가 주로 활용하는 기술을 통해 인지 왜곡에 맞서고 불필요한 고통을 피하는 구체적인 방법을 배워보자.

1. 주의 돌리기 - 생각을 피하는 기술 익히기

비관적 신념(B)이 문제를 일으킨다는 것을 인지했다면, 가장 먼저 '주의 돌리기' 기법을 적용해볼 수 있다. 이는 비관적인 생각이 내면을 잠식하기 전, 의도적으로 초점을 분산해 사고의 흐름을 끊어내는 방법이다. 주의를 환기하는 구체적인 전략은 크게 세 가지로 나뉜다.

첫 번째는 '순간 환기' 전략이다. 이는 머릿속을 맴도는 부정적 잔상을 강제로 떨쳐내고자 할 때 사용하는 기법으로, 매우 단순하지만 즉각적인 효과를 발휘한다. 방법은 다양하다. 부정적인 생각이 고개를 들 때 벽을 강하게 치며 "그만!"이라고 크게 외치거나, 종을 울려 청각적인 자극을 주는 식이다. 휴대하기 간편한 도구를 활용할 수도 있다. 빨간색 바탕에 '생각 중지'라고 적힌 카드를 지니고 다니다가 불필요한 생각이 떠오를 때 꺼내 보거나, 손목에 고무 밴드를 착용하고 있다가 사고를 멈추고 싶은 순간에 밴드를 당겼다 놓으며 가벼운 통증을 주는 방법이 대표적이다. 자신을 무기력하게 만드는 부정적 사고의 고리를 끊어내고 싶을 때, 이처럼 물리적 자극을 동반한 순간 환기 전략을 적극적으로 활용해보길 바란다.

두 번째는 '주의 분산' 전략이다. 이는 부정적 사고의 흐름을 차단한 뒤, 의식이 과거의 비관적 습관으로 회귀하지 않도록 다른 대상에 몰입하는 방법이다. 감정 전환이 빠른 전문 배우들이 한 연기에서 다른 연기로 옮겨 갈 때 주로 사용하는 기법이기도 하다. 특정한 생각에서 벗어나고 싶다면 주변의 작은 물건 하나를 골라 수 초간 세밀하게 관찰해보자. 물건을 손으로 만져 질감을 느껴보고, 코끝에 대서 향을 맡거나 소리가 나는지 흔들고 두드려보는 식이다. 이처럼 오감을 동원해 외부 사물에 집중하다 보면, 내면을 잠식하던 부정적 생각과 감정에 자연스럽게 거리를 두게 되어 사고의 전환이 일어난다.

세 번째는 '반추 미루기' 전략이다. 반추^{rumination}란 어떤 생각을 반복적으로 되풀이하는 행위로, 이것이 비관적 태도와 결합되면 우울증을 유발한다는 연구 결과가 있을 만큼 치명적인 습관이다. 그러나 인간은 본능적으로 과거의 사건을 반추하려는 경향을 보인다. 이 집요한 습관을 완전히 단절하기 어렵다면, 반추가 일어나는 시점을 의도적으로 뒤로 미루는 방법을 선택해야 한다.

예를 들어 나쁜 일이 생겨 머릿속을 떠나지 않을 때는 구체적인 시간을 정해 그 고민을 뒤로 미루는 전략을 취해보자. 가령 밤 11시부터 그 문제를 집중적으로 생각하겠다고 일정을 고정하는 식이다. '오늘 상사가 휴식을 권했는데, 혹시 나를 해고하려는 전조가 아닐까?'라는 의구심이 머릿속에 맴돌아 도저히 일에 집중할 수 없다면, 스스로에게 단호히 지시해야 한다.

‘이 생각은 여기까지만 하자. 내일 오후 2시에 이 문제를 다시 진지하게 검토해보겠어’라고 시간을 유예하는 것이다. 이 기법을 활용하면 꼬리에 꼬리를 무는 걱정이 유발하는 심리적 무기력을 효과적으로 제어할 수 있다.

근심거리가 생기는 즉시 수첩에 기록하는 습관 또한 효과적인 미루기 전략이다. 이는 ‘근심 기록하기’라는 전문 치료 기법으로, 내면의 불안을 수첩이라는 외부 공간에 객관화해 표출함으로써 심리적 과부하를 덜어내는 효과가 있다. 구체적으로 어떤 문제를 언제 생각할지 명확히 정해두면, 지금 당장 반추에 매달릴 이유가 사라진다. 이처럼 반추의 당위성이 소멸되면 근심의 파괴적 강도 또한 자연스럽게 약화되기 마련이다.

2. 거리 두기 - 내면의 목소리 관찰하기

자신의 신념이 오류일 수 있음을 의심하는 태도를 갖는 것이 인지 전환의 시작이다. 만약 고착된 신념이 쉽게 변하지 않는다면, 그것을 절대적 진리가 아닌 하나의 ‘생각’일 뿐이라고 간주하는 것이 현명하다. 이는 부정적 신념의 지배력에서 벗어나는 매우 효과적인 전략이다. 우리가 오랜 세월 고수해온 믿음은 객관적 사실일 수도 있지만, 단지 편향된 해석에 불과할 수도 있기 때문이다. 스스로 신념을 교정하기 벅차다면, 그 내용이 사실이 아닐지도 모른다고 의심하며 마음과의 거리를 유지해보자.

이해를 돕기 위해 한 가지 상황을 가정해보자. 평소 당신을 시기하던 라이벌이 질투에 눈이 멀어 폭언을 퍼붓는다고 치자. "너는 형편없는 사람이야. 이기적이고 배려심도 없는 데다 멍청하기까지 해!"라고 말이다. 과연 당신은 이 말을 곧이곧대로 믿겠는가? 아마 대부분은 그 주장을 터무니없는 비난으로 치부하며 가볍게 흘려버릴 것이다.

"내 친구들이 나를 얼마나 좋아하는데! 그리고 내가 후배들을 위해 얼마나 많은 시간을 쓰는지 알아? 점심도 사주고, 자료도 찾아주는 데다 인생 상담까지 해준다고."

우리는 타인의 부당한 비난에 직면했을 때 이처럼 즉각적으로 반박 증거를 찾아내며 자신을 방어한다. 외부 공격에 적극적으로 논쟁하고 변명하며 스스로를 보호하는 것이다. 이와 같은 태도를 타인이 아닌, 자신의 내면에서 들려오는 부정적 목소리에 적용하는 기술이 바로 '거리 두기'다.

사실 타인의 비난에 대해서는 거리 두기가 그리 어렵지 않다. 그러나 정작 스스로에게 가하는 비난과 거리 두기를 실천하기는 매우 힘들다. 자기 내면의 목소리는 곧 부정할 수 없는 사실이라고 맹신하기 때문이다. 하지만 실상은 그렇지 않다. 우리가 실패의 문턱에서 스스로에게 던지는 가혹한 말은 질투에 눈먼 라이벌이 내뱉는 폭언만큼이나 근거 없는 비난일 가능성이 크다. 우리는 스스로를 무기력한 존재로 낙인찍어버린 그 판단이 과연 진실인지 자문해야 한다. '내 인생은 왜 이 모양일까'라며 비관에 빠졌다면, 이제 그 생각을 재검토할 때다. 견고했던 오랜 신념에서 한발 물러나 그 믿음을 잠시 보류해보자.

적어도 그 생각이 객관적인 사실로 입증되기 전까지는 비관적 사고와 의식적으로 거리를 두어야 한다.

3. 반박하기 - 자신에게 맞설 수 있는 용기 갖기

앞서 소개한 '주의 돌리기'와 '거리 두기'가 심리적 위기 상황에서의 응급처치라면, 근본적인 변화와 치유는 그릇된 신념에 강력하게 맞서 반박할 때 비로소 시작된다. '반박하기'는 부정적 믿음에 적극적으로 반론을 제기하며 먼저 공세를 취하는 기법이다. 이를 통해 지레 낙담하거나 포기하는 심리적 기제를 차단하고, 삶의 활기와 유쾌한 정서를 회복할 수 있다. 따라서 장기적 관점에서 볼 때, 반박하기는 주의 돌리기를 통한 일시적 회피나 거리 두기보다 훨씬 근원적이고 강력한 효과를 발휘한다.

그렇다면 구체적으로 어떤 방식으로 반박의 기술을 활용할 수 있을까? 앞서 살펴본 엘리스와 셀리그만의 모델을 토대로 실전적인 반박을 시도해보자.

Aadversity, 사건: 석사 학위를 취득하기 위해 이번 학기부터 야간 대학원 수업을 들었다. 한 학기를 마친 후 성적표를 확인했는데, 결과가 기대에 미치지 못해 실망스럽다.

Bbelief, 신념: 성적이 형편없다. 아마 과에서 꼴찌일 것이다. 나는 원래 지적 능력이 부족한 모양이다. 이 나이에 젊은 학생들과 경쟁하는 것 자체가 무리였을까? 설령 열심히 공부해서 학위를 딴들, 기업에서 굳이 중년 여성을 고용하려 할 리 없다. 갓 졸업한 젊은 인재가 넘쳐나는데, 도대체 무슨 생각으로 입학한 것인지 나 자신이 한심하다.

Cconsequences, 결론: 깊은 절망감에 빠져 스스로가 쓸모없는 존재처럼 느껴진다. 학위에 도전한 결정이 후회되기 시작한다. 결국 다음 학기 등록을 취소하고, 현재 직장에 안주하기로 마음먹었다.

이러한 왜곡된 신념에 대해서는 다음과 같은 논리적 근거를 들어 반박할 수 있다.

Ddisputation, 반박: 내가 지나치게 비관적인 함정에 빠져 있는지도 모른다. 모든 과목에서 A 이상의 성적을 기대했기에 지금의 결과가 실망스러울 뿐, 실제 받은 A, B, B+라는 성적은 객관적으로 나쁜 점수가 아니다. 과에서 1등은 아닐지언정 꼴찌와는 거리가 멀다. 성적이 기대에 못 미친 원인이 과연 나이 때문일까? 전업 학생들과 달리 나는 직장 생활과 가계 책임이라는 과제를 안고 있다. 공부할 시간이 절대적으로 부족했음을 인정해야 한다. 전공을 바꾸어 기초 지식이 부족했음에도 이 정도 성과를 이룬 것은 오히려 고무적인 일이다. 다음 학기에는 충분히 성적을 올릴 수 있다. 아직 닥치지 않은 졸업 후 취업 걱정으로 현재를 망치지 말자. 학위를 마친 선배들이 좋은 곳으로 이직한 예가 분명히 있다. 지금은 오직 좋은 논문을 쓰는 일에만 전념하자.

Eenergization, 활력: 논리적인 반박 과정을 거치자 마음이 한결 가벼워졌고, 대학원을 그만두려던 결정을 철회했다. 나이가 경쟁에서 불리한 요소로 작용할 가능성은 인지하고 있다. 그러나 앞으로도 나이라는 제약 때문에 원하는 성취를 포기하는 일은 없을 것이다.

이처럼 자신의 신념을 효과적으로 반박해 인지 방식을 전환하면, 절망은 희망으로 변하고 소극적이던 태도 또한 적극적인 행동으로 거듭난다. 외부의 강요가 아닌 자발적 의욕이 비로소 고개를 드는 것이다. 이러한 반박 기술은 타인과 논쟁할 때 발휘하는 이성적인 논리를 자신에게 투사하는 일종의 '내적 토론'이다. 스스로에게 내뱉는 근거 없는 비난에 논리적으로 맞서 스스로를 설득하다 보면, 과거의 굴레에서 벗어나 새로운 차원의 사고 체계로 진입할 수 있다.

4. 대안 찾기 - 덜 치명적인 원인 생각하기

어떤 사건이 발생했을 때 원인을 다각도로 분석하고, 그중 스스로 통제 가능하며 심리적으로 덜 치명적인 요인을 선택해 사고를 전환하는 기법이 '대안 찾기'다. 예컨대 기대 이하의 학점을 받았다면, 그 결과에는 시험 난이도, 학습량, 지적 능력, 출제 교수의 성향, 타 학생들 수준, 당일의 컨디션 등 무수히 많은 변수가 작용했을 것이다.

이때 비관주의자는 수많은 원인 중 가장 파괴적인 요인에 집착한다. 앞의 사례에 등장한 '이 나이에 젊은 학생들과 경쟁하는 것이 가능할까?'라는 자문이 대표적이다. '나이'는 개인이 결코 되돌릴 수 없는 불가항력적인 요소다. 따라서 실패 원인을 나이 탓으로 돌리는 순간, 스스로 통제할 수 없는 상황에 직면했다는 무력감에 빠질 수밖에 없다. 이를 극복하기 위해서는 고정된 원인에서 벗어나, 조금 더 유연하고 치명적이지 않은 대안적 원인을 찾아야 한다. 이 사례에서 발견할 수 있는 덜 치명적인 대안은 '직장 생활과 가계 책임을 병행해야 하는 상황'을 직시하는 것이다. 실패의 원인을 바꿀 수 없는 '나이'가 아닌, 관리하고 조절할 수 있는 '환경적 요인'에서 찾을 때 마음은 비로소 평온을 되찾는다. 이것이 '대안 찾기'의 핵심이다. 이러한 원리는 우리 삶의 도처에 적용할 수 있다.

"등록금이 없어 휴학해야 한다니, 나는 왜 하필 가난한 집안에서 태어난 걸까?"

"얼굴이 커서 유독 뚱뚱해 보여. 왜 나는 남들보다 머리가 큰 걸까?"

이러한 생각은 가장 자기 파괴적이며 치명적인 오류에 해당한다. 집안 배경이나 타고난 신체 조건은 개인의 의지로 바꿀 수 없는 영역이기 때문이다. 이처럼 통제 불가능한 요인에 매몰될 때는 반드시 다른 대안적 원인을 찾아야 한다.

"부모님이 건강하시고 가족 모두 성실히 일하고 있으니 예상치 못한 지출은 생기지 않을 거야. 1년만 아르바이트에 집중한다면 충분히 복학 자금을 마련할 수 있어.”

“얼굴이 다소 크더라도 신체 비율상 장점이 분명히 있어. 다이어트를 통해 체형을 가꾸고 시선을 분산하면 머리 크기는 더 이상 결점이 되지 않을 거야.”

지금 부정적인 생각에 사로잡혀 있다면, 무작정 낙관하는 대신 이성적이고 합당한 대안을 탐색해보자. 통제 가능한 원인을 발견하는 것만으로도 스스로를 훨씬 수월하게 설득할 수 있을 것이다.

인지 전환의 다양한 사례

긍정 심리학자들은 인간이 특정한 사건에 직면했을 때 개개인의 심리적 성향에 따라 그 상황을 전혀 다르게 해석한다고 설명한다. 이들은 해석의 기준을 세 가지 차원으로 분류했다. 첫 번째 차원은 해당 사건이 향후에도 지속적으로 반복될 것인지, 아니면 이번 단 한 번에 그칠 것인지 평가하는 ‘영속성’과 ‘일시성’이다. 유사한 일이 앞으로도 영구적으로 일어날 것이라고 믿는 상태를 영속성이라 하며, 반대로 이번 상황이 일시적인 현상에 불과하다고 판단하는 것을 일시성이라 한다.

예) 나쁜 일: 머리가 어지러워 쓰러졌을 때

영속성	일시성
"나는 완전히 끝장이야."	"지금 좀 지쳐서 그래."

예) 좋은 일: 시험 결과가 좋을 때

영속성	일시성
"나는 늘 시험을 잘 봐. 난 똑똑해."	"이번에 운이 좋았나 보네."

두 번째 차원은 특정 사건의 결과가 삶의 다른 영역에까지 영향을 미치는지 평가하는 '파급성'이다. 이는 다시 '보편성'과 '특수성'으로 구분된다. 발생한 사건의 여파가 일상의 모든 영역에 확산된다고 믿는다면 보편성이라 하고, 그 사건의 영향력이 해당 영역에만 국한된다고 판단한다면 특수성이라 한다.

예) 나쁜 일: 성적에 불만을 느낄 때

보편성	특수성
"모든 교수가 나를 불공평하게 대해."	"박경숙 교수는 불공평해."

예) 좋은 일: 길을 걸어가는데 낯선 남자가 연락처를 물어볼 때

보편성	특수성
"나는 매력적인 여자야."	"저 사람 눈에만 어쩌다 매력적으로 보였나 보지."

세 번째 차원은 특정 사건이 오직 자신에게만 일어난다고

여기는지, 혹은 누구에게나 발생할 수 있는 일이라고 여기는지에 따라 결정되는 '개인성'과 '비개인성'이다. 사건의 원인을 전적으로 자신의 결함이나 특수성으로 돌릴 때는 개인화의 성향이 짙어지며, 이를 보편적인 상황이나 외부 요인으로 돌릴 때는 비개인성 요소가 강해진다.

예) 나쁜 일: 의자를 집어 던지는 남자 친구를 볼 때

개인적인 태도	비개인적인 태도
"그는 내가 만만한가 봐. 나한테만 폭력적으로 대해."	"그는 화가 나면 누구에게나 폭력적이야."

예) 좋은 일: 아내가 남편 상사의 새해 선물을 챙길 때

개인적인 태도	비개인적인 태도
"내 아내는 내조의 여왕이야."	"모든 아내들은 내조를 잘하지."

이 세 가지 인자에 따라 무기력한 이들과 의욕적인 이들은 좋은 일과 나쁜 일을 대할 때 정반대 태도를 보인다. 이를 정리하면 아래 표와 같다. 결국 인지 전환이란 무기력에 빠진 사고방식을 의욕이 강한 이들의 낙관적인 관점으로 재편하는 과정이라 할 수 있다.

의욕적인 사람		무기력한 사람	
좋은 일이 생겼을 때 ↓	나쁜 일이 생겼을 때 ↓	좋은 일이 생겼을 때 ↓	나쁜 일이 생겼을 때 ↓
영속적으로 봄 보편적으로 봄 개인적으로 봄	일시적으로 봄 특수하게 봄 비개인적으로 봄	일시적으로 봄 특수하게 봄 비개인적으로 봄	영속적으로 봄 보편적으로 봄 개인적으로 봄

인지 전환 사례 1: 나쁜 일이 생겼을 때

상황: 소개팅에 나갔으나 애프터 신청을 받지 못했다.

무기력한 사람의 평가 방식		인지 전환	의욕적인 사람의 평가 방식	
인지 방식	차원		인지 방식	차원
왜 나는 매번 애프터를 받지 못할까?	개인적	→	누구나 애프터를 못 받 을 수 있어.	비개인적
왜 남자들은 나를 싫어 할까?	영속성	→	이번엔 그 남자가 나를 잘못 본 거야.	일시성
왜 내가 하는 일들은 다 이 모양일까?	보편성	→	난 이 소개팅에서만 실 패했을 뿐 다른 일은 다 잘하고 있어.	특수성

상황: 자신이 기획한 의견이 채택되어 회사가 큰 이익을 보았다.

무기력한 사람의 평가 방식		인지 전환	의욕적인 사람의 평가 방식	
인지 방식	차원		인지 방식	차원
누가 하더라도 잘되었을 거야.	비개인적	→	나는 늘 운이 좋고 앞으로 하는 일도 잘될 거야.	개인적
이번엔 전무가 잘 봐줘서 성공한 것 같아.	일시성	→	내가 만드는 기획안은 늘 채택될 거야.	영속성
기획안은 잘되었으나 다른 면은 엉망이야.	특수성	→	회사 일뿐만 아니라 내 인생의 모든 일이 제대로 될 거야.	보편성

스스로를 존중하면 생각이 달라진다

무기력으로 인지가 왜곡되면 스스로를 무능하다고 단정하며 무슨 일이든 시도조차 하기 전에 포기하게 된다. 이러한 악순환의 고리를 끊기 위해 반드시 필요한 과정이 바로 '인지 전환'이다. 인지를 성공적으로 전환하려면 먼저 자신의 가치를 긍정하는 자존감을 회복해 열등감의 굴레에서 벗어나야 한다. 열등감을 덜어낸 자리에 유능감을 채우고 왜곡된 믿음을 수정해보자. '나도 할 수 있다'는 확신을 바탕으로 앞서 제시한 전략을 실천에 옮길 때, 비로소 삶의 주도권을 되찾을 수 있다.

자발성 회복을 위한 마음의 전환 2: 인지 전환

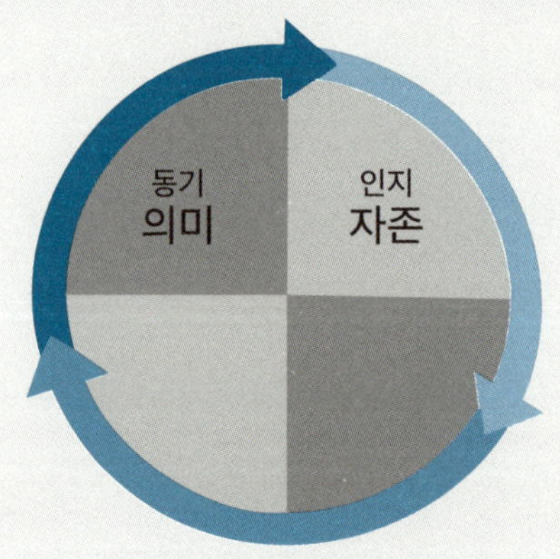

인생 사명서 쓰기

---

1. 당신의 인생을 한 줄로 요약해보라

인생을 한 문장으로 압축한다면 과연 어떤 모습일까? 지금까지 살아온 모습과 앞으로 살아가고 싶은 삶의 모습을 연결해 단 하나의 문장으로 정의해보자.

예) "현재는 사업가로서 기반을 닦고 있으나, 10년 뒤에는 내 이름을 내건 해외 봉사 재단을 설립해 사회적 책무를 다하는 삶을 살 것이다."

내 인생의 한 줄

---

2. 요약된 문장을 토대로 인생 사명서를 작성하라

앞에서 정의한 인생의 한 줄 요약문을 바탕으로 구체적인 삶의 지향점을 담은 사명서를 작성해보자. 이때 이전에 수행한 '양손 그리기' 결과물을 함께 참고하는 것이 좋다. 양손 그리기를 통해 도출한 '소망하는 것'과 '버려야 할 것', 그리고 한 줄 요약에 담긴 과거와 미래의 희망을 키워드로 나열한 뒤 이를 인생 계획서의 근간으로 삼는 방식이다.

아직 달성하지 못했으나 반드시 이루고 싶은 목표와 그것을 수행해야 하는 삶의 소명을 깊이 성찰하며 기록해보자. 사명서 작성이 막연하게 느껴진다면, 생이 단 1년밖에 남지 않았다는 가정을 세워보는 것도 도움이 된다. 남은 시간 동안 완수하고 싶은 일은 무엇인지, 사랑하는 가족과 자녀에게 어떤 유산을 남기고 싶은지 자문하다 보면 삶의 진정한 우선순위가 선명히 드러날 것이다.

지금 겪고 있는 무기력의 굴레에서 벗어나는 순간, 가장 먼저 실행에 옮기고 싶은 일은 무엇인가? 빅터 프랭클에게 '셰마 이스라엘'이 생존의 이유이자 생의 의미가 되었듯, 당신을 지탱하는 가장 소중한 가치는 무엇인지 생각해봐야 한다. 해답은 본인이 직접 작성한 사명서에 존재한다. 타인에게는 사소해 보일지라도, 남은 생애를 걸고 지켜내야 할 가장 존엄한 가치가 그 속에 담겨 있기 때문이다.

가령 양손 그리기에서 간절히 바랐던 가치가 '건강'이었다면, 사명서를 작성하는 과정에서 건강을 갈구한 실질적인 이유가 '자녀'였음을 깨달을 수 있다. 이 경우 삶의 진정한 의미는 '자녀를 훌

룽하게 양육하는 것'으로 귀결된다. 이처럼 사명서 전체를 관통하는 단 하나의 핵심어를 포착해보라. 그것이 남은 인생을 정의하는 이정표가 될 것이며, 무기력이라는 막막한 사막을 가로질러 당신을 인도할 유일한 나침반이 되어줄 것이다.

예 1)

마하트마 간디 사명서

나는 세상 그 누구도 두려워하지 않을 것이다.

나는 오직 신만 두려워할 것이다.

나는 누구에게도 나쁜 감정을 갖지 않을 것이다.

나는 어느 누구의 불의에도 굴복하지 않을 것이다.

나는 진실로 거짓을 물리칠 것이다.

그리고 거짓에 저항하며 고통을 견뎌낼 것이다.

예 2)

박경숙 사명서

나는 나의 운명을 사랑하며,

내게 주신 모든 것을 활용해 곤핍한 사람을 돕고,

마음이 모든 것의 열쇠가 됨을 밝히는 일에 헌신할 것이다.

무너진 감정을
바로 세워라

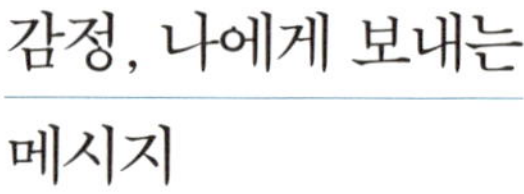

감정, 나에게 보내는
메시지

동기와 의미를 발견해 삶의 이정표를 세웠다면, 이제 그 길을 걸어가는 내면의 동력인 '정서'를 점검할 차례다. 무기력은 단순한 의욕 상실을 넘어, 마음의 결이 무너져 내린 정서적 위기이기 때문이다. 우리는 늘 자신의 정서 상태, 즉 감정을 살펴볼 필요가 있다.

무기력이 심화되어 우울의 늪에 빠지면 슬픈 상태와 불쾌한 감정이 일상을 잠식한다. '기분이 나쁘다'는 현상은 감정이 보내는 강력한 자각 신호다. 이는 나를 무기력하게 만드는 환경에 분노하고, 그 압도적인 힘에 휘둘리는 자신에게 실망하며 깊은 죄책감을 느끼고 있다는 방증이다. 무기력으로 인한 정서적 장애를 경험하는 이들이 '단 한순간도 마음이 편안한 적이 없다'고 토로하는 이유가 여기에 있다. 불안, 짜증, 슬픔, 분노가 뒤엉켜 스스로 통제할 수 없는 복합적인 상태에 놓이는 것이 바로 정서 장애의 실체다.

인간에게 감정은 매우 중대한 의미를 지닌다. 우리는 감정이라는 나침반을 통해 현재 추진하는 일이 원하는 방향으로 흘러가는지 가늠할 수 있기 때문이다. 물리학자 게리 주커브Gary Zukav는 "자신의 감정을 인지하지 못하면 인생을 변화시킬 수 없다. 감정을 깊이 이해할 때 비로소 무엇을, 어떻게 바꾸어야 하는지 깨닫는다"라는 말로 감정의 핵심적 역할을 강조했다. 따라서 어떤 일을 추진하는 과정에서 부정적 감정이 든다면, 잠시 멈추어 그 원인을 살피는 태도가 필요하다. 감정이란 생명체의 생존을 위해 설계된 정교한 안전장치와 같기에, 자신의 내면이 보내는 신호에 예민하게 반응해야 한다. 만약 토끼가 사자를 마주하고도 공포를 느끼지 못해 도망치지 않는다면, 포식자의 먹잇감이 될 수밖에 없다. 인류의 조상이 험난한 자연에서 생존해 번성한 이유 역시 감정의 인도에 따라 위험을 회피하고 안전과 발전을 도모했기 때문이다.

이처럼 감정은 진화의 사슬을 따라 인류의 유전자에 내재되어 대물림되었으며, 오늘날에도 우리 삶을 보호하는 안전장치로서 예민하게 작동한다. 찰스 다윈Charles Darwin은 이러한 감정 발화 과정을 두고 인간과 동물의 생존에 필수적인 진화의 산물이라고 정의했다. 이렇듯 인간은 감정을 나침반 삼아 삶의 궤적을 그려나간다. 불쾌한 기분이 들거나 마음이 편치 않다면, 이는 현재의 삶이 올바른 방향에서 이탈했다는 내면의 경고다. 반대로 특별한 이유 없이 충만함과 즐거움이 느껴진다면, 그것은 삶이 존재의 목적과 조화롭게 일치하고 있다는 강력한 증거다.

무기력을 호소하는 이들은 대개 자신과 타인에 대해 복합적인 감정을 느낀다. 특히 삶의 시련에 직면했을 때 부정적 정서의 파동은 더욱 거세진다. 그러나 무기력의 늪에서 탈출하기 위해서는 자신에게 닥친 불행을 단순히 부정하거나 증오하는 데 머물러서는 안 된다. 마음속에 미움이 뿌리내리면 원망과 증오의 감정에 아까운 에너지를 소모하기 때문이다. 이는 성장에 투입해야 할 동력을 퇴보의 길에 낭비하는 것과 다름없다. 따라서 미움, 증오, 원망, 죄책감과 같은 파괴적인 감정을 분리해 해소할 수 있는 능력을 갖추어야 한다.

이를 위해서는 자신을 무기력의 늪에 빠뜨린 모든 상황을 직시하고 수용할 준비가 되어 있어야 한다. 가령 불행한 결혼 생활로 무기력해진 아내는 대개 남편을 향한 미움과 원망에 사로잡힌다. 이때 지옥으로 변해버린 내면에서 벗어날 수 있는 유일한 길은 역설적이게도 상대에 대한 용서다. 직장에서 해고된 직원 역시 자신을 내몬 관계자들을 격렬히 증오하기 마련이다. 그러나 스스로를 가련한 피해자로만 규정하며 현실을 부정한다면, 고통의 굴레에서 영원히 해방될 수 없다. 해고의 원인이 냉혹한 사회현상이든, 회사의 경영난이든, 경쟁자의 음해나 자신의 역량 부족이든 상관없다. 어떤 이유에서 비롯되었든 발생한 사실 자체를 수용해야 한다.

정서적 치유의 핵심은 결국 용서와 수용이다. 과거의 상처로부터 진정한 자유를 얻으려면 반드시 용서라는 고통스러운 과정을 거쳐야 한다. 결코 쉬운 일은 아니겠으나 마음의 평화와 미래의 행복을 위해 용기를 내 용서를 시도해보자. 용서는 분노의 사슬을 끊고 나아갈 수 있는 유일한 통로나 마찬가지다.

지나친 경쟁이
유능감을 갉아먹는다

한편 감정을 긍정적인 방향으로 고조하기 위해서는 '유능감'을 되찾는 것이 매우 중요하다. 무기력은 자신의 역량에 대한 회의와 불신에서 기인하는 경우가 많으므로, 스스로 유능하다는 감각을 회복하면 부정적 감정에서 벗어날 수 있다. 심리학자들은 인간이 타인과의 긍정적 관계에서 유능감을 찾을 수 있다고 입을 모은다.

문제는 우리가 살고 있는 사회가 지나치게 경쟁적이라는 사실이다. 타인의 성공이 곧 나의 실패로 직결되는 과잉 경쟁

사회에서, 우리는 동료와 함께 성장하기보다 타인을 압도하는 유능함을 증명하도록 교육받는다. '4세 고시', '7세 고시'로 대표되는 어린 시절부터의 서열 경쟁은 이러한 비정상적인 현상을 더욱 공고히 한다. 그러나 그간 경쟁 중심의 환경이 유능감을 저해한다는 연구 결과가 꾸준히 제기되어왔다.

컬럼비아대학교 대니얼 R. 에임스Daniel R. Ames 교수의 실험은 이러한 견해를 뒷받침하는 대표 사례다. 에임스는 초등학교 5학년 남학생 두 명을 한 조로 구성해 문제 풀기 실험을 했다. 두 명은 팀을 이루었지만 문제는 각자의 힘으로 혼자 풀게 했다. 과제는 종이에서 연필을 떼지 않은 채 같은 선을 중복해서 지나지 않고 복잡한 도형을 그리는 한붓그리기였다. 에임스는 이 실험을 설계하며 '경쟁 조건'과 '비경쟁 조건'이라는 두 가지 변수를 설정했다. 경쟁 조건에서는 두 명 중 성적이 우수한 아이만 승자가 되도록 설계했다. 또한 실험 시작 전, 승리한 아이에게는 보상으로 장난감을 수여한다는 사실을 미리 공지해 경쟁 심리를 자극했다. 반면 비경쟁 조건에서는 성적과 무관하게 연구에 협력해준 것에 대한 감사의 의미로 두 아이 모두에게 동일한 보상을 제공했다.

두 가지 상반된 조건에서 과제를 수행한 뒤, 실험자는 아이들의 성적을 발표했다. 이후 아이들에게 실험하며 어떤 생각을 했는지 물었다. 이 실험의 진정한 목적은 아이들이 형성한 주관적 생각과 주어진 실험 조건에 어떠한 상관관계가 존재하는지 규명하는 것이었다. 비경쟁 조건에서 아이들이 느낀 만족감은 자신의 노력 정도와 밀접한 상관관계를 보였다. 스스로 최선을 다했다고 판단한 아이일수록 만족감이 높았고, 노력이 부족했다고 생각한 아이는 만족감이 낮았다. 반면 경쟁 조건에서는 만족감과 노력 사이의 유의미한 관계가 관찰되지 않았다. 노력보다 승패 여부가 만족도를 결정짓는 핵심 변수였기 때문이다. 경쟁 환경에 놓였던 아이들은 자신의 능력이나 그날의 행운을 만족감의 주원인으로 꼽았다. 스스로 능력이 뛰어나고 운도 따랐다고 믿는 아이는 만족감이 컸던 반면, 능력이 부족하거나 운이 나빴다고 여기는 아이는 자신의 성적에 강한 불만을 드러냈다.

에임스는 더 나아가 상대방의 성적에 대한 아이들의 객관적인 평가도 함께 조사했다. 아이들에게 각각 10개의 별을 나누어준 뒤, 성취도에 따라 자신과 상대방이 각각 몇 개의 별을 받아야 마땅한지 질문했다. 그 결과 경쟁 조건과 비경쟁 조건 모두 성적이 우수한 아이가 더 많은 별을 가져야 한다는 점에는 이견이 없었다. 이는 공정성 측면에서 지극히 자연스러운 결과였다. 주목할 점은 경쟁 조건에서 아이들이 제시한 보상의 격차가 유독 벌어졌다는 사실이다. 승리한 아이는 자신에게 과도하게 많은 별을 할당한 반면, 패배한 상대에게는 지나치게 적은 별을 부여했다. 이는 단 한 번의 승리만으로도 자신의 성취를 비대하게 부풀리고, 상대의 가치는 실제보다 훨씬 낮게 평가하는 인지적 왜곡을 보여준다. 이러한 사고방식은 위험한 면이 있다. 타인의 가치를 깎아내려 승리를 만끽하는 태도는 훗날 본인이 실패를 마주할 때, 그 화살이 고스란히 자신을 향해 감당하기 힘든 실망과 패배감으로 되돌아오기 때문이다.

경쟁 조건에서는 패배한 아이들 또한 스스로에게 가혹할 정도로 적은 별을 주었다. 경쟁에서 뒤처지는 순간 강렬한 패배감에 휩싸여 자신의 능력을 부정적으로 평가하고, 필요 이상으로 자기 자신을 징벌하는 양상을 보인 것이다. 결과적으로 경쟁 환경은 승패와 관계없이 양측 모두에게 열등감과 무기력을 야기할 수 있다. 비경쟁 조건과 달리 승패 여부에 따라 감정 기복 역시 극심하게 나타나기 때문이다. 에임스는 경쟁이 정서 장애에 미치는 영향에 대해 다음과 같이 역설했다.

"승자는 경쟁에서 이김으로써 자기도취에 빠지고 패자는 심각한 자기 비하에 빠진다. 더군다나 승자가 실패를 경험했을 때 겪는 실의와 낙담은 매우 심각하다. 경쟁은 기본적으로 실패 지향 체제다."

결과적으로 경쟁 체제에서는 진정한 의미의 유능감이 형성되기 어렵다. 승패와 관계없이 양쪽 모두 무기력에 빠져들 위험이 크다는 점은 이미 입증된 사실이다. 따라서 우리는 소모적인 경쟁 관계를 지양해야 한다. 유능감은 경쟁이 아닌 상호 협력의 토대에서 싹트기 때문이다. 그렇다면 협력 관계가 구체적으로 어떤 과정을 통해 유능감을 안겨주는지 살펴보자.

공헌과 유능감의 상관관계

미국의 한 학교에서는 급우 간 혹은 선후배 간 지식을 공유하는 학습법을 도입했다. 아이오와대학교의 심리학자 로널드 리핏Ronald Lippitt은 '서로 가르치기 시스템Cross-Age Tutoring System'이라 불리는 프로젝트를 통해 상급생이 하급생을 지도하는 방식이 학생들에게 어떠한 심리적 영향을 미치는지 분석했다.

리핏은 상급생이 하급생을 지도하는 횟수를 주 3~4회로 설정한 뒤, 가르치는 역할을 수행한 학생들을 대상으로 심층 면접을 진행했다. 그 결과 타인을 가르치는 경험이 학생들의 자신감과 자존감을 유의미하게 향상시킨다는 사실이 확인되었다. 이후 리핏의 방법론을 교육 현장에 적용한 여러 후속 연구에서도 '서로 가르치기'가 가르치는 주체에게 확고한 유능감을 심어준다는 결과가 지속적으로 보고되었다. 인간이 유능감을 얻기 위해서는 자신의 노력이 부정적 상황을 실질적으로 개선할 수 있다는 확신이 전제되어야 한다. 가르침을 받은 동료가 긍정적으로 변화하는 과정을 목격하는 체험은 가르치는 사람과 배우는 사람 모두에게 강력한 유능감을 선사한다. 리핏은 이에 대해 "자신이 상대에게 선한 영향력을 미치며, 상대가 나를 존경하고 필요로 한다는 사실을 체감하는 것이야말로 '서로 가르치기'가 제공하는 핵심적 이점"이라고 강조했다.

이처럼 유능감은 타인과의 역동적 관계에서 완성된다. 누군가에게 도움의 손길을 내미는 행위는 자신의 존재 가치를 스스로 깨닫게 하는 가장 확실한 계기가 된다. 알코올의존증을 극복한 이가 다른 의존증 환자의 회복을 돕거나, 우울증을 겪었던 사람이 같은 아픔을 느끼는 이들을 위해 상담 봉사에 나서는 사례가 대표적이다. 타인의 고통에 공감하고 치유를 돕는 과정에서 정작 본인의 해묵은 상처까지 함께 치유되는 기적을 도처에서 목격할 수 있다.

반대로 인간은 자신이 타인에게 아무런 도움도 되지 않으며, 세상에 어떠한 영향력도 미칠 수 없다고 판단할 때 깊은 무력감에 빠진다. 따라서 경쟁에서 승리하겠다는 집착을 내려놓고, 타인에게 기여하겠다는 마음으로 삶의 궤도를 수정해야 한다. 비록 사소한 일일지라도 타인을 돕는 활동을 시작해보자. 누군가에게 공헌하는 경험은 자신이 공동체에 꼭 필요한 사람이라는 건강한 자의식을 심어준다. 이러한 심리는 자연스럽게 유능감으로 이어져, 불안했던 정서가 안정을 되찾게 하는 토대가 된다.

앞서 의욕이 떨어진 상태를 되살리려면 삶의 의미를 찾아야 한다고 강조했다. 삶의 의미를 발견하면 일하는 '즐거움'과 남에게 '도움이 된다는 보람'이 동시에 커지는데, 이것이 스스로 움직이게 만드는 힘인 내재 동기를 탄탄하게 만들어주기 때문이다. 다시 말해 내 마음이 시키는 대로 움직일 때 기쁨이라는 좋은 감정을 되찾을 수 있다. 그리고 이때 느끼는 보람은 다른 사람을 위해 힘을 보태는 공헌과 같은 의미다.

불안과 두려움 때문에 한순간도 마음 편할 날이 없다면, 무엇보다 내 아픈 마음을 돌본다는 생각으로 모든 상황을 받아들이고 스스로를 용서해보자. 물론 말처럼 쉬운 일은 아니다. 하지만 그 벽을 넘어서는 순간, 무기력의 늪에서 벗어나 한 단계 성장할 수 있다. 마음의 응어리를 풀어냈다면, 이제 자신의 능력으로 다른 사람을 돕거나 사회에 보탬이 되는 일을 찾아보자. 그렇게 타인을 향해 손을 내밀 때 두 번째 성장과 치유가 일어난다. 이때 느끼는 유능감과 기쁨은 삶을 스스로 이끌어가는 원동력이 되며, 인생을 더 멋지고 긍정적인 감정으로 가득 채워줄 것이다.

자발성 회복을 위한 마음의 전환 3: 정서 전환

용서하고 베풀 때 비로소 자유로워진다

남을 위해서가 아니라, 오직 나 자신을 위해 용서의 길을 택해보자. 부정적 감정에 휩싸여 한순간도 마음이 편치 않다면, 나를 힘들게 했던 환경과 사람들을 너그러이 놓아주는 노력이 필요하다. 자기 자신까지 용서하며 '그때는 그럴 수밖에 없었다'고 있는 그대로 인정해보자. 그러다 보면 감정이 변화되기 시작한다.

우리는 흔히 행동만 바꾸면 모든 일이 잘 풀릴 거라 믿지만, 몸만 움직인다고 해서 행동 전체를 다스릴 수는 없다. 물론 행동이 생각이나 기분을 바꾸기도 하지만, 행동요법이 사람을 근본적이고 지속적으로 변화시키지 못하는 데는 이유가 있다. 우리 마음속에 있는 동기와 감정, 그리고 생각하는 방식이 복합적으로 얽혀 있기 때문이다. 이 사실을 이해하고 '감정'을 바꿔보자.

자발성 회복을 위한 마음의 전환 3: 정서 전환

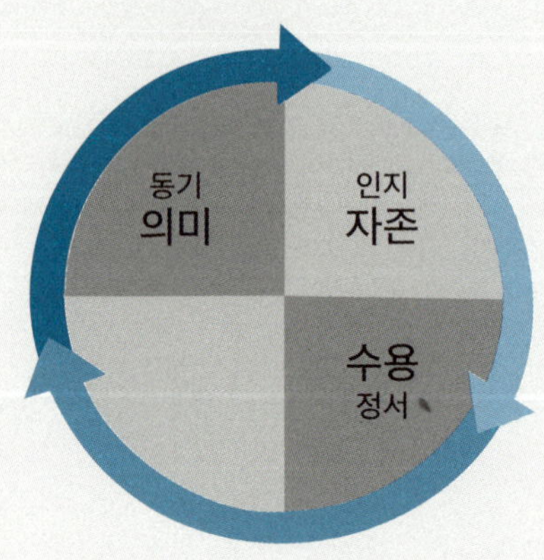

알람을 이용한 감정 확인

다음은 긍정 심리학의 권위자 미하이 칙센트미하이의 '몰입 이론'을 활용해 나의 생각과 의욕, 감정과 행동을 확인하는 방법이다.

먼저 휴대폰 알람이 일주일 동안 무작위로 총 40번 울리도록 설정해보자. 알람이 울릴 때마다 내가 무엇을 하고 있었는지, 그때 기분은 어떠했는지 기록한다. 장소와 시간, 함께 있는 사람까지 상세히 적을수록 좋다.

일주일간 꾸준히 기록하다 보면 내가 어떤 순간에 자신감과 의욕을 얻었는지 알 수 있다. 그때 어디에서 누구와 무슨 일을 하고 있었는지 데이터로 확인되는 것이다. 또한 하루 중 가장 깊이 몰입하는 시간이 언제인지도 명확해진다.

이 결과를 바탕으로 일상에 작은 변화를 시도해보면 즐거움을 주는 경험을 늘릴 수 있다. 또한 집중력이 떨어질 때마다 나만의 대처법을 사용한다면 다시 업무와 삶에 몰입할 수 있을 것이다.

일주일 행동·감정·인지 기록지

(방법: 일주일 동안 40번의 알람을 울리게 한 뒤 그때마다 아래 빈칸을 채운다.)

알람	날짜/시간	장소	함께한 사람	하고 있던 일	감정	자신감/유능감	열등감/무기력	몰입도 (상중하)	삶의 의미와의 일치도
1									
2									
3									
4									
5									
6									
7									
8									
9									
10									
11									
12									
13									
14									

15								
16								
17								
18								
19								
20								
21								
22								
23								
24								
25								
26								
27								
28								
29								
30								
31								
32								
33								
34								
35								

36								
37								
38								
39								
40								

평가지

(방법: 일주일 후 기록지를 분석해 다음 평가지에 답한다.)

평가	답변
누구와 함께 있을 때 의욕을 느끼는가?	
누구와 함께 있을 때 무기력했는가?	
누구와 함께 있을 때 기분이 나빴는가?	
누구와 함께 있을 때 기쁘고 즐거웠는가?	
무슨 일을 할 때 유능감 혹은 자신감을 느꼈는가?	
무슨 일을 할 때 무기력을 느꼈는가?	
무슨 일을 할 때 기쁘고 즐거웠는가?	
무슨 일을 할 때 기분이 나빴는가?	
무슨 일을 할 때 몰입이 잘되었는가?	
무슨 일을 할 때 집중되지 않았는가?	

【 행동 】

여러 번 수련해
무기력과 멀어져라

앞에서 동기와 정서, 인지 측면에서 무기력을 벗어날 방법을 찾았다면 이제는 실천, 즉 '행동' 영역을 살펴볼 차례다. 그런데 본격적으로 논의하기 전에 알아두어야 할 것이 있다. 목표를 이룬다고 해서 행동 전체가 곧장 달라지지 않는다는 사실이다.

일단 목표를 이루면 모든 문제가 해결될 것 같지만, 그것이 사람의 행동을 지속적이고 근본적으로 변화시키지 못한다. 우리 행동의 밑바탕에는 동기와 감정, 그리고 생각하는 방식이 복합적으로 얽혀 있기 때문이다. 특히 '유능감'이라는 마음의 요소가 빠져 있으면 행동은 금세 동력을 잃고 멈춰 서게 마련이다. 아무리 훌륭한 성과를 냈더라도 그 과정에서 스스로 유능하다고 느끼지 못하면, 우리 몸은 다시 깊은 무기력의 수렁

으로 빠져들 수 있다. 다음 사례는 목표를 이룬 뒤에도 행동이
마비되는 이유를 명확히 보여준다.

목표를 이루고
무기력해진 사람들

나는 지난 25년간 수많은 학생을 가르쳤다. 그중에서도 유독
기억에 남는 제자가 있는데, 연세대학교 연구 교수 시절에 만
난 1학년 여학생이다. 그 학생은 한 학기 내내 수업 시간마다
잠만 잤다. 아예 책상에 엎드려 깊게 잠드는 날도 부지기수였
고, 어쩌다 깨어 있을 때조차 멍하니 창밖을 바라보거나 의미
없이 책장만 뒤적일 뿐이었다.

그러던 어느 날, 나는 그 여학생이 고등학교 시절 내내 전
교 1, 2등을 다투던 수재였다는 뜻밖의 사실을 알게 되었다. 이
후 나는 그 학생을 따로 불러 이야기를 나누었다. 혹시 전공이
적성에 맞지 않는지 물었으나 학생은 고개를 저었다. 다른 학
교에 진학하고 싶은지 물었지만 그것 역시 아니라고 했다. 자
신은 지금 다니는 학교와 학과에 원해서 들어왔고 충분히 만족
한다는 것이었다. 그렇다면 대체 왜 수업 시간마다 잠만 자는
지 묻자, 생각지도 못한 대답이 돌아왔다.

"밤새워 게임을 해서 그런 것 같아요."

의욕 없이 학교를 오가는 무기력한 모습이 정말 단순한

게임 중독 때문일까? 그토록 간절히 원하던 '대입'이라는 목표를 이뤘는데, 왜 정작 삶의 활기를 잃어버린 것일까? 우리는 목표를 이루는 순간 세상을 다 얻은 듯한 기쁨을 느낀다. 하지만 그 기쁨은 때로 몇 달을 채 가지 않고 신기루처럼 사라지기도 한다. 단순히 목표 지점에 도달하는 것만으로는 지속적인 유능감이 생겨나지 않기 때문이다. 올림픽 금메달리스트들이 영광의 순간 직후에 깊은 슬럼프에 빠지는 현상은 이를 잘 보여준다.

세계 무대를 휩쓸며 최고의 자리에 올랐던 김연아 선수 역시 이와 비슷한 시기를 겪었다고 한다. 첫 올림픽 금메달을 목에 건 직후, 그녀를 둘러싼 은퇴설이 끊이지 않았던 것도 이와 무관하지 않다. 그녀는 훗날 당시를 떠올리며, 간절했던 목표를 모두 이루고 나니 선수로서 더 나아갈 방향을 찾기 힘들었다고 털어놓았다. 하지만 그녀는 선수로서의 마지막 여정을 위해 한 번 더 올림픽에 도전하겠다는 결코 쉽지 않은 결정을 내리며 막막한 터널을 통과했다. 그리고 결국 마지막 무대까지 혼신의 힘을 다해 마치고 많은 이들의 박수를 받으며 성공적으로 은퇴할 수 있었다.

이러한 현상은 학계에서도 마찬가지다. 미국 대학에서는 한국에 비해 조교수가 되기는 비교적 쉽지만 종신 교수 자리를 얻기는 쉽지 않다. 그런데 미국 대학의 종신 교수들 역시 목표를 이룬 뒤 오히려 유능감이 낮아졌다고 답했다. 나 또한 오랫동안 시간강사를 하다가 전임 교수로 임용되었으나 기쁨은 아주 잠깐뿐이었다. 일본의 심리학자 하타노 기요오 교수는 목표

를 달성하고도 유능감을 느끼지 못하는 원인을 두 가지로 설명
한다.

첫째, 목표는 달성했어도 내 실력이 나아졌다는 기분이
들지 않기 때문이다. 주로 운이 좋았거나 타인의 도움으로 성
과를 냈을 때 이런 현상이 나타난다. 어려운 시험에 합격은 했
지만, 정작 공부하는 과정에서 실력이 얼마나 늘었는지 혹은
어떤 분야에 능숙해졌는지 실감이 나지 않는 경우를 생각해보
면 된다. 마음에서 우러나오는 만족감이 없는 성공은 결국 허
탈감만을 준다.

둘째, 실력은 좋아졌을지 몰라도 그 성장이 나에게 별다
른 가치가 없기 때문이다. 예를 들어 실직한 사람이 오로지 생
계를 꾸리기 위해 공인중개사 자격증을 땄다고 해보자. 자격증
취득이라는 목표는 이루었지만, 그 일이 본인의 가치를 높여준
다는 확신이 들지 않는다면 유능감을 느끼기 어렵다. 오히려
원하지 않는 일을 하고 있다는 생각에 더 깊은 무기력에 빠질
수도 있다.

결론적으로 유능감을 키우려면 내 실력이 향상되었음을
실감할 수 있어야 하고, 그 변화가 나에게 가치 있고 바람직한
것이어야 한다. 시험 합격처럼 남들이 정해놓은 기준에 맞춘
성공이 주는 즐거움이 일시적일 수밖에 없다. 그래서 목표를
이루고도 인생을 활기차게 이끌어가는 힘으로 이어지지 못하
는 것이다.

무기력을 끊어내는
스키마의 힘

그렇다면 '내 실력이 좋아졌다'는 실감은 구체적으로 어떤 상태를 말하는 것일까? 이는 우리 몸과 머릿속에 일종의 자동화 시스템이 갖춰졌을 때 나타난다. 피아니스트의 화려한 손가락 움직임을 본 적이 있는가? 수타면을 뽑는 장인의 기술이나 프로야구 선수가 던지는 강속구 또한 아름다움을 넘어 경이로움마저 자아낸다. 이들의 움직임을 찬찬히 살펴보면, 단순히 남들보다 몸을 빨리 움직이는 게 아니라는 사실을 알 수 있다.

숙달된 전문가가 정확하게 판단하고 빠르게 움직일 수 있는 이유는 머릿속에 체계적으로 정리된 지식을 능숙하게 활용하기 때문이다. 심리학에서는 이처럼 잘 짜인 지식의 틀을 스키마schema라고 부른다. 스키마는 영국의 심리학자 프레더릭 C. 바틀릿Frederie C. Bartlett이 제시한 개념으로, 우리 기억 속에 쌓인 '지식의 구조'를 뜻한다. 우리는 세상을 바라보고 해석할 때 스키마를 도구로 사용한다. 어떤 경험이 기억 속에 쌓여 하나의 틀, 즉 스키마가 생겨나면 사람은 그 틀을 기준으로 세상을 판단한다. 따라서 내가 어떤 스키마를 가지고 있느냐에 따라 사물을 보는 눈이 달라지고, 다음에 취할 행동도 결정된다.

우리가 어떤 일을 꾸준히 반복하면 머릿속의 스키마도 함께 발달한다. 이렇게 정교해진 스키마는 나를 평가하는 새로운 기준이 되어, 더 높은 단계로 나아가게 만드는 원동력이 된다.

예를 들어 축구 선수 손흥민을 떠올려보자. 그는 어린 시절부터 양발을 자유자재로 쓰기 위해 수만 번의 슈팅 연습을 거듭하며 자신만의 독보적 기술을 몸에 익혔다. 이제 그의 머릿속에는 이른바 '손흥민 존zone'이라 불리는 특정 위치와 각도에서 공을 차는 정교한 스키마가 형성되어 있다. 누구도 쉽게 흉내 낼 수 없는 기술이지만, 그에게는 높은 수준의 스키마가 곧 스스로를 평가하는 기본 기준점이 된다. 그리고 이 기준을 바탕으로 더 빠르고 정확한 슈팅을 하기 위해 끊임없이 노력을 쏟는다. 이처럼 전문가는 자신만의 견고한 스키마를 통해 자신과 타인의 행동을 이해한다. 그리고 그 틀을 바탕으로 일상의 경험에 의미를 부여하며, 자신의 실력을 끊임없이 점검하고 평가한다.

스키마가 정교해질수록 무언가를 해내려는 의욕도 함께 커진다. 하타노 기요오 교수는 스키마의 발달이 행동하려는 의지에 커다란 변화를 일으킨다고 설명했다. 손흥민 선수가 세계적인 수준임에도 끊임없이 더 완벽한 기술을 연마하는 이유도 바로 이 때문이다. 잘 짜인 스키마는 기회가 왔을 때 망설임 없이 행동을 이끌어내며, 그 결과를 스스로 냉철하게 평가하는 기준이 되어준다. 따라서 자신만의 스키마가 확고한 사람은 남의 시선이나 외부의 평가에 휘둘리지 않는다. 오직 자기 자신이 유일한 경쟁 대상이 되어 스스로를 판단하고 움직인다. 수많은 거장이 타협하지 않고 자기 마음에 들 때까지 작업을 멈추지 않는 이유 역시 외부의 보상이 아닌 내면의 스키마를 따르기 때문이다.

르네상스 시대를 대표하는 예술가 미켈란젤로 부오나로 티Michelangelo Buonarroti가 시스티나성당의 천장 벽화를 4년 반 동안 그린 일화는 매우 유명하다. 처음에 미켈란젤로는 천장에 그림을 그려달라는 교황 율리우스 2세의 제안을 듣고 깜짝 놀라 손사래를 쳤다.

"지는 조각가이지 화가가 아닙니다."

하지만 돈이 궁했던 그는 당시 3,000두카트현재 가치로 약 45만 달러라는 거액의 사례금을 제안받고 의뢰를 받아들였다.

그는 4년 반이라는 긴 시간 동안 누구의 도움도 받지 않고 혼자서 벽화의 구성을 짜고 계획에 맞춰 작업을 밀어붙였다. 혼자 천장 밑에 받침대를 세우고 그 위에 누워 그림을 그리는 고된 나날이 이어졌다. 얼굴 위로 쉴 새 없이 떨어지는 물감 때문에 피부병이 생겼고, 온종일 고개를 뒤로 젖힌 채 일하느라 몸은 망가져갔다. 작업이 끝날 기미가 보이지 않자 지친 교황이 초조하게 물었다.

"도대체 이 일은 언제 끝나는 것인가?"

그러자 미켈란젤로는 이렇게 대답했다.

"예술가로서 제가 납득할 수 있는 완벽함에 도달했을 때, 비로소 이 일도 끝날 것입니다."

마침내 1512년 10월 31일, 시스티나성당이 대중에게 공개되었다. 그 그림이 바로 인류의 보물이라 불리는 벽화 〈천지창조〉다.

미켈란젤로 같은 천재 예술가는 아닐지라도, 주변을 둘러보면 스스로 만족할 때까지 노력을 멈추지 않는 이들을 흔히 볼 수 있다. 무슨 일을 하든 자기만의 확고한 기준에 따르는 사람들에게서는 무기력이나 열등감을 좀처럼 찾아보기 어렵다. 구두 한 켤레를 닦아도 먼지 하나 없이 깨끗한 광택에 자부심을 느끼는 수선사나 국수 한 그릇에 정성을 다하는 요리사는 '숙달'이 주는 강력한 유능감을 잘 안다. 자신이 최선을 다했는지는 결국 스스로가 가장 잘 안다. 제삼자가 보기엔 완벽한 그림을 미켈란젤로가 끊임없이 수정하고, 경기에서 이긴 투수가 그날 경기를 복기하며 투구 내용이 마음에 들지 않았다고 말하는 이유는 그들이 결코 겸손해서가 아니다. 단지 자기 내면의 스키마, 즉 스스로 정한 기준을 아직 넘어서지 못했기 때문이다.

전문가란 자신만의 스키마를 바탕으로 스스로의 행동과 결과를 냉철하게 평가하는 사람이다. 일이 계획대로 잘 풀려가면 이들은 자기 기준에 대한 확신을 얻고, 삶을 주체적으로 이끌어가는 자율성을 느낀다. 동시에 내 실력이 한 단계 더 성장했다는 뿌듯한 만족감 역시 스키마를 통해 확인한다. 이러한 감각이 바로 '유능감'이다. 일을 지속할수록 차오르는 유능감은 그 일에 더 깊이 몰입하게 만든다. 우리가 어느 한 분야에 숙달될수록 무기력의 늪에서 멀어질 수 있는 이유가 바로 여기에 있다.

숙련될 때까지
수련하라

인생에는 두 가지 고통이 있다고 한다. 하나는 무언가를 익히기 위해 견뎌야 하는 '훈련의 고통'이고, 다른 하나는 제대로 하지 않았을 때 찾아오는 '후회의 고통'이다. 목표도 계획도 없다면 당장의 고단한 훈련은 피할 수 있다. 하지만 시간이 흐른 뒤 감당해야 할 후회의 무게는 상상 이상으로 무거울 것이다. 반대로 훈련의 고통을 묵묵히 감내한다면, 후회라는 고통에서는 완전히 자유로워질 수 있다.

훈련을 반복하면 실력이 쌓여 나만의 스키마가 형성된다. 꾸준한 수련이 우리를 숙련의 경지로 이끄는 것이다. 그렇다면 숙련된 전문가가 되기 위해서는 구체적으로 어떤 과정을 거쳐야 할까? 플로리다 주립대학교의 앤더슨 에릭슨Anderson Erickson 교수는 숙련에 이르는 과정을 다음 다섯 단계로 설명한다.

1단계: 목적 있는 신중한 연습 매주 한 번씩 몇 년 동안 테니스를 친다고 해서 실력이 절로 늘지는 않는다. 매일 아침 20분씩 피아노를 치는 습관만으로는 훌륭한 연주자가 되기에 부족하다. 단순히 시간을 채우는 것이 아니라 실질적인 변화를 이끌어낼 '신중한 연습'이 필요하기 때문이다. 이는 매번 새로운 목표를 세우고, 이전보다 조금 더 높은 단계에 도달하기 위해 온 힘을 쏟는 과정을 의미한다.

2단계: 끊임없는 반복 최고의 농구 선수들은 팀 훈련이 끝난 뒤에도 홀로 남아 수백 번 자유투를 던진다. 이러한 반복은 단순히 같은 동작을 되풀이하는 것이 아니라, 자신의 부족한 점을 찾아내 하나씩 고쳐나가는 치열한 노력이다. 이런 시간이 쌓여야 전문가 반열에 오를 수 있다.

3단계: 꾸준하고 냉철한 피드백 자신이 지금 어떻게 하고 있는지 정확히 모르면, 어느 부분을 더 수련해야 할지도 알 수 없다. 따라서 전문가의 코칭이나 주변의 객관적인 피드백을 받는 것이 중요하다. 이때 피드백은 빠를수록 교정 효과가 크다.

4단계: 취약점에 집중 투자 우리는 자신이 잘하는 것에 집중하려는 경향이 있다. 그게 쉽고 마음 편하기 때문이다. 하지만 에릭슨 교수는 뛰어난 사람일수록 자신의 약점을 집요하게 공략한다고 말한다. 약점을 그대로 둔 채 한 분야의 대가가 되는 것은 불가능하기 때문이다.

5단계: 지치지 않기 위한 대비 고된 훈련 끝에 찾아올 피로를 관리하는 것도 실력이다. 대가들은 지칠 때를 대비해 자신만의 휴식 시스템을 미리 갖춰놓는다. 인생에 대한 확실한 계획과 이런 치밀한 대비가 있기에, 그들은 중도에 포기하지 않고 더 멀리, 더 오래 나아갈 수 있다.

에릭슨 교수는 '이 다섯 단계를 10년 동안 꾸준히 반복한다면 누구나 반드시 한 분야의 대가가 되어 있을 것'이라고 확신했다. 목적 있는 신중한 연습을 통해 숙련의 경지에 다다르면, 무기력은 감히 우리 삶을 넘보지 못할 것이다. 이렇듯 무기력에서 벗어나 진정한 유능감을 얻기 위해서는, 내가 원하는 분야를 선택해 오랜 시간 집중적이고 신중한 연습을 이어가야 한다.

수학자 폴 에어디시Paul Erdös는 평생 약 1,500편이라는 경이로운 수의 논문을 발표했다. 보통의 수학자가 평생 한 편의 논문을 쓰기도 쉽지 않다는 점을 떠올리면 실로 엄청난 기록이다. 하지만 우리는 그의 천부적인 재능을 질투하기에 앞서, 그가 매일 19시간씩 수학을 연구하고 글을 쓰는 데 몰두했다는 사실에 주목해야 한다. 시간을 투자하지 않고 남과 다른 결과를 기대할 수는 없다. 세계적인 신화학자 조셉 캠벨 역시 마찬가지다. 그는 스톡우드라는 곳에서 5년 동안 외부와 단절된 채 오로지 책 읽기에만 전념한 끝에 독보적인 학문적 기틀을 마련했다. 그의 삶은 마치 신화 속 주인공의 일화처럼 신비롭게 들리지만, 그 이면에는 일분일초를 아끼는 치열한 노력이 숨어 있다. 그는 하루를 4시간씩 4단계로 나누어, 매일 총 16시간 동안 오로지 읽고 쓰는 일에만 모든 에너지를 쏟았다고 한다. 폴 에어디시와 조셉 캠벨이 보여준 이러한 삶의 태도가 바로 '신중한 연습'의 살아 있는 증거다.

밥을 지을 때도 맛있는 밥을 완성하려면 일정한 시간 동안 적정 수준 이상의 온도로 가열해야 한다. 시간이 부족하거나 불이 너무 약하면 밥은 결국 설익고 만다. 우리 삶도 마찬가지다. 한 분야에서 숙달의 경지에 이르려면, 일정 기간 모든 에너지를 쏟아부어 그 일에 몰입하는 과정이 반드시 필요하다. 혹시 무언가를 취미로 시작했다가 이내 시들해져 그만둔 경험은 없는가? 단순한 즐거움을 위한 취미조차 삶의 일부로 뿌리내리기 위해서는 한동안 밀도 있게 집중하는 시간이 뒷받침되어야 한다.

일단,
시작하라

안타깝게도 숙련 단계를 고민하기는커녕, 일을 시작조차 못하는 이들이 많다. 숙달의 경지에 오르려면 반복적인 행동이 필수인데, 첫걸음도 떼지 못하는 사람에게는 어떤 처방이 필요할까? 단도직입적으로 말해 내 대답은 '그냥 하라'는 것이다.

시작을 주저하는 사람은 모든 것이 완벽하게 갖춰져야 한다고 믿기에 자꾸만 일을 미룬다. 스키를 배우고 싶으면서도 당장 장비나 전용 옷이 없다는 핑계를 대며, 그 모든 것을 다 갖춘 뒤에야 스키장에 가겠다고 다짐하는 식이다. 정말로 스키를 배우고 싶다면 일단 맨몸으로라도 가서 장비를 빌려 타보는 게 먼저다. 모든 준비를 끝내고 시작하려 고집한다면, 영원히 시작하지 못할 수도 있다.

물리학의 관성 법칙은 우리 인간의 행동에도 그대로 적용된다. 하던 일은 계속하려 하고, 한번 멈춰 서면 끝없이 멈춰 있으려는 성질 말이다. 정신의학자 에밀 크레펠린Emil Kraepelin이 주장한 '작동 흥분work excitement 이론'은 바로 이 점을 잘 설명해준다. 이는 하기 싫던 일도 일단 시작만 하면, 그것이 계기가 되어 마치 발동이 걸린 기계처럼 일을 계속하는 현상을 뜻한다. 세차할 때를 생각해보자. 귀찮음을 이겨내고 우선 차에 물 한 양동이부터 퍼붓는 것이 시작이다. 그러면 어느새 세차 기계가 된 듯 나머지 과정을 해치우고 있는 자신을 발견할 것이다. 그렇게 몸을 움직이다 보면 어느덧 차는 새 차처럼 반짝반짝하게 닦여 있다. 이처럼 우리에게는 한번 시작한 일은 끝까지 계속하려는 성향이 있다. 우리 뇌는 몸이 움직이기 시작하면, 오히려 중간에 멈추는 데 더 많은 에너지가 소모된다는 사실을 잘 알고 있다. 그래서 하던 일을 지속하는 편이 훨씬 경제적이고 합리적이라고 판단한다. 따라서 하기 싫은 일이라도 어떻게든 시작만 하면, 뇌가 자극을 받아 자연스럽게 그 일에 집중하게 되어 있다.

글을 쓰는 사람에게는 이른바 '작가의 장벽writer's block'이라 불리는 순간이 찾아온다. 글을 쓰려고 책상 앞에 앉았지만, 머릿속에 거대한 벽이 세워진 것처럼 단 한 문장도 쓰지 못하는 것을 말한다. 이는 '제대로 된 글'이나 '감동적인 글'을 써야 한다는 작가 자신의 두려움과 압박감에서 기인한다. 이러한 장벽에 대해 소설가 앤 라모트Anne Lamott는 "글을 쓰고 싶다면 일단 무조건 자판부터 두드려라"라고 조언한다. 완벽을 기하려는 마음을 내려놓고 무조건 쓰다 보면 어느덧 창의적인 생각이 고개를 들고, 때로는 의도하지 않아도 훌륭한 문장이 완성되기도 한다는 뜻이다.

나 역시 이 책을 집필하는 동안 무기력에 빠져 한참을 헤맨 적이 있다. 생각이 얽히고설켜 정리되지 않았고, 글의 뼈대조차 잡기 어려웠다. 그때 내가 선택한 방법은 무조건적인 '기록'이었다. 여러 자루의 만년필에 각기 다른 색깔의 잉크를 채워 넣고, 머릿속에 떠오르는 것을 일단 종이 위에 쏟아냈다. 어떤 날은 밤을 꼬박 새워 아침까지 글을 적었고, 연구소에 출근해서도 틈만 나면 기록을 이어갔다. 2주 정도 어깨가 저릴 정도로 써 내려가자, 그제야 글을 완성할 수 있겠다는 자신감이 붙었다. 쓰는 행위 자체가 내 앞을 가로막던 장벽을 허물어뜨린 것이다. 그때 일단 써보는 시도를 하지 않았다면, 나는 지금도 초고를 끝내지 못한 채 괴로워하고 있었을지 모른다. 일단 시작하고 끈기 있게 밀어붙이는 태도만이 결국 원하는 결과를 만들어낸다.

숙달에 이르는
세 가지 법칙

숙달이란 한 가지 일에 오랫동안 열중해 그 분야에 정통하고 능숙해진 상태를 뜻한다. 숙달은 그 자체로 강한 유능감을 선사하며, 우리의 생각과 감정, 동기 전반에 긍정적인 영향을 준다. 따라서 행동을 통해 무기력을 벗어나는 가장 핵심적인 전략이기도 하다.

숙달의 경지에 이르기 위해서는 무엇보다 스스로 결정하고 참여하는 '자율성'이 뒷받침되어야 한다. 앞에서 살펴보았듯이 타인의 강요에 의한 성취보다 스스로 시도해 무언가를 해냈을 때 우리는 훨씬 강력한 유능감을 느낀다. 무언가를 잘해보고 싶다는 내면의 욕망에서 비롯되어 자발적으로 몰입해야 숙달의 경지에 이를 수 있다. 누구나 자신이 원하는 일에는 시키지 않아도 열정적으로 뛰어들기 마련이다. 하지만 안타깝게도 우리 사회는 이러한 자발성을 북돋아주는 환경과는 거리가 멀다. 직장과 학교에서 각자의 적극성을 발휘하기보다 정해진 지침에 따라 순종하기를 강요받는다. 이처럼 삶에서 스스로 결정할 권리인 자율성을 잃어버릴 때, 무기력과 우울은 그 틈을 타 우리를 찾아온다.

결국 무기력을 떨치고 숙달의 경지에 이르는 것은 자기주도적인 태도에서 출발한다. 내가 내 삶의 주인으로서 스스로 선택하고 결정하고 있다는 '자율성'이 전제될 때, 비로소 그 일에 깊이 빠져드는 '몰입'의 문이 열리기 때문이다. 긍정 심리학의 거장 미하이 칙센트미하이는 숙달에 이르는 과정에서 몰입을 필수 요소로 꼽았다. 몰입이란 나의 능력과 눈앞의 과제가 절묘한 조화를 이룰 때 경험하는 최고의 순간을 말한다. 하지만 몰입과 숙달은 서로 작용하는 시간의 단위가 다르기에, 한두 번의 몰입이 곧장 숙달로 이어지지 않는다.

몰입은 찰나의 순간에도 일어날 수 있지만, 숙달은 단번에 이룰 수 없는 영역이다. 숙달은 몇 달이나 몇 년, 때로는 몇십 년의 세월이 쌓여야 완성된다. 하룻밤 만에 깊은 몰입을 경험할 수는 있어도, 하룻밤 만에 그 분야의 대가가 될 수는 없는 법이다. 결국 숙달이란 시간과의 싸움에서 승리할 때 얻는 값진 훈장과도 같다. 따라서 그 긴 시간을 견뎌 숙달에 다다르기 위해서는 몇 가지 원칙을 반드시 지켜야 한다.

1. 마음가짐이 절반이다

숙달은 인간의 마음속에서 시작된다. 스탠퍼드대학교의 심리학자 캐롤 S. 드웩Carol S. Dweck 교수는 40여 년간 인간의 동기와 성취를 연구한 끝에 '무엇을 믿느냐에 따라 성취가 달라진다'는 사실을 밝혀냈다. 그는 지능을 바라보는 사람들의 관점을 크게 두 가지로 나누었다. 첫째는 '고정 마인드셋'을 지닌 사람들이다. 이들은 지능이 타고난 실체와 같아서 노력해도 변하지 않는다고 믿는다. 반면 '성장 마인드셋'을 지닌 사람들은 지능이란 노력에 따라 얼마든지 향상될 수 있는 것이라 믿는다.

이 중 어떤 관점을 선택하느냐에 따라 삶을 대하는 태도는 확연히 달라진다. 지능이 고정되었다고 믿는 사람들은 교육을 단순히 '자신의 능력을 평가받는 과정'으로 여긴다. 하지만 지능이 성장한다고 믿는 사람들은 교육을 '스스로를 발전시킬 소중한 기회'로 받아들인다. 숙달의 경지는 자신의 능력이 자라날 수 있다고 믿는 사람들에게만 허락되는 선물인 셈이다.

　마음가짐이 다르면 목표를 바라보는 방식도 달라진다. 드웩 교수는 목표의 성격을 '수행 목표'와 '학습 목표'로 구분했다. 지능이 고정되어 있다고 믿는 사람은 결과에 집착하는 수행 목표를 세우기 쉬운 반면, 지능이 성장한다고 믿는 사람은 배움 자체에 집중하는 학습 목표를 세운다. 수행 목표는 눈에 보이는 성과를 내는 '수행력'에 주목하지만, 학습 목표는 스스로 깨우쳐나가는 '학습력'에 가치를 둔다. 예를 들어 '스페인어 수업에서 A학점을 따겠다'는 생각은 수행 목표에 해당한다. 반면 '자유롭게 의사소통할 수 있을 정도로 공부하겠다'는 다짐은 학습 목표에 가깝다.

　드웩 교수는 두 목표 모두 성취의 동기가 될 수 있다고 말하지만, 나는 진정한 숙달의 경지에 이르게 하는 것은 학습 목표라고 생각한다. 학습 목표를 세운 이들은 당장 스스로가 부족하게 느껴지더라도 쉽게 포기하지 않고 노력을 이어간다. 이들의 목적은 자신의 영리함을 남에게 증명하는 것이 아니라, 어제보다 더 많이 아는 상태가 되는 것이기 때문이다. 이들은 당장의 점수에 연연하거나 시간에 쫓기지 않기에 평가의 장벽을 넘어 깊이 있는 숙달의 차원으로 나아갈 수 있다.

　드웩 교수는 흥미로운 실험을 진행했다. 먼저 학생들에게 누구나 충분히 풀 수 있는 수준의 문제 8개를 주어 자신감을 얻게 한 뒤, 도저히 풀 수 없는 어려운 문제 4개를 추가로 내놓았다. 지능이 고정되어 있다고 믿는 학생들은 문제가 막히자 곧장 자신의 머리를 탓하며 포기해버렸다. 반면 마음이 열려 있는 학생들은 문제가 어려워질수록 해결 방법을 찾으려 애쓰며 끝까지 매달렸다.

이렇듯 고정 마인드셋을 지닌 사람은 한계에 부딪힐 때마다 무기력의 늪으로 빠져들고, 성장 마인드셋을 지닌 이들은 도전을 통해 유능감의 단계로 나아간다. 우리가 마음을 어떻게 먹느냐에 따라 목표를 바라보는 태도가 결정되며, 그 선택이 가져오는 결과는 하늘과 땅 차이만큼 벌어지게 된다.

2. 숙달에는 고통이 따른다

숙달에 이르는 길은 무지개가 떠 있는 꽃길이 아니다. 그 과정에는 오랜 투지와 변함없는 노력, 그리고 세밀한 실행력이 반드시 필요하다. 사실 숙달을 향한 여정은 즐거움보다 고통스럽고 지루할 때가 더 많다. 수많은 사람이 중간에 발걸음을 돌리는 이유도 바로 이 고단함을 견디지 못해서다. 앤더슨 에릭슨 교수 역시 숙달에는 필연적으로 고통이 동반된다고 보았다. 그는 예전에 타고난 재능이라 믿었던 능력들이 실제로는 최소 10년 이상 치열하게 연습한 결과였다고 강조했다. 운동이나 음악, 경영 분야도 숙달의 경지에 오르려면 10년이라는 긴 세월 동안 자신을 담금질하는 고통을 감내해야 한다는 뜻이다.

저널리스트이자 베스트셀러 작가 말콤 글래드웰Malcolm Gladwell 역시 같은 맥락의 이야기를 전한다. 그는 저서 『아웃라이어』에서 전문가가 되기 위해 필요한 '1만 시간의 법칙'을 설파했다. 1만 시간의 법칙이란, 어떤 분야에서 전문가나 장인으로 인정받기 위해서는 최소한 1만 시간이라는 절대적 투자가 뒷받침되어야 한다는 원리다. 이를 구체적으로 따져보면, 매일 3시간씩 투자할 경우 9.1년, 6시간이면 4.6년, 만약 하루 8시간을 꼬박 쏟아붓는다면 3년 4개월 만에 전문가 반열에 오를 수 있다는 계산이 나온다.

한 분야에서 전문가가 되기 위해서는 고통을 견디며 자신의 에너지를 아낌없이 쏟아부어야 한다. 사회학자 대니얼 챔블리스Daniel Chambliss 역시 에릭슨이 강조한 장기적 훈련의 중요성에 동의하며, 이를 '탁월함의 일상성the mundanity of excellence'이라 불렀다. 탁월함의 일상성이란 특별한 비법이 아니라, 자신에게 중요한 가치에 지속적으로 마음을 쓰고 이를 위해 매일 기꺼이 행동하는 태도를 의미한다. 이처럼 위대한 성취는 어느 날 갑자기 일어나는 기적이 아니다. 지루하고 평범해 보이는 일상의 노력을 매일같이 반복하며 쌓아 올린 결과물이다.

3. 숙달은 정복이 아니라 '다가가는 것'이다

숙달은 '점근선'과 같다. 점근선이란 곡선에 한없이 가까워지지만 절대로 맞닿지 않는 직선을 의미한다. 우리가 숙달을 점근선이라 부르는 이유는 완벽을 향해 끝없이 나아갈 뿐, 그 누구도 완전무결한 숙달의 끝에 도달할 수는 없기 때문이다. 우리는 결코 숙달 그 자체를 정복할 수 없다. 다만 심리학자들은 결과가 아닌 숙달을 추구하는 '과정'에 진정한 즐거움이 있다고 말한다. 캐롤 S. 드웩 교수의 생각도 이와 궤를 같이한다.

"노력은 우리의 삶에 의미를 주는 요인이다. 노력이란 우리가 삶에서 중요한 무언가에 신경 쓰며 그 무언가를 위해 기꺼이 일하겠다는 것을 의미한다. 목적으로 삼고 전념을 다해 노력하는 그 무언가를 소중하게 여기지 않으면 우리는 참으로 불쌍한 존재가 되고 만다."

그러므로 숙달에 이르는 과정을 즐겨야 한다. 때로 고통과 어려움이 따르더라도 멈추지 않고 노력을 반복해야 하는 이유가 여기에 있다. NBA의 전설적인 농구 선수 줄리어스 어빙Julius Erving은 "프로가 된다는 것은 자신이 사랑하는 일을, 하고 싶지 않은 기분이 드는 날에도 묵묵히 해내는 것"이라고 말했다. 하루도 쉬지 않고 자신을 닦아나가는 수련의 시간이 쌓이면 어느덧 숙련의 경지가 찾아온다. 그 길만이 우리를 무기력이 침범할 수 없는 '진정한 프로'의 세계로 이끌어줄 것이다.

자발성 회복을 위한 마음의 전환 4: 행동 시작과 유지

자신의 것을 찾아 지금 숙달하라

원하는 바를 위해 노력하고 싶어도 도저히 몸이 따르지 않는 순간이 있다. 이럴 때는 처음부터 무리하게 큰일을 시도하기보다, 내가 가장 쉽게 해낼 수 있는 작은 일 하나를 골라 집중적으로 훈련해보자.

단기간의 시도로는 부족하다. 긴 시간 동안 멈추지 않고 훈련을 반복해야 한 분야의 숙달에 이를 수 있다. 그렇게 쌓인 숙달의 경험은 우리에게 '나도 할 수 있다'는 강력한 유능감을 심어주며, 무기력을 떨쳐내고 다음 행동을 이어가도록 해주는 든든한 버팀목이 될 것이다.

자발성 회복을 위한 마음의 전환 4: 행동 시작과 유지

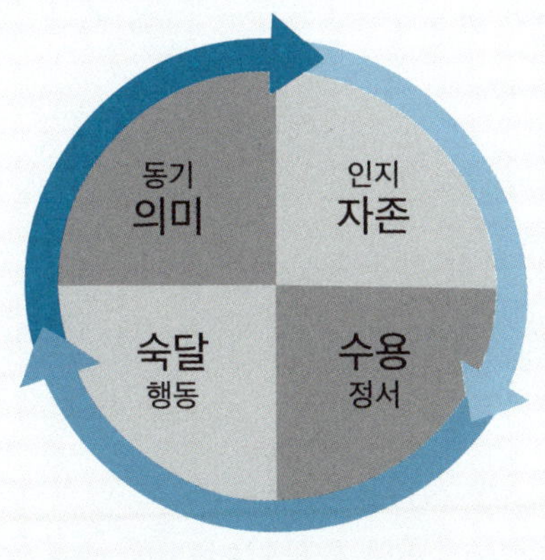

질문 카드 만들기

《패스트 컴퍼니》지 공동 창립자 앨런 웨버 Alan Webber 는 저서 『엄지의 규칙 Rules of Thumb 』에서 자율성과 숙련의 길을 제대로 걷고 있는지 스스로 평가할 수 있는 흥미로운 방법을 제안했다.

방법은 간단하다. 가로 8cm, 세로 12cm 정도 되는 작은 카드 한 장을 준비한다. 앞면에는 '무엇 때문에 아침에 일어나는가?'라고 적고, 뒷면에는 '무엇 때문에 밤까지 버티는가?'라고 쓴다. 그러고 나서 이 질문에 대한 대답을 옆에 적어보는 것이다.

대답을 적기 위해 오랜 시간 고민에 빠지는 이도 있을 것이고, 의외로 곧장 답을 써 내려가는 이도 있을 것이다. 만약 전설적인 발레리노 바슬라프 니진스키 Vaslav Nijinsky 가 이 질문을 받았다면, 그는 양면 모두에 주저 없이 '발레'라고 썼을 게 분명하다. 나 역시 이 책을 쓰는 동안만큼은 양쪽 모두에 '무기력에 관한 원고 집필'이라고 적었던 것 같다.

물론 잡념이 끼어들어 집필에 온전히 집중하지 못한 날도 많았다. 내 삶의 목표와 행동이 일치하지 않는 날이면 어김없이 무기력이 찾아왔다. 하지만 온종일 집필에만 전념한 날에는 저녁마다 깊은 단잠을 이룰 수 있었다. 나는 이런 방식으로 매일의 삶을 하나씩 조절해나갔다. 나는 그렇게 하루씩만 충실히 살아냈고, 그 작은 하루들이 모여 나를 조금씩 일으켜 세우기 시작했다.

니진스키의 카드

<table>
<tr><td align="center">앞면

무엇 때문에 아침에 일어나는가?

발레</td><td align="center">뒷면

무엇 때문에 밤까지 버티는가?

발레</td></tr>
</table>

만약 카드에 답을 적었는데 마음에 들지 않는다면, 그 카드는 미련 없이 버려도 좋다. 내 평생을 의지할 수 있는 새로운 대답을 찾을 때까지 계속 시도해보자. 드디어 나의 존재 의미와 삶의 방향이 일치하는 답을 얻었다면, 이제 그 대답을 인생의 나침반으로 삼으면 된다. 가끔은 그 답이 현재 내 생각이나 삶의 궤적과 일

치하는지 점검해보고, 두 가지 대답 중 어느 하나라도 어긋난다면 조금씩 고쳐나가자.

이제 카드를 꺼내 대답을 적어보길 바란다. 그리고 그 카드를 눈에 잘 띄는 곳에 붙여둔 채 매일의 삶에서 증명해보자.

<table>
<tr><td>앞면

무엇 때문에 아침에 일어나는가?</td><td>뒷면

무엇 때문에 밤까지 버티는가?</td></tr>
</table>

목표에 따라 인생의 장·단기 계획 세우기

앞서 매일을 살아가게 할 인생의 중요한 목표를 찾았다면, 그 목표에 닿기 위해 차근차근 밟아나갈 작은 목표를 단계별로 세워보자. 그런 다음 각각의 작은 목표를 달성하기 위해 당장 실천해야 할 구체적인 행동을 하나하나 적어본다.

내 삶에서 이루고 싶은 목표:

단계별 목표	목표를 달성하기 위해 해야 할 일 (알아보거나 만나거나 연락할 사람, 경제적 문제 해결, 찾아가야 할 곳, 내가 매일 해야 할 행동)	목표 달성 시기
1단계 목표		
2단계 목표		
3단계 목표		
최종 목표		

딸에게 쓰는 편지

세빈아, 너에게 다시 편지를 쓰지 않으려 했다. 맨날 하는 잔소리를 또 할까 봐 걱정됐거든. 그런데 13년 전, 네가 초등학생일 때 쓴 첫 번째 편지를 얼마 전 다시 읽으며 통곡하던 네 모습이 내내 마음 쓰이는구나. 너는 내게 말했지.

"엄마, 혹시 예언자야? 어떻게 13년 전 편지가 지금까지 내가 살아온 모습 그대로야? 미리 알고 쓴 것 같아. 엄마, 제발 다시 편지 써줘. 내 평생의 지침으로 삼을게."

그 말에 두 번째 편지를 쓰지 않을 수 없었단다. 나는 예언자가 아니야. 그럼에도 내 글이 네 삶과 닮았다면, 우리가 모두 공통으로 겪는 마음의 문제를 다루었기 때문일 거야. 사람의 마음은 양의 차이가 있을 뿐 본질은 비슷하거든. 이 편지도 네게 작은 도움이 되길 바란다.

○

세빈아, 그동안 참 힘들었지? 하지만 신화학자 조셉 캠벨은 "당신이 견뎌낸 재난이 무엇이든 그것은 당신의 성격과 됨됨이, 그리고 삶을 향상시킨다"라고 했어. 그 사실은 너도 경험해서 잘 알고 있을 거야. 오랜 투병과 절망적인 고통이 너를 얼마나 성장시켰는지. 그래서 지금은 오히려 그 고통에 감사하고 있지 않니.

인생은 마지막에 정산하는 것이란다. 그러므로 고통을 딛고 아직은 길을 더 나아가야 해. 성경의 가르침처럼 '먼저 된 자가 나중 되고 나중 된 자가 먼저 되는' 역설에 감격할 날이 반드시 올 거야. 그러니 멈추지 말고 너만의 길을 만들며 나아가길 바라.

신이 너에게 1만 평^{3만 3,057m²}의 땅을 선물했다고 가정해보자. 하지만 그 땅은 돌멩이가 80퍼센트 이상인 황무지란다. 그런데도 너는 그 땅에 멋진 포도밭을 일구겠다는 꿈을 품고, 하루 세 번씩 포도가 열리기를 간절히 기도했지. 무려 10년 동안이나 말이다. 하지만 땅에는 아무 일도 일어나지 않았고, 너는 기도에 응답받지 못했다며 억울해하는구나.

세빈아, 포도가 열리지 않은 진짜 이유가 무엇인지 아니? 네가 오직 꿈만 꾸고 기도만 했기 때문이야. 꿈꾸는 시간에 땅을 갈고, 돌을 골라내고, 거름을 준 뒤 모종을 심었어야 했어. 다시 물을 주고 벌레를 잡으며 정성껏 나무를 가꾸는 수고가 필요했던 것이지. 매일 무언가를 실천해야 비로소 포도가 열리는 법이야. 풍성한 포도밭을 위해 기도만 할 게 아니라, 너의 '오늘'을 그 땅에 투입해야 했어. 그것이 아직 열매를 맺지 못한 진실이다.

엄마 역시 같은 이유로 오랜 세월 고통에 시달렸어. 나 또한 꿈만 꾸면서 신기루만 찾아다녔기 때문이야. 엄마는 과거의 영광과 미래의 불안 사이에서 방황하느라 '지금 여기'가 나의 온 힘으로 경작해야 할 신이 주신 유일한 땅임을 몰랐던 것 같아. 세빈아, 너는 부디 나처럼 되지 마라.

○

어떤 남자가 있었어. 나이는 쉰셋이고, 하는 일마다 실패했지. 말단 공무원으로 취직했다가 해고되길 반복했어. 그런 일을 자주 당하다 보니 자신감을 잃었고, 전쟁 때 입은 부상으로 왼손을 거의 쓰지 못해 항상 우울했단다. 그러다 어느 날 억울한 횡령 혐의로 감옥에 갇혔어. 이제 그 남자의 인생은 종말로 가는 듯했지.

그런데 그는 감옥에서 오히려 뜨거운 창작 의욕을 느꼈다. 그곳에서 만나는 다양한 사람들을 통해 소설 속 인물과 이야기를 구상했거든. 출소한 그는 그 아이디어를 출발점으로 책을 완성했어. 그러고는 "이 이야기는 감옥에서 태어났다"라고 말했지. 사람들은 그 책에 열광했어. 그 남자가 바로 미겔 데 세르반테스^{Miguel de cervantes}이고, 세비야 감옥에서 탄생했다는 유명한 작품이 바로 『돈키호테』란다. 400년 이상 읽히고 있고 성경 다음으로 지구상에서 가장 많은 언어로 번역된, 고전 중의 고전이지. 이런 게 인생이야. 정산은 마지막에 하는 법이고, 사람들은 나중에는 모든 것을 결과로 기억한단다.

"자신의 삶을 돌아보면 삶 자체에 어떤 일관된 줄거리가 있는 듯 여겨질 것이다. 하지만 실제 겪어온 과정은 혼란의 연속이었을 것이다."

쇼펜하우어의 말이야. 정말 그렇단다. 나중에 돌아보면 잘 살아왔구나 싶을지 모르지만, 정작 그 속에 있을 때는 무기력이나 저항, 혼란이 연속되어 초주검이었을지도 몰라. 그건 너도 오래 겪어봐서 알잖니.

그러니 고통 때문에 죽을 듯하다고 느껴질 때가 바로 정신을 다시 한번 가다듬을 때임을 기억해라. 그 시간이 지나고 나면 쇼펜하우어의 말처럼 네 인생도 일관된 질서 아래 하나로 정리될 거야.

○

세빈아, 니체는 "언젠가 번개에 불을 붙여야 할 사람은 오랫동안 구름으로 살아야 한다"고 말했어. 번개에 불을 붙이고 마는 그 시간이 기대되지 않니? 물론 운이 나쁘면 평생 구름으로만 살아야 할지도 모른다. 그럼에도 네 인생에 불꽃놀이가 일어날 것을 기대하며 열심히 기도하고 일하기를 바란다. 기도와 일, 둘 중 어느 것도 놓쳐서는 안 돼.

라틴어로 '오라 에 라보라^{Ora et labora!}'라는 말이 있어. '기도하라, 그리고 일하라!'라는 뜻이야. 베네딕트 수도사들은 농사를 짓거나 책을 필사하는 등 일상의 모든 노동까지 신을 향한 영적인 수행으로 여겼기에 기도와 일을 별개로 여기지 않았어. 네가 하는 모든 행동이 기도가 될 수 있다는 뜻이야. 네가 매일 걷거나 산에 오르는 것, 수시로 하는 심호흡, 영어 공부나 훌라후프도 너를 단련하는 동시에 가장 강한 기도가 될 수 있단다.

오라 에 라보라! 네가 하는 모든 수련, 그 기도의 힘으로 고통에서 분연히 일어나 너의 밭을 잘 경작하기를. 그리하여 언젠가 너의 지독했던 어둠을 걷어내고 찬란한 빛을 만나길…. 칠흑 같은 어둠과 비바람 속에서도 묵묵히 일구어낸 너의 밭에, 세상에서 가장 눈부신 열매가 맺히리라 엄마는 끝까지 믿는다.

2026년 1월
너의 이름처럼 세상 속에서 빛날
너를 기도하는 엄마가

Overcoming Learned Helplessness

무기력에서 벗어날 수 있다

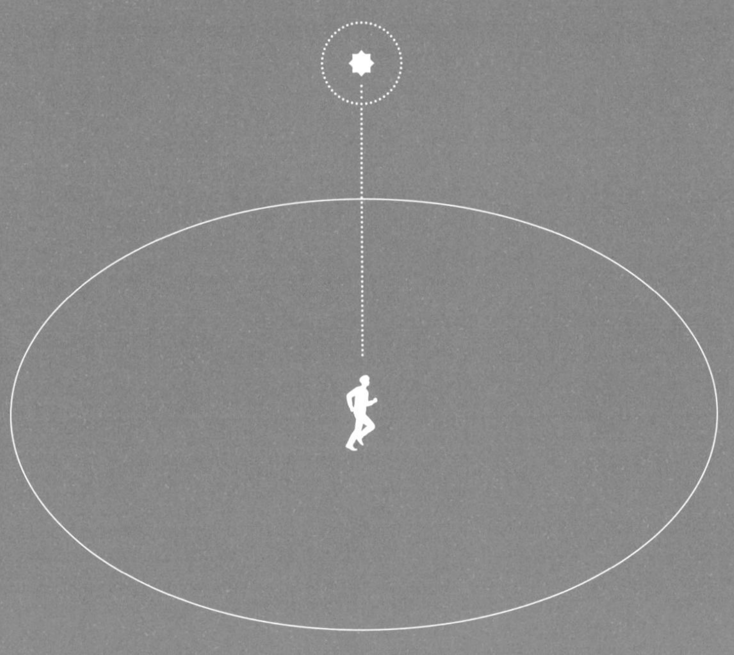

자발성을 지키는
세 가지 원칙

인생의 여정 한가운데에서

올바른 길을 벗어난 내가

정신을 차렸을 때 칠흑 같은 어둠이 깔린 숲속에 있었다.

그 거칠고 황량하며 험난했던 숲이

어떤 곳이었는지 차마 입에 담기조차 괴롭다.

생각만 해도 몸서리쳐진다.

그 괴로움이란 진정 죽음과도 같은 것이었다.

어떻게 해서 그곳에 발을 들여놓았는지 쉽게 말할 수 없다.

당시의 나는 그저 덧없는 일들에 마음을 빼앗긴 나머지 올바른 길을 버렸던 것이다.

최고의 고전이라 불리는 단테의 『신곡』은 이렇듯 무거운 고백으로 시작한다. 우리 역시 인생을 살아가다 보면 단테가 묘사한 칠흑 같은 어둠을 마주할 때가 있다. 무기력의 늪에 깊이 빠지고 나면, 마치 황량한 숲속에서 길을 잃은 듯한 막막함과 부모의 손을 놓치고 울먹이는 아이 같은 절망감을 온몸으로 겪게 된다. 이런 고통을 평생 모르고 산다면 분명 축복받은 삶일 것이다. 하지만 안타깝게도 인간이라면 누구나 무기력에 빠질 수 있다. 무기력은 결코 무능력한 사람에게만 찾아오는 불청객이 아니기 때문이다.

무기력이란 심적·육체적 에너지가 예전보다 떨어졌을 때, 스스로를 바라보며 느끼는 주관적인 평가다. 우리는 인생의 어느 지점에서 예기치 않게 기력이 다했음을 깨닫곤 한다. 게다가 우리를 괴롭히는 무기력은 본인의 내면에서 비롯되기보다 외부의 강압적 힘에 의해 발생하는 '학습된 무기력'인 경우가 많다. 언제 어디서든 불쑥 찾아올 수 있는 무기력은 그만큼 위협적이다. 하지만 정작 두려운 점은 고통스럽게 그 늪을 빠져나오더라도, 언제든 다시 그곳으로 빠져들 수 있다는 사실이다.

그렇다면 다시는 무기력에 빠지지 않기 위해 우리는 무엇을 해야 할까? 궁극적으로는 스스로의 힘으로 자신을 보호하는 법을 익혀야 한다. 무기력은 지극히 개인적인 에너지 저하 현상이다. 따라서 그 어떤 타인도 이 문제를 근본적으로 해결해줄 수는 없다. 더 정확히 말하자면, 무기력은 스스로 이겨내야 하는 과제다. 우리 마음을 움직이는 동기, 인지, 정서, 행동을 스스로 다스려야 무기력에서 벗어날 수 있으며, 다시 그 늪으로 빠지는 실수를 반복하지 않는다. 그러므로 무기력을 떨쳐내기 위해서는 4부에서 설명한 네 가지 마음 전환을 일상에서 실천하는 것이 무엇보다 중요하다. 이에 더해 무기력으로 다시 추락하는 것을 막고, 내면의 자발성을 잃지 않기 위해 마지막으로 다음 세 가지 원칙을 꼭 기억하길 바란다. 가장 기본이 되는 세 가지 원칙을 지켜나갈 때, 우리는 진정한 성장에 다다를 수 있을 것이다.

첫째, 마음의 네 요소를 하나로 묶는 '통합적 마음 전환'이 필요하다. 인간을 움직이는 기본 요소는 동기, 인지, 정서, 행동이다. 무기력해지면 앞의 세 요소에 장애가 나타나 행동을 가로막거나 멈추게 한다. 그러므로 단순히 행동만 변화시켜서는 안 된다. 먼저 생의 의미를 찾아 동기를 강화하고, 자존감을 회복해 왜곡된 인지를 전환하며, 용서하고 베푸는 마음으로 불안한 정서를 다스려야 한다. 이 세 가지가 결합되어야 비로소 무언가를 하고 싶은 마음이 생기고 행동을 지속할 수 있다. 어느 하나라도 결여되면 다시 주저앉을 수 있으므로 반드시 마음 전체가 함께 변해야 한다.

둘째, 반복을 통한 '숙달'로 무기력을 과거의 일로 만들어야 한다.
마음의 여러 요소가 결합해 일어난 행동이 일회성으로 끝나지 않게 하려면 반복에 의한 숙달이 요구된다. 동기, 인지, 정서, 행동이라는 각 요소가 마치 커다란 수레를 끌고 가는 바퀴처럼 쉬지 않고 맞물려 돌아가야 한다. 이렇게 매일 수련을 거쳐 숙련 단계에 이르면 무기력은 어느덧 흘러간 물이 될 것이다. 우리는 어제와 다른 사람이 되어 진화할 것이고, 마침내 원하는 꿈에 성큼 다가설 수 있다.

셋째, 중년의 '성숙한 창조성'에서 새로운 가능성을 찾아야 한다.
나는 37세부터 10년의 무기력과 2년의 중립지대를 거친 경험이 있다. 무기력에 빠진 기간이 길었던 만큼 불안하고 두려운 마음으로 중립지대에 오래 머물러 있었다. 앞이 보이지 않는 안개 속에서 계속 넘어지고 일어서기를 반복했다. 지천명의 나이에 어떻게 다시 세상 밖으로 나갈 수 있을지 고민하던 중, '중년의 위기'라는 용어를 만들어낸 정신분석가 엘리엇 자크Elliott Jaques의 연구에서 희망을 찾았다. 그는 뛰어난 재능 없이 평범한 중년에게도 가능성이 있다고 주장했다.

그가 연구한 중년 예술가들은 삶의 중반에 이르러 지금껏 살아오던 방식을 바꾸고 창조성을 획득한 사례가 많았다. 이는 젊은이의 반짝이는 창조력이나 천재의 그것과 달리, 평범한 사람의 노력과 비슷했다. 그러므로 평범한 우리가 세상에 다시 승부수를 띄울 길은 중년의 예술가들이 보여준 성숙한 창조성을 배우는 데 있다.

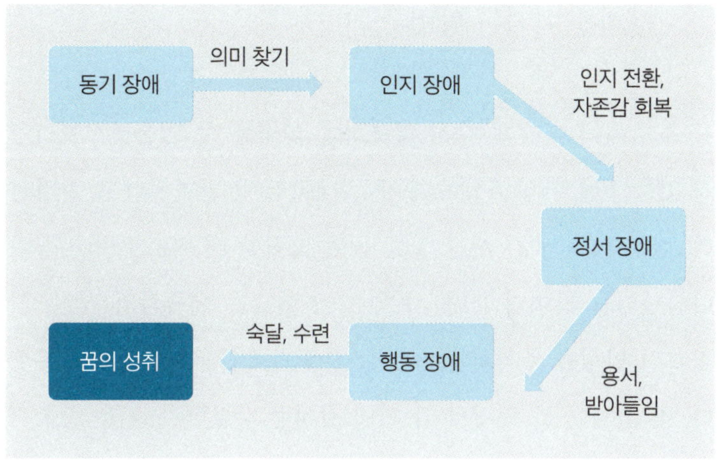

인고의 시간은 지나갔고 나는 달라졌다. 나에게는 새로운 인생을 시작할 힘과 희망이 있다. 내가 나아가야 할 길을 분명히 알게 되면서 두 번째 인생이 펼쳐졌다. 현재가 소중하기에 더더욱 무기력에 다시 빠지지는 않을까 두려운 마음이 들 때도 있다. 그럴 때마다 나는 내 마음을 훈련한다. 매일 단단히 마음을 다져나갈 때 무기력이라는 불청객이 다시는 찾아오지 못할 것임을 잘 알기 때문이다.

평범한 사람이
천재를 이기는 방법

중년 나이에 어떻게 다시 창조성을 꽃피울 수 있을까? 엘리엇 자크는 중년의 창조성이 오랜 '반복' 끝에 발현된다고 설명한다. 한 분야에서 긴 시간 공을 들여 노력할 때 비로소 창의성이 나타난다는 것이다. 그는 수백 명에 이르는 예술가와 작가, 작곡가의 인생을 추적한 끝에 창조성을 두 가지 유형으로 분류했다. 첫 번째는 불 속에서 막 꺼낸 것처럼 강렬한 '뜨거운 창조적 작업'이다. 조각이나 소설, 음악처럼 예술가의 내면에서 온전하게 우러나온 결과물이 여기에 속한다. 이는 젊은 시절 귓가에 맴도는 악상을 그대로 악보에 옮겨 적은 모차르트의 천재적 능력과도 같다. 하지만 영감에 의존하는 이 창조성은 안타깝게도 나이가 들수록 서서히 사라진다. 중년에는 더 이상 영감만으로는 새로운 작품을 만들어내기 어려워진다.

따라서 중년 이후의 예술가들은 자연스럽게 두 번째 유형의 창조성에 의존하게 된다. 엘리엇 자크는 이를 '잘 다듬어진 창조성'이라 명명했다. 이 단계의 예술가들은 처음부터 완벽한 영감을 가지고 작업을 시작하지 않는다. 대신 미완의 아이디어를 붙잡고 스스로 흡족한 결과물이 나올 때까지 수정을 거듭하며 공을 들인다. 이것이 바로 4부에서 강조한, 숙련에 이르기 위해 치열하게 노력할 때 얻을 수 있는 결실이다. '잘 다듬어진 창조성'은 성실한 습관과 부단한 노력 속에서 무르익고 진화한다. 젊은 시절의 창조성이 99퍼센트의 영감으로 빛난다면, 중년의 성숙한 창조성은 99퍼센트의 땀방울로 완성된다고 할 수 있다. 노력은 평범한 사람이 천재를 이길 수 있는 유일한 방법이다. 비록 나이가 들며 젊은 날의 마법 같은 영감은 사라지고 폭발하던 재능도 시들지만, 정직한 땀을 통해 얼마든지 새로운 가치를 창조해낼 수 있다. 매일 작업에 몰두하며 무언가를 꾸준히 만들어가는 동안, 자연스럽게 무기력에서 빠져나오게 된다. 마침내 원래의 정신 수준을 회복하고 나면, 다시는 무기력이라는 오류에 발을 들이지 않을 것이다.

우리는 살면서 한 번쯤 고사성어 '우공이산愚公移山'에 나오는 노인처럼 산을 옮길 만한 뜨거운 열정을 품는다. 하지만 예기치 못한 순간 무기력에 빠지고, 과거의 방식으로는 막막한 사막을 빠져나갈 수 없다는 사실을 깨닫고 절망하곤 한다. 역설적이게도 그때가 바로 근육의 힘을 빼고 새로운 방식으로 삶에 대응하기에 가장 좋은 시기다. 잘 다듬어진 창조성을 얻기 위해 마음의 근력을 단련하고, 근본적인 인식의 전환을 이뤄내야 하는 시점에 이른다. 다시는 무기력으로 추락하지 않으려면 반복과 습관의 정직한 힘에 자신을 맡겨야 한다. 새롭고 특별한 기술을 찾아 헤매기보다, 내가 할 수 있는 일을 남들보다 더 깊이 있게 해낼 수 있도록 매 순간 스스로를 단련해야 한다.

하루에 100리를 가겠다는 무리한 계획으로 스스로를 지치게 하지 말자. 대신 새롭게 마음을 다잡고 내면의 자발성을 유지하는 데 집중해야 한다. 어제 하던 일을 오늘도 묵묵히 이어가는 꾸준함이야말로, 무기력의 습격으로부터 나를 지켜낼 가장 강력한 무기다. 이러한 일상의 훈련만이 과거의 나를 넘어 더 높은 정신적 경지로 나아가는 가장 확실하고도 안전한 길임을 잊지 말자.

친구여, 완벽주의자가 되지 마라.

완벽주의자는 저주이며 긴장이다.

왜냐하면 당신은 과녁 한복판을 맞히지 못할까 봐 덜덜 떨기 때문이다.

당신은 그대로 내버려두면 완전할 것이다.

친구여, 실수를 두려워하지 마라.

실수는 죄가 아니다.

실수는 어떤 일을 하는, 또 다른, 어쩌면 창조적인 새로운 방법일 것이다.

친구여, 실수를 유감스럽게 생각하지 말고 자랑스러워하라.

당신은 스스로 어떤 것을 줄 수 있는 용기를 가졌다.

양극단, 완벽주의와 마찬가지로 일시적 치료, 일시적 즐거움, 일시적 감각 인식을 경계하라.

어떤 자든 도움 주는 자를 경계하라.

돕는 자는 아무것도 아닌 것을 위해 어떤 것을 약속하는 사기꾼이다.

그들은 당신을 망쳐 의존적이고 미성숙하게 만든다.

_정신분석가 프리츠 펄스 Fritz Perls, 「휴지통의 안과 밖」

지금 서 있는
그곳에서 시작하라

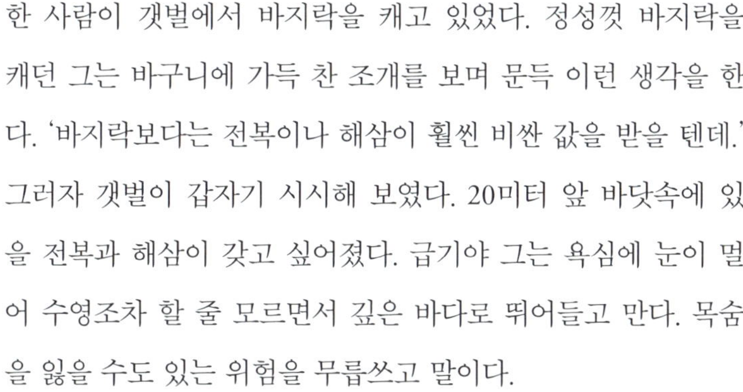

한 사람이 갯벌에서 바지락을 캐고 있었다. 정성껏 바지락을 캐던 그는 바구니에 가득 찬 조개를 보며 문득 이런 생각을 한다. '바지락보다는 전복이나 해삼이 훨씬 비싼 값을 받을 텐데.' 그러자 갯벌이 갑자기 시시해 보였다. 20미터 앞 바닷속에 있을 전복과 해삼이 갖고 싶어졌다. 급기야 그는 욕심에 눈이 멀어 수영조차 할 줄 모르면서 깊은 바다로 뛰어들고 만다. 목숨을 잃을 수도 있는 위험을 무릅쓰고 말이다.

설마 현실에 이런 사람이 있겠느냐고 반문할지 모른다. 하지만 의외로 너무나 많은 사람이 이와 비슷한 삶을 살고 있다. 자신의 발아래를 살피는 대신 끊임없이 이상만 좇으며 앞으로 나아가려 하기 때문이다. 현실에 발을 붙이지 못한 채 높은 이상만을 추구하는 사람은, 그 이상이 만들어낸 높은 벽에 가로막혀 무기력에 빠질 수 있다. 바로 '피터의 법칙Peter's Principle'이 우리 삶에 적용되는 순간이다. 컬럼비아대학교 교수를 지낸 컨설턴트 로렌스 J. 피터Laurence J. Peter 박사가 주창한 '피터의 법칙'은 '위계 조직 안에서 일하는 모든 사람은 자신의 무능함이 드러나는 수준까지 승진하려는 경향이 있다'는 통찰을 담고 있다. 보통 일을 잘해내면 능력을 인정받아 승진 기회를 얻는다. 하지만 직위가 올라가면 이전과는 전혀 다른 차원의 업무까지 담당해야 한다. 결국 직위가 높아질수록 감당해야 할 일의 난도는 높아지고 업무 효율은 급격히 떨어져, 끝내 무능력한 상태에 이른다. 그러므로 자신의 현재 역량과 현실을 고려하지 않은 채 능력 이상의 것을 맹목적으로 추구하다 보면, 그것이 오히려 삶의 독이 될 수 있음을 반드시 기억해야 한다.

현재보다 나아지려 노력하되, 현실을 외면한 채 이상주의에만 함몰되지 말자. 아무리 보잘것없어 보이더라도, 지금 내가 서 있는 발아래 갯벌에 숨겨진 바지락부터 묵묵히 캐나가길 당부하고 싶다. 사실 이 말은 나 자신에게 건네는 고백이기도 하다. 지난날 내가 겪었던 무기력의 원인 중에는 현재를 돌보지 않고 절제 없이 높은 이상만 좇는 태도가 큰 몫을 차지했기 때문이다.

우선 당신은 바지락 캐기 전문가가 되어야 한다. 바지락 캐는 일에 완전히 숙달될 때까지 그 일에만 온전히 몰두해보자. 이것저것 기웃거리지 말고, 지금 딛고 선 갯벌을 더 깊고 넓게 파 내려가야 한다. 그 과정에서 숙련된 기술이 쌓이면 자연스럽게 자신감과 유능감이 생겨날 것이다. 그렇게 바지락을 열심히 캐다 보면 생각지도 못한 순간에 귀한 백합을 발견하는 행운을 만나기도 한다. 갯벌 위에서 조개를 자유자재로 캘 수 있는 실력을 갖춘 뒤에 다른 일을 시도해도 늦지 않다. 전복을 따고 싶다면 수영 연습과 잠수 훈련부터 하자. 이것이 상식인데도 겁 없이 바다로 뛰어드는 사람이 부지기수다. 철저한 계획과 준비 없이 큰 꿈만 꾸다가 끝없는 실패와 무기력을 겪을 확률이 높다는 사실을 잊지 말아야 한다. 새로운 시작을 꿈꾸는가? 그렇다면 출발점은 당신이 서 있는 바로 그곳이다.

○

히말라야의 전설에 '한고조寒苦鳥'라 불리는 새가 나온다. 이 새의 또 다른 이름은 '내일은 집을 지으리'다. 이름에서도 알 수 있듯, 이 새는 평생 단 한 번도 제 둥지를 지어본 적이 없다. 히말라야의 밤에는 기온이 급격히 떨어져 살을 에듯 차가운 바람이 몰아친다. 하지만 한고조에게는 추위와 눈보라를 막아줄 안식처가 없다. 따스한 낮에 보금자리를 마련하는 대신 그저 놀기에만 바빴던 탓이다.

지구에서 가장 높은 곳인 히말라야의 밤, 둥지 하나 없이 홀로 남겨진 새가 겪어야 할 고통을 상상해보라. 뼛속까지 파고드는 혹독한 추위와 매서운 바람을 견디며 새는 매일 밤 절실하게 다짐한다. 내일 날이 밝으면 반드시 나만의 둥지를 짓겠다고. 하지만 해가 뜨면 지난밤의 처절한 고통을 까맣게 잊고 만다. 눈부신 햇살이 비치는 설원의 풍경에 취해 놀기 바쁘다. 그렇게 낮이 지나가고 다시 어둠이 찾아오면, 새는 추위에 몸을 떨며 똑같은 말을 되풀이한다. '내일이면, 내일이면 반드시 집을 지으리!' 매일같이 이 말만 반복하며 정작 아무런 행동도 하지 않기에, 사람들은 이 새를 '내일은 집 지으리 새'라 불렀다.

믿거나 말거나 한 이야기지만 이 새의 모습은 우리와 닮은 구석이 많다. 혹시 당신도 오늘 마땅히 해야 할 일을 미루고 또 미루며 하루를 허비하고 있지 않은가? 내일이 되면 저절로 의욕이 생기고 기운이 솟아 둥지 따위는 한나절 만에 지을 수 있으리라 착각하는 것은 아닌가? 분명한 사실은 오늘 시작하지 못한 일은 내일도 해내지 못할 가능성이 크다는 점이다. 물리적인 사물뿐 아니라 인간의 삶에도 관성의 법칙이 예외 없이 적용되기 때문이다. 그렇게 결단 없이 인생을 흘려보낸다면, 우리의 묘비명도 조지 버나드 쇼^{George Bernard Shaw}의 그것처럼 "오래 살다보면 이런 일이 생길 줄 알았지^{I knew if I stayed around long enough, something like this would happen}."가 될지도 모른다.

그러므로 오늘부터 시작하라. 오늘 한 시간이면 충분할 작업이 내일로 미루면 한 시간 5분, 아니 그 이상이 걸릴지 모른다. 오늘 미룬 일은 내일도 미룰 가능성이 크며, 그러다 더 이상 일을 미룰 수 없는 한계에 다다랐을 때 '나는 정말 안 되나보다'라며 무기력을 호소하게 된다. 그러니 지금 바로 시작하라. 밤마다 추위에 떨면서도 정작 낮에는 둥지를 짓지 않는 불쌍한 새처럼 살다가 인생을 마칠 수는 없지 않은가. 다른 곳이 아닌 바로 지금, 당신이 서 있는 그곳에서 시작하라.

무기력에 감사할 날이
반드시 온다

급격한 환경 변화로 나무가 더 이상 자랄 수 없는 지점을 '수목한계선'이라 부른다. 대략 해발 3,000~3,500미터에 달하는 척박한 지점이지만, 이곳에서도 꿋꿋이 자생하는 나무가 있다. 바로 깃발나무다. 깃발나무는 끊임없이 불어오는 매서운 바람 때문에 가지와 잎이 곧게 뻗지 못한다. 그 모습이 마치 바람에 휘날리는 깃발과 같다고 해서 이런 이름을 얻었다. 특히 이 나무는 땅에 낮게 엎드려 무릎을 꿇은 듯한 모습을 하고 있는데, 그 형상이 마치 조물주와 거대한 자연의 섭리에 겸허히 순응하는 것처럼 보인다.

도저히 견딜 수 없는 수목한계선의 환경을 이겨내는 나무를 상상해보라. 이 나무가 받아들여야 할 운명은 스스로 재생의 길을 선택한 독수리가 무기력하게 들쥐의 공격을 받아낼 때와 비슷하다. 능력이 충분한데도 속수무책으로 무기력에 빠진 사람이 느끼는 절망과도 유사할 것이다. 그런데 놀라운 사실이 하나 있다. 세계 최고의 명품으로 인정받는 바이올린의 재료가 로키산맥의 수목한계선에서 비바람을 견디며 자란 나무라는 점이다. 가혹한 환경을 버텨낸 나무만이 천상의 공명음을 낼 수 있기에, 바이올린 장인들은 기꺼이 이 나무를 선택한다.

이는 최고 품질의 프랑스산 와인을 만드는 과정과도 닮았다. 프랑스의 한 마을에서는 좋은 와인을 생산하기 위해 일부러 비옥한 땅에는 포도나무를 심지 않는다고 한다. 온실 속 화초처럼 좋은 땅에서 자란 포도나무는 쉽게 자라 탐스러운 열매를 맺지만, 뿌리를 깊이 내리지 않아 포도의 품질은 오히려 떨어진다. 반면 척박한 땅에 심긴 나무는 생존에 필요한 물을 얻기 위해 땅속 깊고 넓게 뿌리를 뻗어야 한다. 성장 속도는 비록 느릴지라도 깊은 곳까지 닿은 뿌리가 좋은 수분을 흡수하기에 척박한 땅에서 자란 포도는 최고의 와인으로 거듭날 수 있다. 사람도 마찬가지다. 고난을 견딘 사람의 내면은 강인하면서도 아름답다.

곧게 뻗은 고속도로를 질주하는 자동차는 의외로 위험에 노출되기 쉽다. 평탄한 길은 목적지에 빠르게 닿게 해주지만, 자칫 운전자가 지루함에 빠지거나 자만심에 속도를 높이다 큰 사고로 이어질 수 있기 때문이다. 반면 굽이진 길은 제때 브레이크를 밟으며 속도를 조절해야 하기에, 조금 느리더라도 오히려 안전하게 통과할 수 있다. 우리의 인생도 마찬가지다. 무기력에 침잠했던 시간은 분명 당신의 삶에 깊은 가르침을 남길 것이다.

아름다운 영혼으로 절묘한 선율을 빚어내는 사람은 고난 없이 평탄하게 살아온 이가 아니라, 숱한 역경과 아픔을 견뎌낸 사람이다. 예기치 못한 인생의 복병을 만나 고통받고, 우울의 골짜기를 지나온 당신이 깃발나무처럼 남들은 갖지 못한 귀한 자산 하나를 더 얻었음을 믿길 바란다. 무기력의 처절함을 온몸으로 겪어낸 사람만이 비로소 같은 고통의 골짜기에서 울고 있는 타인을 발견할 수 있다. 또한 무기력에 빠지기 전의 모습, 즉 '진짜 자기'를 찾기 위해 부단히 노력할 것이며, 앞으로 걸어갈 길에 대한 확신도 점차 두터워질 것이다. 언젠가는 지금 이 무기력한 시간도 감사하게 여길 날이 분명히 올 것이다.

그러니 당신이 지나온 여정, 그 모두를 긍정하라!

다시 달리는 남자

출발선에서 울고 있던 남자는 언제부턴가 경기장에 나타나지 않았다. 다른 경기장에서도 그의 모습은 보이지 않았다. 그러던 어느 날, 운동을 하러 집 근처 초등학교에 갔다가 그를 다시 만났다. 남자는 혼자 운동장을 뛰고 있었다. 예전의 화려한 경기 복장이 아닌, 편안한 운동복 차림으로 오랫동안 묵묵히 트랙을 돌고 있었다.

나는 그 모습을 보며, 그가 언젠가 멋진 유니폼을 입고 다시 경기장에 서게 되리라고 확신했다. 그간 그에게 어떤 일이 있었는지는 알 수 없다. 하지만 한때 우승자였던 화려한 기억을 내려놓고, 그가 마음의 전환을 이루었음을 느낄 수 있었다. 그 전환된 마음은 그를 과거의 무기력한 선수가 아닌, 진정으로 달릴 준비가 된 선수의 반열에 올려놓을 것이다. 홀로 훈련하는 그의 뒷모습을 보며, 나는 오랜 기도가 응답을 받은 듯 비로소 편안한 잠을 청할 수 있었다.

이 책을 쓰기로 결심한 것은 다름 아닌 나의 무기력 때문이다. 나는 아주 오랫동안 앓았다. 나를 이토록 괴롭히고 아무것도 할 수 없게 만든 이 마음의 병이 대체 무엇인지 알아내기 위해 필사적으로 책을 읽었다. 어떤 날은 하루에 서너 권씩 닥치는 대로 읽으며 고통의 실체를 마주하려 애썼다. 그러다 마틴 셀리그만이 언급한 '학습된 무기력'이 나의 증상과 정확히 일치한다는 사실을 깨달았다. 물론 병명을 알았다고 해서 무기력에서 곧장 벗어날 수는 없었다. 무기력은 결코 만만한 상대가 아니었기 때문이다. 셀리그만의 실험실에 있던 개들처럼, 나 역시 변하려 하기보다 그저 주저앉아 있고만 싶었다. 무기력을 떨쳐낼 실질적인 방법을 알지 못했던 탓이다.

앞서 여러 번 강조했듯, 사람은 단편적인 기술이나 일시적인 시도만으로는 결코 변하지 않는다. 인간을 움직이는 모든 요소가 조화를 이루며 꾸준히 움직일 때, 우리는 비로소 조금씩 변할 수 있다. 무기력으로 몹시 앓고 있을 무렵, 나는 구본형 선생님의 변화경영연구소 6기 연구원으로 활동하게 되었다. 변화에 갈급했던 나는 선생님 밑에서 많은 가르침을 얻었고, 그 덕분에 조금씩 변화할 수 있었다. 변화의 첫 증거가 바로 책을 쓰는 일이었다. 하지만 여전히 서슬 퍼렇게 살아 있던 무기력이 끈질기게 발목을 잡았고, 집필 속도는 더디기만 했다.

그때마다 새로운 마음 전환법을 찾아내 내 것으로 만들었고, 배움의 힘으로 다시 일어섰다. 그렇게 조금씩 학습된 무기력에서 벗어나 다시 움직이기 시작했다. 내 인생은 3개 장으로 나뉜다. 무기력을 알기 전의 삶과 무기력에 빠져 있던 때, 그리고 그곳에서 벗어난 이후의 삶은 모두 제각기 다른 얼굴을 하고 있다. 특히 세 번째 장에 해당하는 지금의 인생은 단순히 예전 모습으로 회귀한 것도, 자연스럽게 성장한 결과물도 아니다. 나는 무기력을 통과하며 이전과는 전혀 다른 존재로 진화했다. 이 모든 깨달음은 역설적이게도 모두 무기력 덕분이다.

혹시 당신도 지금 이 순간, 달리지 못한 채 출발선에 멈춰 서서 울고 있는가? 그렇다면 내가 직접 시도하며 다듬어온 마음 전환의 기술을 하나하나 실천해보길 권한다. 그 과정 끝에 이르면 분명 이전과는 달라진 자신을 발견할 것이다. 출발선에 엎드려 울던 그 남자가 다시 일어나 뛰어 새로운 신화를 썼듯, 당신 또한 자신만의 역사를 새로 쓸 수 있다. 신화를 일군 이들도 한때는 그저 하루하루를 간신히 버텨낸 평범한 사람들이었다. 그러나 그들은 끝내 인생의 막판 뒤집기에 성공해 자기 삶의 진정한 영웅이 되었다.

당신도 이제 인생의 막판 뒤집기를 꿈꿔보길 바란다. 내 삶의 주인이 되어 스스로 인생을 일궈나가는 기쁨을 반드시 맛볼 수 있을 것이다. 마음의 진화는 당신에게 진정한 자유를 선사하고, 잊고 있던 꿈을 이루게 하며, 마침내 원하는 인생으로 당신을 이끌어줄 것이다.

자, 그러니 이제 다시 뛰어보자.

가장 훌륭한 시는 아직 쓰이지 않았다.
가장 아름다운 노래는 아직 불려지지 않았다.
최고의 날들은 아직 살지 않은 날들

가장 넓은 바다는 아직 항해되지 않았고

가장 먼 여행은 아직 끝나지 않았다.

불멸의 춤은 아직 추어지지 않았다.

가장 빛나는 별은 아직 발견되지 않은 별

무엇을 해야 할지 더 이상 알 수 없을 때

그때 비로소 진정한 무엇인가를 할 수 있다.

어느 길로 가야 할지 더 이상 알 수 없을 때

그때가 진정한 여행의 시작이다.

_튀르키예 혁명 시인 나즘 히크메트^{Nâzim Hikmet}, 「진정한 여행」

어떻게 살 것인가

언어를 장난감처럼 다룬다는 프랑스 작가 레몽 크노 Raymond Queneau는 모든 위대한 문학작품이 『일리아스』이거나 『오디세이아』라고 말했다. 『일리아스』가 '전쟁'의 시라면 『오디세이아』는 '모험'의 시다. 기원전 850년경 전설적인 시인 호메로스는 트로이 전쟁을 배경으로 이 장편 서사시들을 써 내려갔다. 그 안에는 투쟁과 탐험의 서사가 가득하다. 그의 통찰처럼 인생은 전쟁 혹은 모험일지 모른다.

13년 전에는 무기력만 해결되면 인생이 자유로울 것이라 믿었다. 원고를 집필할 때와 책이 출간된 직후 한동안은 실제로 그랬다. 하지만 이내 다른 문제에 부딪혔다. 누군가에 의해 형성된 '학습된 무기력'이라면 정체도 파악했고 해결책도 쥐고 있었다. 그럼에도 여전히 나는 마땅히 해야 할 숙제를 마치지 못하고 있었다. 그것은 내면의 힘, 즉 죽음의 본능인 타나토스처럼 강력한 적이 되어 나를 가로막았다. 프로이트가 명명한 심리적 '저항'이었다. 무기력을 마주했을 때는 일방적으로 당하는 처지였으나, 저항과는 피 튀는 전쟁을 치러야 했다. 그 문제와 사투를 벌이며 3년이 흘렀고, 그 시기에 집필한 결과물이 『문제는 저항력이다』이다. 이후 한동안은 바빴고 또 한참은 한가했다. 독자들을 만나 강연을 하고 치유 프로그램을 운영하는 등 여러 일을 하며 시간을 보냈다.

그러다 코로나19 팬데믹이 발생하고 일상이 마비되자 극심한 혼란에 빠졌다. 늘 나를 괴롭히던 엔트로피 증가 현상, 곧 '무질서'가 삶의 전년에 등상해 성신과 육체를 지배했다. 모든 것이 무너져 내리는 듯했다. 문제는 엔트로피 증가라는 자연의 법칙이었다. 혼란 속에서 질서를 찾기까지 다시 몇 년이 흘렀고, 그 과정에서 『어른이라는 혼란』을 출간했다.

○

무기력, 저항, 혼란은 니체가 말한 낙타, 사자, 어린아이라는 정신 진화 과정에서 필연적으로 수반되는 부작용일지 모른다. 불교에서 인간을 괴롭히는 세 가지 근본적인 독으로 꼽는 '탐진치 貪瞋癡, 불교에서 말하는 세 가지 독으로 그칠 줄 모르는 욕심과 노여움과 어리석음을 이른다'가 내게는 각각 무기력과 저항, 그리고 혼란으로 발현된 셈이다.

『어른이라는 혼란』을 탈고하고 나서 아무것도 쓰지 않았다. 이제 책 따위는 쓰지 않으리라 다짐했다. 글을 쓰려면 반드시 '모험'을 감수해야 하고 자신과의 치열한 '전쟁'을 치러야 했기에, 그저 밥벌이에만 충실하며 살고 싶었다. 나도 어느덧 이

순^{耳順}이었다. 귀가 순해진다는 나이였지만 실제로는 정신의 예리함이 무뎌지고 있었다.

그렇게 밥벌레가 되어가는가 싶을 즈음 몸 여기저기에 통증이 찾아왔다. 60년 동안 돌보지 않은 몸이 복수를 시작한 것일까. 이대로 죽을지도 모른다는 생각에 억울함이 밀려왔다. 무작정 집 밖으로 나가 공원에 조성된 황톳길을 맨발로 걸었다. 새벽에 눈이 떠지면 슬리퍼를 신고 나가 차가운 황토를 마주했다. 어떤 목적도 없이 오직 걸어야겠다는 생각뿐이었다. 미궁을 걸으며 치유된 환자들처럼, 나도 걸으면서 조금씩 회복되어갔다.

수개월간 맨발로 자연을 마주하자 기력이 좀 돌아왔는지, 내 안의 '본성'이 꿈틀거리며 기지개를 켰다. 이렇게 걷기만 하다 죽을 수는 없지 않은가. 건강해진 몸으로 무엇이라도 하고 싶다는 희망이 차올랐다. 다시 글을 써볼까 고민하던 차에, 편집자로부터 이 책의 개정판을 내자는 연락을 받았다. 여전히 나를 기억해주는 이가 있다니, '다시 세상과 만나라는 운명의 메시지가 아닐까?' 하는 생각이 들었다.

○

무기력과 저항, 혼란을 차례로 겪은 후 이제 나는 내 몸을 하나의 시스템으로 생각한다. 여기에는 '입력-수련-출력'이라는 3개의 루틴이 있다. 나는 삶의 질서를 유지하기 위해 매일 이 루틴을 실행한다. '입력'은 공부나 독서, 음악 감상이나 영화

관람처럼 나에게 무언가를 채우는 행위다. '출력'은 글쓰기나 강의, 가르치기, 집안일까지 포함해 무언가를 만들어내는 작업이다. '수련'은 나의 모든 심신 단련을 의미한다. 사색하고 걷고 운동하며 명상하거나, 기타를 치고 스스로를 절제하는 일 등이다. 이는 엔진을 가동하고 점검하며 기름칠하는 과정과 같다. 자동차 엔진이 열을 이용해 동력을 얻듯, 마음의 엔진도 무언가에 의해 동력을 얻어야 한다. 나의 수련이 엔진의 동력을 키워준다는 사실을 인생을 갈아 넣고 나서야 알 수 있었다.

이제 쉴 만큼 쉬었다. 그러니 나는 다시 모험과 전쟁을 하려고 한다. 레몽 크노의 말처럼 인생이 전쟁과 모험의 연속이라면, 그것이 무엇이든 기꺼이 받아들여야 하지 않을까. 이렇게 살든 저렇게 살든 인생은 흐르기 마련이다. 그렇다면 자신의 본성대로 살아야 하지 않겠는가. 오디세우스는 10년의 전쟁에서 승리한 후, 고향으로 되돌아가는 데 다시 10년이 걸렸다. 우리 역시 하나의 승리를 경험한 뒤 자신의 본모습을 찾기까지 길고 긴 모험을 해야 할지 모른다.

○

당신은 어떠한가. 당신 인생의 전쟁과 모험은 무엇인가? 그대의 오늘은 전쟁이었는가, 모험이었는가? 그건 너무나도 치열하니 평화와 안전만을 바라는가? 하지만 아이러니하게도 평화를 원한다면 전쟁을 감수해야 하고, 안전을 바란다면 모험을 각오해야 한다. 더 지나 보면 알게 될 것이다. 내가 그러했듯이.

○

　"신이 우리를 가르칠 때 채찍을 쓰지 않는다.
　신은 우리를 시간으로 가르친다."

　스페인의 철학자 발타자르 그라시안의 말처럼 시간이 나와 당신을 더욱 깊어지게 할 것이다.
　그러므로 그대의 오늘이 전쟁인지 혹은 모험인지를 늘 생각하며 살기를.
　그리고 잠깐만 슬퍼하고 오래오래 기뻐하기를….

2026년 3월
또 다른 모험이라는 길 위에서
박경숙

무기력 자가 진단

1. 우울증 테스트

무기력 때문에 우울한가? 다음 두 가지 질문지로 당신의 우울증 지수를 테스트해보라.

간단 우울증 자가 테스트 1

다음 중에서 몇 가지가 본인에게 해당되는가?

1. 낙심하게 되고, 우울하고, 슬프다. ☐
2. 전에 즐기던 일들이 이젠 재미가 없다. ☐
3. 내가 죽으면 다른 사람들에게 차라리 더 좋은 일일 것 같다. ☐
4. 내가 쓸모없고 불필요한 존재로 느껴진다. ☐
5. 체중이 줄어든다. ☐

6. 밤에 잠을 잘 자지 못한다. ☐

7. 불안해서 한시도 가만히 있지 못한다. ☐

8. 정신이 전처럼 맑지 않다. ☐

9. 이유 없이 피곤하다. ☐

10. 미래에 대해 절망적인 느낌이 든다. ☐

제시된 10개 문항 중 1번과 2번을 포함해 5개 이상의 항목에 해당하고, 이러한 증상이 2주 넘게 이어진다면 반드시 전문가와 상담해야 한다. 특히 3번 항목에 동의한다면 지체 없이 의사를 찾아가 도움을 구하길 바란다.

이 진단만으로 충분하지 않다면, 이어지는 두 번째 테스트를 진행해보자.

간단 우울증 자가 테스트 2

조금 더 구체적인 우울 지수를 파악하고 싶다면 마틴 셀리그만이 소개한 다음의 테스트를 활용해보자. 미국 국립정신건강연구소의 레노어 래드로프Lenore Radloff가 고안한 이 방식은 전문가를 직접 찾아가지 않고도 스스로 자신의 상태를 세밀하게 점검해볼 수 있는 유용한 도구다.

진단 방법은 간단하다. 지난 한 주간의 경험을 돌이켜 보며 다음 질문에 답해보자. 각 문항을 읽고 본인 상태와 일치하는 번호를 골라 체크하면 된다. 응답을 마쳤다면 합산 점수를 계산해보자.

응답한 번호의 숫자가 곧 해당 문항의 점수다. 예를 들어 1번을 선택하면 1점, 3번을 선택하면 3점을 부여하는 식이다. 총 20개 문항으로 구성되어 있으며, 최저 0점에서 최고 60점 사이 점수가 산출될 것이다.

0점 거의 그런 적이 없다(1일 이하).
1점 가끔 그럴 때가 있다(1~2일).
2점 종종 그럴 때가 있다(3~4일).
3점 거의 한 주 내내 그렇다(5일 이상).

1. 보통 때는 아무렇지도 않은 일들이 나를 괴롭힌다. 　　　　　( )

2. 식욕이 감퇴했다. 　　　　　( )

3. 가족이나 친구들과 같이 어울려도 울적했다. 　　　　　( )

4. 내가 다른 사람만큼 훌륭하지 못하다는 생각이 든다. 　　　　　( )

5. 일에 정신을 집중할 수 없다. 　　　　　( )

6. 우울했다. 　　　　　( )

7. 매사를 어쩔 수 없이 한 것 같다. 　　　　　( )

8. 미래에 대한 희망이 없었다. 　　　　　( )

9. 내 인생은 실패작이라는 생각을 했다. 　　　　　( )

10. 두려움을 느꼈다. 　　　　　( )

11. 편안히 잠자지 못했다. 　　　　　( )

12. 불행하다고 생각했다. 　　　　　( )

13. 평소보다 말수가 적었다. 　　　　　( )

14. 외로웠다. 　　　　　( )

15. 남들이 나에게 불친절했다.   (   )

16. 사는 데 재미를 느끼지 못했다.   (   )

17. 갑자기 서럽게 운 적이 있다.   (   )

18. 슬펐다.   (   )

19. 남들이 나를 싫어하는 것 같다.   (   )

20. 더 이상 살아갈 수 없다.   (   )

결과 해석

합산 점수가 0~9점이라면 당신은 우울증이 없는 건강한 상태다. 10~15점은 가벼운 우울감을 느끼는 단계이며, 16~24점이라면 꽤 깊은 우울 상태라고 볼 수 있다. 만약 24점 이상이 나왔다면 우울증 정도가 심각하므로 반드시 심리 상담사나 전문의를 찾아야 한다. 단 한 번의 검사 결과만으로 판단하기 조심스럽다면, 2주 정도 뒤에 다시 한번 테스트를 진행해보길 권한다. 만약 2주 후 재검사를 했을 때도 24점 이상이 나온다면, 그때는 주저하지 말고 전문가의 도움을 받아야 한다.

테스트 결과는 어떻게 나왔는가? 점수가 9점 이하라면 다행이다. 당신의 낙관적인 태도는 앞으로의 인생을 더욱 풍요롭게 가꿔줄 밑거름이 될 것이다. 혹시 24점 이상의 결과가 나와 당혹스럽지는 않은가? 당장 병원을 찾아야 할지 고민될 것이다. 이때 전문가를 만나 상담을 받는다면 큰 도움을 얻을 수 있다. 만약 지금 당장 시간적, 경제적 여유가 없어 망설여진다면, 무기력의 늪에서 스스로 빠져나오기 위해 분투했던 나의 경험을 참고해보길 바란다.

　나는 글로벌 금융 위기가 닥친 2008년 10월경, 삶의 무거운 고비 앞에서 이 테스트를 처음 접했다. 당시 나의 점수는 60점 만점에 무려 54점이었다. 24점만 넘어도 전문가를 만나야 한다는데, 54점이라는 수치는 믿기 힘들 만큼 충격적이었다. 결과를 부정하고 싶어 2주 뒤 다시 검사했지만, 점수는 오히려 56점으로 올라 있었다. 돌이켜 보면 그때의 나는 정신적으로 '응급 상태'나 마찬가지였던 것 같다. 실제로 삶을 포기하고 싶다는 생각을 수시로 하던 때였다. 하지만 나는 병원을 찾지 않았다. 만약 항우울제에 의존하면 평생 우울증의 굴레에서 벗어나지 못할지도 모른다는 두려움 때문이었다. 나는 스스로를 지키기 위해 처절하리만치 꼿꼿이 버텼다. 그리고 책을 집어 들었다. 우울의 늪을 탈출하기 위해 닥치는 대로 책을 읽어나갔다.

　그로부터 2년 후, 다시 검사를 했을 때 19점으로 떨어져 있었다. 다시 6개월이 지난 2011년 6월경에는 4점에 도달했다. 항우울제 없이도 스스로 치유되고 있었던 것이다. 물론 그간 했던 심리 상담 공부가 큰 힘이 되었고, 수많은 책이 훌륭한 길잡이가 되어준 덕분이다. 이제 나는 이 테스트를 하지 않는다. 굳이 점수를 확인할 필요를 느끼지 못할 만큼 평온하기 때문이다. 여전히 주변 환경이 극적으로 변한 것은 아니다. 그러나 나는 더 이상 인생을 낭비하지 않는다. 내게는 해야 할 소명이 있고, 나아가야 할 길을 분명히 알고 있다.

　그러니 점수가 높게 나왔다고 해서 너무 당황하거나 절망하지 말기를 바란다. 나처럼 혼자서 견뎌내야 한다고 주장하는 것은 아니다. 무기력을 스스로 해결한 사례가 있으니 수치를 두고 크게 겁먹을 필요가 없다는 뜻이다. 언제나 전문가의 도움을 받는 것은 매우 좋은 방법이기에, 여건이 된다면 고민하지 말고 시도해보길 권한다.

그와 동시에 내가 이 책에서 제시한 방법을 매일 하나씩 실천하며 자신의 정체성을 깊이 성찰해보았으면 한다. 우울을 일으키는 환경이 당장 바뀌지 않더라도, 스스로의 수련을 통해 이를 극복해낸다면 그 과정은 약물보다 훨씬 강력한 '마음의 면역력'을 선물할 것이다. 당신은 이전보다 영혼이 훨씬 더 단단한 존재로 거듭날 수 있다.

2. 탈진 테스트

다음은 심리학자 크리스티나 매슬랙Christina Maslach이 고안한 탈진 체크리스트를 바탕으로 재구성한 항목이다. 현재 자신의 심신이 어느 정도 소진되었는지 직접 확인해보자.

1. 나는 일에 지쳐 있다. ☐
2. 나는 저녁 즈음에는 종종 탈진한 느낌을 받는다. ☐
3. 아침에 일어나면 곧잘 피곤함을 느끼며

    오늘 일을 다른 날로 미뤘으면 싶을 때가 많다. ☐
4. 나는 동료들이 사물에 대해 어떻게 생각하는지 잘 파악하지 못한다. ☐
5. 스스로 동료들을 사람이 아닌 물건같이 취급한다는

    느낌이 들 때가 있다. ☐

6. 하루 종일 사람들과 함께 일하는 것은 상당히 긴장되는 일이다. ☐

7. 나는 동료들의 문제를 비효율적으로 처리한다. ☐

8. 일 때문에 종종 탈진한 느낌을 받는다. ☐

9. 나는 일을 통해 다른 사람들의 생각에 긍정적인 영향을 주지 못한다. ☐

10. 직업을 가지고 나서 사람에 대해 더 냉정해졌다. ☐

11. 내 직업이 나를 정서적으로 경직되게 하지 않을까 걱정한다. ☐

12. 나는 매우 정력적이지 않다. ☐

13. 내 직업 때문에 좌절감을 느낄 때가 있다. ☐

14. 나는 일을 너무 소홀히 한다고 생각할 때가 많다. ☐

15. 나는 동료들에게 어떤 일이 일어났는지 신경 쓰지 않는 경향이 있다. ☐

16. 사람들과 함께 일한다는 것은 나에게 너무나 많은 스트레스를 준다. ☐

17. 나는 동료들과 이완된 분위기를 조성하지 못한다. ☐

18. 나는 내 일을 통해 가치 있는 일을 해내지 못하는 것 같다. ☐

19. 나는 종종 마지막 줄에 매달려 있는 듯한 느낌을 받는다. ☐

20. 동료들이 그들의 문제에 대한 책임이 나에게 있다고

    비난하는 것 같은 느낌이 들 때가 있다. ☐

총 20개 항목 중 17개 이상에 해당한다면 매우 심각한 탈진 상태라 할 수 있다. 번아웃, 즉 탈진은 곧 깊은 무기력으로 이어질 수 있으므로 각별한 주의와 관리가 필요하다.

참고문헌

1. 『학습된 낙관주의』, 마틴 셀리그만, 21세기북스, 2008

2. 『긍정 심리학』, 마틴 셀리그만, 물푸레, 2009

3. 『낙관적인 아이』, 마틴 셀리그만, 물푸레, 2010

4. 『심리학의 즐거움』, 마틴 셀리그만, 휘닉스, 2009

5. 『인지 과학』, 이정모, 성균관대학교 출판부, 2009

6. 『인지 과학 입문』, 조르쥬 비뇨, 만남, 2002

7. 『인지 과학』, 장 가브리엘 가나시아, 영림카디널, 2000

8. 『인지 과학의 철학적 이해』, 바렐라 톰슨 외, 옥토, 1997

9. 『심리철학과 인지 과학』, 김영정, 철학과 현실사, 1996

10. 『인지심리학』, 존 R. 앤더슨, 을유문화사, 1990

11. 『인지심리학』, 코린 마틴달러, 교육과학사, 1995

12. 『인지심리학의 제문제 1』, 이정모, 성원사, 1996

13. 『인간의 마음 무엇이 문제인가? 1, 2』, 칼 A. 메닝거, 선영사, 2010

14. 『정신병리학의 기초』, J. C. 네마이어, 민음사, 1997

15. 『마음의 지도 1』, 맥크로이, 넥서스, 1997

16. 『마음의 개념』, 길버트 라일, 문예출판사, 1994

17. 『마음의 이론』, 스티븐 프리스트, 고려원, 1995

18. 『마음의 진화』, 대니얼 C. 데닛, 두산동아, 1996

19. 『마음의 진보』, 카렌 암스트롱, 교양인, 2006

20. 『마음의 습관』, 웨인 다이어, 이레, 2007

21. 『마음의 작동법』, 에드워드 L. 데시, 에코의 서재, 2011

22. 『성장 심리학』, 듀에인 슐츠, 이화여자대학교 출판부, 2007

23. 『의식의 탐구』, 크리스토프 코흐, 시그마프레스, 2006

24. 『의식 심리학』, 로버트 온스타인, 개신, 2000

25. 『재능은 어떻게 단련되는가』, 제프 콜빈, 부키, 2010

26. 『새로운 미래가 온다』, 다니엘 핑크, 한국경제신문, 2008

27. 『드라이브』, 다니엘 핑크, 청림출판, 2011

28. 『나를 명품으로 만들어라』, 리처드 N. 볼스, 북플래너, 2007

29. 『니코마코스 윤리학』, 아리스토텔레스, 도서출판 창, 2014

30. 『인간의 본성에 관한 10가지 이론』, 레슬리 스티븐슨, 갈라파고스, 2006

31. 『최고의 나를 꺼내라!』, 스티븐 프레스필드, 북북서, 2010

32. 『몸에 밴 어린 시절』, W. 휴 미실다인, 카톨릭출판사, 2006

33. 『성공의 새로운 심리학』, 캐롤 드웩, 부글북스, 2011

34. 『의지와 표상으로서의 세계』, 쇼펜하우어, 동서문화사, 2008

35. 『아웃라이어』, 말콤 글래드웰, 김영사, 2009

36. 『그대, 스스로를 고용하라』, 구본형, 김영사, 2005

37. 『경영의 미래』, 게리 해멀, 세종서적, 2009

38. 『인생으로의 두 번째 여행』, 알렌 B. 치넨, 황금가지, 1999

39. 『신화의 힘』, 조셉 캠벨, 이끌리오, 2002

40. 『신화와 인생』, 조셉 캠벨, 갈라파고스, 2009

41. 『신화의 세계』, 조셉 캠벨, 까치, 2009

42. 『천의 얼굴을 가진 영웅』, 조셉 캠벨, 민음사, 1999

43. 『유능감을 키우는 교실』, 하타노 기요오, 정민사, 1999

44. 『신곡』, 단테, 하서, 1990

45. 『학습무기력』, 신기명, 배영사, 2006

46. 『How to Live: 갈림길에서 삶을 묻다』, 윌리엄 브리지스, 이끌리오, 2008

47. 『내 삶에 변화가 찾아올 때』, 윌리엄 브리지스, 물푸레, 2006

48. 『변환 관리』, 윌리엄 브리지스, 물푸레, 2004

49. 『역사 속의 영웅들』, 윌 듀런트, 김영사, 2011

50. 『차라투스트라는 이렇게 말했다』, 프리드리히 니체, 민음사, 2010

51. 『의식 혁명』, 데이비드 호킨스, 한문화, 1998

52. 『의식 수준을 넘어서』, 데이비드 호킨스, 판미동, 2009

53. 『내 안의 참나를 만나다』, 데이비드 호킨스, 황금가지, 2009

54. 『나의 눈』, 데이비드 호킨스, 한문화, 2001

55. 『유능한 상담자』, 제라드 이건, 학지사, 1999

56. 『감정과 이성』, 리처드 래저러스, 문예출판사, 1997

57. 『영혼의 의자』, 게리 주커브, 나라원, 2005

58. 『감정을 과학한다』, 게리 주커브, 이레, 2007

59. 『그리스인 조르바』, 니코스 카잔차키스, 열린책들, 2011

60. 『월든』, 헨리 데이비드 소로우, 더클래식, 2011

61. 『그림자』, 이부영, 한길사, 2011

62. 『자기와 자기실현』, 이부영, 한길사, 2011

63. 『아니마와 아니무스』, 이부영, 한길사, 2011

64. 『서양 철학사』, 버트런드 러셀, 을유문화사, 2010

65. 『철학 이야기』, 윌 듀런트, 동서문화사, 2010

66. 『심리학』, 김현택 외, 학지사, 1997

67. 『인간의 마음과 행동』, 성균관대 응용심리연구소, 박영사, 2001

68. 『우울증의 인지 치료』, 아론 벡, 학지사, 2010

69. 『성격장애의 인지 치료』, 아론 벡 외, 학지사, 2010

70. 『정서심리학』, 제임스 W. 카랏, 시그마프레스, 2009

71. 『합리적 정서행동 치료』, 앨버트 엘리스, 학지사, 2007

72. 『인지 치료』, 주디스 S. 벡, 하나의학사, 1997

73. 『인지행동치료』, J. H. Wright & M.R. Basco, 학지사, 2009

74. 『성격심리학』, Walter Mischel 외, 시그마프레스, 2006

75. 『정서지능』, Gerald Matthews 외, 학지사, 2010

76. 『성격심리학』, Charles S. Carver 외, 학지사, 2009

77. 『성격심리학 이론과 연구』, Lawrence A. Pervin 외, 중앙적성출판사, 2006

78. 『엔트로피』, 제러미 리프킨, 세종연구원, 2010

79. 『살아남기 위하여』, 자크 아탈리, 위즈덤하우스, 2010

80. 『영혼의 절규』, 바슬라프 니진스키, 푸른숲, 2001

81. 『기억 꿈 사상』, 카를 융, 김영사, 2007

82. 『프로페셔널의 조건』, 피터 드러커, 청림출판, 2010

83. 『자기 경영 노트』, 피터 드러커, 한국경제신문, 2006

84. 『사막을 건너는 여섯 가지 방법』, 스티브 도나휴, 김영사, 2005

85. 『광야를 지나는 법』, 도널드 맥컬로우, 도마의 길, 2008

86. 『우울의 심리학』, 수 앳킨스, 소울, 2010

87. 『우울증 스스로 극복하기』, 폴 호크, 사람과 사람, 2005

88. 『삶이 내게 말을 걸어올 때』, 파커 J. 파머, 한문화, 2010

89. 『적은 내 안에 있다』, 남강, 평단문화사, 2005

90. 『회복탄력성』, 김주환, 위즈덤하우스, 2011

91. 『절대 회복력』, 캐런 레이비치, 물푸레, 2012

92. 『프레임』, 최인철, 21세기북스, 2007

93. 『의욕의 심리학』, 이훈구, 21세기북스, 2008

94. 『권력자와 무기력자』, 하인츠 스폰젤, 예영커뮤니케이션, 1998

95. 『삶의 의미를 찾아서』, 빅터 프랭클, 청아출판사, 2005

96. 『죽음의 수용소에서』, 빅터 프랭클, 청아출판사, 2005

97. 『나라서 참 다행이다』, 크리스토프 앙드레, 북폴리오, 2010

98. 『몰입 Flow』, 미하이 칙센트미하이, 한울림, 2004

99. 『몰입 1』, 황농문, 랜덤하우스, 2008

100. 『몰입 2』, 황농문, 랜덤하우스, 2011

101. 『몰입의 즐거움』, 미하이 칙센트미하이, 해냄, 2006

102. 『몰입의 기술』, 미하이 칙센트미하이, 더불어책, 2003

103. 『사기열전』, 사마천(김원중 역), 민음사, 2007

104. 『백범일지』, 김구, 돌베개, 2005

105. 『힘든 선택들』, 칼리 피오리나, 해냄, 2006

106. 『유러피언 드림』, 제러미 리프킨, 민음사, 2005

107. 『부의 미래』, 앨빈 토플러, 청림출판, 2006

108. 『제3의 물결』, 앨빈 토플러, 홍신문화사, 2006

109. 『긍정의 힘』, 밥 머레이 외, 국일 미디어, 2005

110. 『Good to Great: 좋은 기업을 넘어 위대한 기업으로』, 짐 콜린스, 김영사, 2002

111. 『How the Mighty Fall : 위대한 기업은 다 어디로 갔을까?』, 짐 콜린스, 김영사, 2010

112. 『성공하는 기업들의 8가지 습관』, 짐 콜린스 외, 김영사, 2009

113. 『블루오션 전략』, 김위찬 외, 교보문고, 2008

114. 『위대한 나의 발견, 강점 혁명』, 마커스 버킹엄 외, 청림출판, 2010

115. 『뼛속까지 내려가서 써라』, 나탈리 골드버그, 한문화, 2000

116. 『유혹하는 글쓰기』, 스티븐 킹, 김영사, 2002

117. 『지금 이 순간을 살아라』, 에크하르트 톨레, 양문출판사, 2004

118. 『열정과 기질』, 하워드 가드너, 북스넛, 2004

119. 『통찰과 포용』, 하워드 가드너, 북스넛, 2006

120. 『체인징 마인드』, 하워드 가드너, 재인, 2008

121. 『위대한 승리』, 잭 웰치, 청림출판, 2010

122. 『천재들의 창조적 습관』, 트와일라 타프, 문예출판사, 2006

123. 『아티스트 웨이』, 줄리아 캐머론, 경당, 2010

124. 『자아를 잃어버린 현대인』, 롤로 메이, 문예출판사, 1996

125. 『행복한 이기주의자』, 웨인 다이어, 21세기북스, 2006

126. 『끝나지 않은 길』, M. 스콧 펙, 소나무, 1998

127. 『포트폴리오 인생』, 찰스 핸디, 에이지21, 2008

128. 『비이성의 시대』, 찰스 핸디, 21세기북스, 2009

129. 『코끼리와 벼룩』, 찰스 핸디, 생각의 나무, 2005

130. 『정신분석 입문』, 지그문트 프로이트, 선영사, 1996

131. 『정신분석의 기본 원리』, 알랭 바니에, 솔출판사, 1999

132. 『C. G. 융 심리학 해설』, 욜란데 야코비, 홍신문화사, 1995

133. 『한 권으로 읽는 융』, 에드워드 암스트롱 베넷, 푸른숲, 1997

134. 『융 무의식 분석』, C. G. 융, 선영사, 2014

135. 『지식의 대융합』, 이인식, 고즈윈, 2008

136. 『통섭』, 에드워드 윌슨, 사이언스북스, 2005

137. 『목표, 그 성취의 기술』, 브라이언 트레이시, 김영사, 2003

138. 『수첩이 인생을 바꾼다: Franklin Planner』, 한국성과향상센터, 김영사, 2005

139. 『굿바이 게으름』, 문요한, 더난출판사, 2009

140. 『천 개의 문제, 하나의 해답』, 문요한, 북하우스, 2012

141. 『인간과 동물의 감정표현에 대하여』, 찰스 다윈, 서해문집, 1998

142. 『제3의 문화』, 존 브로크맨, 대영사, 1996

143. 『사랑중독』, 브렌다 셰퍼, 이너북스, 2010

144. 『무지개 원리』, 차동엽, 동이, 1996

145. 『알기 쉽게 풀어 쓴 일리아스 오디세이아』, 호메로스, 아름다운날, 2019

146. 『돈키호테』, 미겔 데 세르반테스, 살림, 2017

147. 『가스등』, 패트릭 해밀턴, 민음사, 2025

1. 『Helplessness - On depression, development and death』, Martin E. P. Seligman, W. H. Freeman & CO., San Francisco, 1975

2. 『Learned Optimism : How to Change Your Mind and Your Life』, Martin E. P. Seligman, Vintage Books: A Division of Random House, Inc. New York, 2006

3. 『How to beat Burnout』, Frank Minirth & Don Hawkins, Moody Bible Institute of Chicago, 1997

4. 『Cognitive Psychology』, John B. Best, West Publishing Company, 1995

5. 『Cognitive Psychology』, Michael W. Eysenck & Mark T. Keane, Lawrence Erlbaum Associates Publishers, 1995

6. 『Emotions and Life : Perspectives from Psychology, Biology and Evolution』, Robert Plutchik, American Psychological Association Washington DC, 2003

7. 『The Interpretation of Dreams』, Sigmund Freud, Avon Books, 1998

8. 『The Ego and the Id』, Sigmund Freud, W. W. Norton & Company, 1989

무기력 리셋 트레이닝을 시작하며

안녕하세요. 『문제는 무기력이다』 저자 박경숙입니다.

무기력은 의지나 성격의 문제가 아니라는 것,
누구나 어떤 계기로든 무기력에 빠질 수 있다는 사실을
이 책을 통해 확인했을 것입니다.
지금 무기력의 한가운데에 있다면
무기력 리셋 워크북을 통해 나의 상태를 간단히 점검하고
삶의 방향을 다시 세워보기 바랍니다.

목차

나의 상태 점검하기

요즘 들어 부쩍 아무것도 하고 싶지 않고, 누구도 만나고 싶지 않다면 나는 지금 무기력의 늪에 빠져 있는 상태일지도 모릅니다. 다음 체크리스트를 통해 현재 나의 마음 상태를 점검해보세요.

- 최근 모든 일에 흥미를 잃었고 부정적인 생각만 든다. ☐
- 퇴근 시간만 기다려진다. ☐
- 내가 하고 있는 일이 적성에 맞지 않는다는 생각을 자주 한다. ☐
- 매사에 조바심이 자꾸 생긴다. ☐
- 직업을 바꾸고 싶다는 생각이 부쩍 늘었다. ☐
- 전보다 두통(요통, 혹은 기타 질환)이 심해졌다. ☐
- '누가 나에게 관심이나 있을까?' 하는 실의에 자주 빠진다. ☐
- 최근 술을 많이 먹고 주량도 늘었다. ☐
- 매일 쌓이는 스트레스 때문에 신경안정제를 먹고 있다. ☐
- 예전에 비해 기운이 떨어지고 하루 종일 피곤하기만 하다. ☐
- 근래 들어 일에 대한 부담이 커졌다. ☐
- 기억력이 떨어지고 전보다 집중이 잘 안 된다. ☐
- 밤에 잠을 못 이루거나 새벽에 자주 깨고, 한번 깨면 다시 잠들기 힘든 적이 많다. ☐
- 식욕이 떨어졌거나 식욕이 지나치게 왕성해졌다. ☐

- 제대로 한 것이 아무것도 없다고 느껴진다. ☐
- 일에 대한 의욕이 예전보다 훨씬 못하다. ☐
- 내가 하는 일의 가치를 느끼지 못한다. ☐
- 전에는 결정하는 데 망설임이 없었는데 지금은 그러지 못하다. ☐
- 내가 좋아하고 자신 있게 하던 일이 보잘것없게 느껴진다. ☐
- "신경 써서 뭐 해? 나와 상관없는 일인데"라는 말을 자주 한다. ☐
- 나는 정당한 대우와 관심을 받고 있다고 생각하지 않는다. ☐
- 나의 문제에서 벗어날 길이 보이지 않아 무능함을 느낀다. ☐
- 일에 대해 지나치게 이상주의적이라는 말을 자주 듣는다. ☐
- 내 직업은 장래성이 없다는 생각이 든다. ☐

총 24개의 항목 중 자신에게 해당되는 것이 몇 가지인지 체크해보세요. 이 중 12개 이상의 항목에 해당한다면, 이미 무기력증이 삶에 침투했을 가능성이 있습니다.

진짜 원하는 것 찾는 양손 그리기

무기력에 빠지면 내가 진짜 무엇을 원했는지조차 흐려집니다. 다음 활동을 통해 내가 인생에서 무엇을 중요하게 생각하는지 알아보세요. 아래 양손 그림의 왼손에는 버리고 싶은 것 5가지, 오른손에는 갖고 싶은 것 5가지를 적습니다.

그리고 열 가지 항목을 비교해 서로 연관된 것끼리 선으로 이어봅니다. 연결된 항목을 살펴보며 내가 진짜로 원하는 삶의 방향과 추구하는 가치는 무엇인지 찾아보세요.

자존감 쌓기

무기력해지면 자기 자신에게 가혹해지기 쉽습니다. 이 단계에서는 나를 지지하는 연습을 해봅시다. 자존감이 낮아진다고 느껴질 때마다 포스트잇에 나 자신을 향한 응원의 문장을 적어보세요. 그리고 눈에 잘 보이는 곳에 붙여두세요.

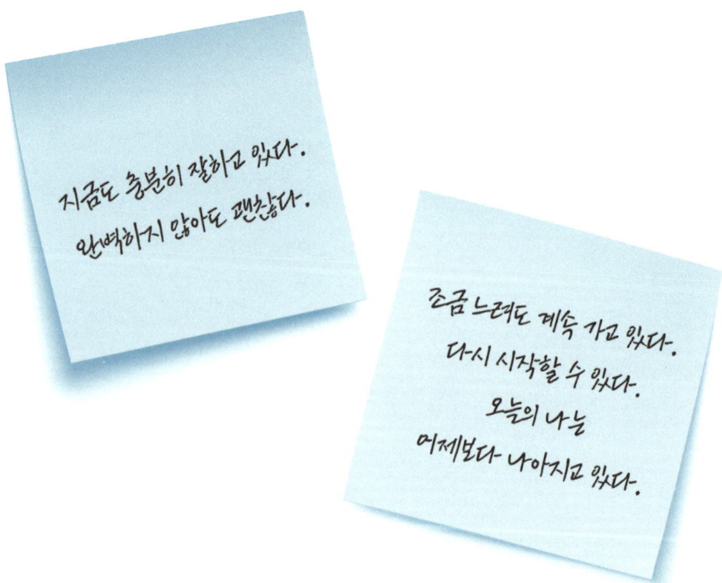

이 문장들이 쌓일수록 스스로를 지지하는 사고방식이 강화되고,
실패 앞에서도 쉽게 무너지지 않게 됩니다.
그 결과 자연스럽게 자존감이 회복됩니다.

인생 사명서 쓰기

이제 조금씩 회복한 에너지를 어디에 쓸지 정할 차례입니다. 먼저 지금까지의 삶과 앞으로의 모습을 떠올리고, 그다음으로 내 인생 전체를 관통하는 '인생 사명서'를 작성합니다. 완성된 사명서는 당신의 삶을 이끄는 나침반이 될 것입니다.

(예시 1) 번아웃에 시달리는 30대 직장인 미경씨

나는 나 자신을 존중하며

평생 의미 있는 성취를 추구할 것이다.

나는 나의 삶을 스스로 설계할 것이다.

(예시 2)『문제는 무기력이다』저자 박경숙

나는 나의 운명을 사랑하며,

내게 주신 모든 것을 활용해 곤핍한 사람을 돕고,

마음이 모든 것의 열쇠가 됨을 밝히는 일에 헌신할 것이다.

당신의 인생 사명서

당신의 인생 사명서

매일 질문 카드 만들기

질문 카드는 나의 존재 이유를 하루 단위로 점검하는 도구입니다. 매일 아무것도 적혀 있지 않은 빈 카드 한 장을 꺼내 앞면에는 '오늘 무엇 때문에 일어났는지'를 적고, 뒷면에는 무엇 때문에 '오늘 끝까지 버텼는지'를 적습니다. 두 질문의 답이 어긋난다면 삶의 방향을 점검해보세요.

(예시)

무엇 때문에 아침에 일어났는가?	무엇 때문에 밤까지 버텼는가?
취업 준비를 하기 위해	취업 준비를 하기 위해
앞장	뒷장

완성된 카드는 눈에 보이는 곳에 두고, 매일의 선택으로 그 문장을 실천해보세요.
그 카드가 당신의 매일이 길을 잃지 않도록 도와줄 것입니다.

DATE / /

무엇 때문에 아침에 일어났는가?

DATE / /

무엇 때문에 아침에 일어났는가?

DATE / /

무엇 때문에 아침에 일어났는가?

DATE / /

무엇 때문에 아침에 일어났는가?

DATE / /

무엇 때문에 아침에 일어났는가?

DATE / /

무엇 때문에 아침에 일어났는가?

DATE / /

무엇 때문에 아침에 일어났는가?

DATE / /

무엇 때문에 아침에 일어났는가?

DATE / /

무엇 때문에 아침에 일어났는가?

DATE / /

무엇 때문에 아침에 일어났는가?

무엇 때문에 밤까지 버텼는가?

무엇 때문에 밤까지 버텼는가?

무엇 때문에 밤까지 버텼는가?

무엇 때문에 밤까지 버텼는가?

무엇 때문에 밤까지 버텼는가?

무엇 때문에 밤까지 버텼는가?

무엇 때문에 밤까지 버텼는가?

무엇 때문에 밤까지 버텼는가?

무엇 때문에 밤까지 버텼는가?

무엇 때문에 밤까지 버텼는가?

인생 장· 단기 계획 세우기

이제 질문 카드로 파악한 삶의 이유를 구체적인 목표로 옮길 차례입니다. 먼저 이루고 싶은 장기 목표를 적고, 그에 닿기 위한 단기 목표를 세워보세요. 그리고 각 목표 아래에 지금 당장 실천할 수 있는 행동을 적습니다.

(목표 예시) 조기 은퇴하기

단계별 목표	목표를 달성하기 위해 해야 할 일 (알아보거나 만나거나 연락할 사람, 찾아가야 할 곳, 내가 매일 해야 할 행동)	목표 달성 시기
1단계 목표	**기초 다지기** 가계부 작성, 고정비 점검, 투자 기초 공부 시작	3개월 이내
2단계 목표	**종잣돈 만들기** 저축률 40% 만들기, 증권 계좌 개설, ETF 적립식 투자	6개월 이내
3단계 목표	**실질적 수입 확보하기** 연 2,000만 원 투자, 부수입 월 100만 원 만들기	1~2년 이내
최종 목표	**파이어족** 노동소득 없이 생활 가능한 자산 확보	10~15년 이내

<table>
<tr><td colspan="3">목표:</td></tr>
<tr><td>단계별 목표</td><td>목표를 달성하기 위해 해야 할 일</td><td>목표 달성 시기</td></tr>
<tr><td>1단계 목표</td><td></td><td></td></tr>
<tr><td>2단계 목표</td><td></td><td></td></tr>
<tr><td>3단계 목표</td><td></td><td></td></tr>
<tr><td>최종 목표</td><td></td><td></td></tr>
</table>

우울증 테스트

계획을 세웠는데도 좀처럼 몸과 마음이 움직이지 않는다면, 혹시 무기력으로 인한 우울에 빠진 건 아닌지 점검할 필요가 있습니다. 다음 두 가지 테스트를 통해 현재 나의 심리 상태를 점검해봅니다.

간단 우울증 자가 테스트 1

1. 낙심하게 되고, 우울하고, 슬프다. ☐
2. 전에 즐기던 일들이 이젠 재미가 없다. ☐
3. 내가 죽으면 다른 사람들에게 차라리 더 좋은 일일 것 같다. ☐
4. 내가 쓸모없고 불필요한 존재로 느껴진다. ☐
5. 체중이 줄어든다. ☐
6. 밤에 잠을 잘 자지 못한다. ☐
7. 불안해서 한시도 가만히 있지 못한다. ☐
8. 정신이 전처럼 맑지 않다. ☐
9. 이유 없이 피곤하다. ☐
10. 미래에 대해 절망적인 느낌이 든다. ☐

(결과)

제시된 10개 문항 중 1번과 2번을 포함해 5개 이상 해당하고, 이러한 증상이 2주 이상 지속된다면 전문가와 상담을 권합니다. 특히 3번 항목에 해당한다면, 지체하지 말고 즉시 의료진의 도움을 받으세요.

보다 구체적인 우울 지수를 확인하고 싶다면 아래 테스트를 진행해보세요. 지난 일주일간의 경험을 떠올리며 각 문항을 읽고 나와 가장 가까운 보기를 하나 선택하세요. 그리고 문항의 점수를 합산해 총점을 계산해보세요. 총 20문항이며, 점수 범위는 0점에서 60점입니다.

0점 거의 그런 적이 없다(하루 이하). **1점** 가끔 그럴 때가 있다. **2점** 종종 그럴 때가 있다. **3점** 거의 한 주 내내 그렇다.

간단 우울증 자가 테스트 2

1. 보통 때는 아무렇지도 않은 일들이 나를 괴롭힌다. ( )
2. 식욕이 감퇴했다. ( )
3. 가족이나 친구들과 같이 어울려도 울적했다. ( )
4. 내가 다른 사람만큼 훌륭하지 못하다는 생각이 든다. ( )
5. 일에 정신을 집중할 수 없다. ( )
6. 우울했다. ( )
7. 매사를 어쩔 수 없이 한 것 같다. ( )
8. 미래에 대한 희망이 없었다. ( )
9. 내 인생은 실패작이라는 생각을 했다. ( )

10. 두려움을 느꼈다. （ ）

11. 편안히 잠자지 못했다. （ ）

12. 불행하다고 생각했다. （ ）

13. 평소보다 말이 적었다. （ ）

14. 외로웠다. （ ）

15. 남들이 나에게 불친절했다. （ ）

16. 사는 데 재미를 느끼지 못했다. （ ）

17. 갑자기 서럽게 운 적이 있다. （ ）

18. 슬펐다. （ ）

19. 남들이 나를 싫어하는 것 같다. （ ）

20. 더 이상 살아갈 수 없다. （ ）

(결과)

0~9점: 우울증이 없는 비교적 안정적인 상태입니다.

10~15점: 가벼운 우울감을 느끼는 단계입니다.

16~24점: 우울감이 비교적 깊은 상태로 볼 수 있습니다.

24점 이상: 우울증 위험이 높으므로 곧바로 전문가 상담을 권합니다.

결과가 애매하다면 2주 후 다시 테스트해보세요. 점수가 높게 측정되었을 때는 전문가의 도움을 받는 것이 매우 현명한 선택입니다.

탈진 테스트

탈진은 오랜 기간 누적된 피로와 스트레스로 인해 몸과 마음의 에너지가 고갈된 상태를 말합니다. 다음 테스트를 통해 현재 나의 심신이 얼마나 소진되었는지 확인해보세요.

1. 나는 일에 지쳐 있다. ☐
2. 나는 저녁 즈음에는 종종 탈진한 느낌을 받는다. ☐
3. 아침에 일어나면 곧잘 피곤함을 느끼며 오늘 일을 다른 날로 미뤘으면 싶을 때가 많다. ☐
4. 나는 동료들이 사물에 대해 어떻게 생각하는지 잘 파악하지 못한다. ☐
5. 스스로 동료들을 사람이 아닌 물건같이 취급한다는 느낌이 들 때가 있다. ☐
6. 하루 종일 사람들과 함께 일하는 것은 상당히 긴장되는 일이다. ☐
7. 나는 동료들의 문제를 비효율적으로 처리한다. ☐
8. 일 때문에 종종 탈진한 느낌을 받는다. ☐
9. 나는 일을 통해 다른 사람들의 생각에 긍정적인 영향을 주지 못한다. ☐
10. 직업을 가지고 나서 사람에 대해 더 냉정해졌다. ☐
11. 내 직업이 나를 정서적으로 경직되게 하지 않을까 걱정한다. ☐
12. 나는 매우 정력적이지 않다. ☐
13. 내 직업 때문에 좌절감을 느낄 때가 있다. ☐

14. 나는 일을 너무 소홀히 한다고 생각할 때가 많다. ☐

15. 나는 동료들에게 어떤 일이 일어났는지 신경 쓰지 않는 경향이 있다. ☐

16. 사람들과 함께 일한다는 것은 나에게 너무나 많은 스트레스를 준다. ☐

17. 나는 동료들과 이완된 분위기를 조성하지 못한다. ☐

18. 나는 내 일을 통해 가치 있는 일을 해내지 못하는 것 같다. ☐

19. 나는 종종 마지막 줄에 매달려 있는 듯한 느낌을 받는다. ☐

20. 동료들이 그들의 문제에 대한 책임이 나에게 있다고 비난하는 것 같은
    느낌이 들 때가 있다. ☐

총 20개 문항 중 17개 이상 해당할 경우, 탈진 수준이 상당히 높은 상태입니다. 적극적인 휴식과 회복이 필요합니다.

저자의 말

나 역시 깊은 무기력 속에서
아무것도 할 수 없던 시간을 지나왔습니다.
그때 깨달은 것이 있습니다.
삶은 단번에 바뀌지 않지만 하루의 작은 선택이 모여
나를 분명히 바꾼다는 사실이었습니다.
오늘 이 노트를 펼친 당신은 이미 회복을 시작한 사람입니다.
조금 느려도 괜찮습니다.
멈추지만 않는다면,
당신은 반드시 무기력에서 벗어날 수 있습니다.

문제는 무기력이다

초판 1쇄 발행 2013년 2월 28일 | 개정판 1쇄 발행 2026년 3월 30일

지은이 박경숙

펴낸이 신광수
출판IP사업본부장 강윤구 | 출판IP개발실장 위귀영
크로스오버IP팀 팀장 오유미 | 책임편집 전해인
크로스오버IP팀 김혜연, 조기준, 조문채, 정혜리
출판IP디자인팀 최진아 | 디자인 studio forb
글로벌IP사업팀 정승재, 김마이, 박재영, 이아람, 전지현
출판IP사업팀 이용복, 민현기, 우광일, 김선영, 이강원, 정유, 정슬기,
　　　　　허성배, 정재욱, 박세화, 김종민, 정영묵
출판IP지원파트 이우성, 이주연, 전효정
스마트생산혁신팀 제작파트 이형배, 장현우

펴낸곳 (주)미래엔 | 등록 1950년 11월 1일(제16-67호)
주소 06532 서울시 서초구 신반포로 321
미래엔고객센터 1800-8890
팩스 (02)541-8249 | 이메일 bookfolio@mirae-n.com

ISBN 979-11-7548-733-8 (03180)

* 와이즈베리는 (주)미래엔의 성인단행본 브랜드입니다.
* 책값은 뒤표지에 있습니다.
* 파본은 구입처에서 교환해드리며, 관련 법령에 따라 환불해드립니다.
  다만, 제품 훼손 시 환불이 불가능합니다.

와이즈베리는 참신한 시각, 독창적인 아이디어를 환영합니다.
기획 취지와 개요, 연락처를 bookfolio@mirae-n.com으로 보내주십시오.
와이즈베리와 함께 새로운 문화를 창조할 여러분의 많은 투고를 기다립니다.